KB260782

ISO 9001

품질행정시스템

하재경 저

행정기관과 ISO 9001 품질보증체제
민선 지방자치시대와 고품질의 행정서비스
고객만족과 효율적 · 일관적인 행정서비스 제공 시스템

한누리미디어

이 책은……

저자 하 재 경

지방자치단체에서 ISO 9001이라는 국제규격을 행정시스템에 접목하는 방법에 대하여 쓰여졌습니다. 동시에 고객이 만족하는 행정서비스를 효율적으로 제공하고, 더 나아가 지속적으로 행정시스템을 개선하여, 나날이 다양해지고 커져 가는 고객의 욕구를 충족시키기 위한 행정서비스를 제공해 나갈 수 있는 방법과 적절한 수단을 제시하였습니다.

뿐만 아니라 지방자치단체에서 ISO 9001 국제규격 인증을 받지 않더라도 고객인 주민이 지속적으로 만족할 수 있는 행정서비스를 제공해 나가는 데 필요한 수단과 방법으로 활용하는 데 도움이 될 것입니다.

불과 2~3년 전부터 일부 지방자치단체를 시작으로 「품질행정시스템」이라는 새로운 용어를 사용하면서 ISO 9001 국제규격이 지방자치단체에 도입되기 시작하였습니다. 그러나 품질행정시스템의 도입 목적과 성과를 이루어 내기 위해서는 ISO 9001 국제규격을 행정시스템에 어떻게 접목하여야 하는지에 대한 지침마저 없었던 것이 사실이라고 봅니다. 일부 지방자치단체에서는 품질행정시스템을 적용하는 데 많은 시행착오를 거치고 있거나, ISO 9001 인증서만 효력을 발휘하고 있다는 목소리를 들을 수 있었습니다.

품질행정분야에 처음으로 발간된 이 책이…….
지방자치단체에서 제공하는 행정서비스에 품질이라는 개념을 도입하여 고객만족이라는 과제를 해결하는 데 도움이 되시길 바랍니다. 아울러 이 분야에 더 많은 연구가 촉발되는 계기가 되길 기대합니다.

그리고 이 책을 펴내는 데 경기대학교 산업정보대학원 품질경영학과 교수님들과 동료 직원들께서 많은 도움을 주셨습니다.

감사합니다.

행정서비스에도 품질경영의 사상과 시스템을 도입해야……

이회식 (경기대학교 정보통신대학원장, 첨단산업공학부 교수)

21세기를 맞으면서 산업체뿐만 아니라 모든 공공기관들이 경영혁신을 위한 다양한 전략과 실천 프로그램을 준비하거나 실시하고 있습니다. 장벽 없는 국제무역 환경과 급변하는 생활구조는 지금까지의 이른바 경영학 원론을 다시 써야 하는 상황이 되고 있기 때문입니다.

무한 경쟁의 시대에 우월한 위치에 서기 위한 핵심 전략이 고객만족을 위한 품질경영에 있음을 강조하면서도, 막상 조직에 품질경영시스템을 도입하기 위한 해설서나 지침서가 부족한 실정이었습니다. 더구나 글로벌 스탠더드인 ISO 9000 패밀리의 품질경영시스템은 구조적으로 기업체 조직을 근간으로 만들어진 것이기 때문에 서비스 사업체나 공공 행정기관에서는 상당한 어려움과 망설임이 있었습니다. 관련 용어나 도입 및 운영체계가 기업체와는 다르다고 생각했기 때문입니다.

이 책은 저자가 품질행정시스템이라는 새로운 분야를 현장에 직접 접목한 지식을 모아 놓은 것으로 ISO 9000 인증을 받은 기관이나 앞으로 품질경영시스템을 도입하려는 행정기관들에게는 매우 적절한 지침서가 될 수 있을 것으로 확신합니다.

단순히 국제표준의 요건들을 행정 조직에 접목시킨다는 욕심보다는 국가경쟁력을 확보하기 위한 전략적 측면에서도 ISO에서 제시하는 품질경영의 사상들과 시스템을 행정기관에서 앞서 도입하고 실천할 필요가 있습니다.

「표준을 지배하는 나라가 세계를 지배한다」라는 말이 있습니다. 선진화된 행정서비스를 공급하기 위한 ISO 9000 패밀리의 기능과 효과는 이미 많은 국가들에서 확인되었습니다. ISO에서 제시하는 품질경영시스템의 효과를 행정기관에서 향유하고, 지속적으로 행정분야에 혁신을 시도하기 위하여 이 책의 발간이 시의 적절하고 효과적이라고 판단되어 이에 추천하는 글을 감히 올리는 바입니다.

ISO 9001 품질행정시스템

목 차

제3편. 요구사항 및 성과개선지침의 품질행정 적용 해설

제4편. 품질행정시스템 구축

제5편. 품질행정의 지속적 개선

제 **1** 편

ISO 9000 인증제도 및 품질행정시스템 인증

제1장. ISO 9000 인증제도
제2장. ISO 9001 인증 등록 절차 및 사후관리

제1장. ISO 9000 인증제도

제1절. 국제표준화기구

국제표준화기구(ISO[1] : International Organization for Standardization)는 제품 및 서비스의 국제적 교환을 촉진하기 위하여 국제 규격을 제정하여 보급하고, 기술발전을 위한 정보와 지식의 국제간 교류를 촉진하기 위하여 1947년 2월 23일 설립되었다.

민간기구이며 비정부간 기구의 지위로서 중앙사무국은 스위스 제네바에 소재하고 있고 141개국[2]이 가입하였다. 우리나라는 1963년 6월 정회원(Participating-Member)으로 가입하였고 「기술표준원」이 우리나라를 대표하고 있다.

ISO의 기구 조직은 총회, 이사회, 중앙사무국, 정책개발위원회, 기술관리부 등으로 구성되어 있고 그동안 약 13,000여종의 국제규격을 제정하였다. 국제표준 제정기구는 분야별로 기술위원회(TC-Technical Committee)를 설립하여 운영하고 있으며, 분과위원회(SC-Serve Committee), 작업반(WG-Working Group)으로 구성되어 있다. 그중 품질경영(ISO 9000)에 관한 기술위원회는 TC 176이며, 환경경영(ISO 14000)에 관한 기술위원회는 TC 207이다.

---

1) ISO란 「서로 대등하다.」는 의미를 나타내는 그리스어 「isos」에서 따온 것이며 「아이소」라고 읽음.
2) 2002년 1월 현재 가입국가 수임(Member Bodies 92개국, Correspondent Members 35개국, Subcriber Members 14개국)

ISO에서 제정한 국제 품질규격 중 전세계적으로 가장 광범위하게 사용되는 규격은 ISO 9000이다. 품질시스템, 품질보증 및 기타 지원기술을 포함하는 품질경영 전반에 표준화를 목적으로 1979년에 설치된 품질경영과 품질보증 기술위원회(Technical Committee ISO/TC 176 Quality management and quality assurance)에서 제정하였다.

국제규격은 국제적으로 내국민 대우와 무차별원칙을 적용하고 있다. ISO 인증제도는 국제무역에 불필요한 장벽이 되어서는 안되며, 내국민 대우 및 무차별 원칙을 적용하고 있다.

제2절. 품질경영시스템 인증제도의 발전

품질경영시스템은 1959년 미국에서 NATO 공급용 군사장비의 품질보증을 위해 처음으로 MIL-Q-9858 품질시스템 표준을 제정하였다. 이는 2차 세계대전 이후 미국 국방부에서 군납 검수시 불량을 사전에 방지하기 위하여 시스템 제도를 도입하였다. 현재는 미국에서도 ISO 9000 규격으로 대신하고 있다.

1979년 영국표준협회(BSI)에서 BS 5750을 제정운영, 1980년에 ISO/TC 176을 설치, 1986년 ISO 8402를 제정, 1987년 ISO 9000 시리즈를 제정하였다. 이후 ISO 9000 시리즈를 1994년과 2000년에 개정하였다.

TC 176에서 작성되는 모든 국제 규격을 「ISO 9000 Family」라고 부르며, 이들 가운데 ISO 9000-1·9001·9002·9003·9004-1의 다섯 가지 규격을 「ISO 9000 Series」[3]라고 부른다.

---

3) 2000년에 ISO 9000 Family(ISO 9000, ISO 9001, ISO 9004)로 대체되었음.

제3절. ISO 9000 Family

1. ISO 9000 Family 개요

국제표준화기구(ISO) 기술위원회(TC 176)에서 제정한 「품질경영」에 관한 일련의 국제규격을 ISO 9000 Family라고 한다. 이는 품질경영시스템에 관한 사항을 규정한 것으로서 제품이나 서비스의 자체를 규정한 것은 아니다.

ISO 9000 Family는 1987년에 ISO 9000 시리즈인 ISO 9000-1·9001·9002·9003·9004-1을 제정하였다. 1994년에는 ISO 9000 Family를 제조업의 요구사항을 보완하여 개정하였다. 2000년에는 최신 경영기법을 도입하고, 행정서비스를 제공하는 행정기관을 포함한 모든 산업분야에 적용할 수 있도록 개정하였으며, ISO 14000과 같은 국제규격과 병행성과 적합성을 갖게 하였다. 이로써 ISO 9000 Family 규격은 기존의 제조업뿐만 아니라 공공행정기관과 서비스업을 포함한 모든 산업분야에 적용할 수 있게 되었으며, 조직의 규모와 특성에 관계없이 적용이 가능하도록 되어 있다.

기존 1994년판 규격이 2000년에 4개의 핵심규격으로 조정된 내용은 다음과 같다.

첫째, 인증 규격인 ISO 9001·9002·9003의 세 가지 규격을 ISO 9001:2000으로 통일하였다.

둘째, ISO 9004:2000을 ISO 9001과 일관된 규격으로 개발하여 조직의 성과를 개선하기 위한 방향과 지침을 개발하였다. 과거 ISO 9001 규격에 없었던 성과 개선을 위한 방향을 제시하였고, ISO 14000(환경경영시스템)과 병용성을 높이기 위해 규격의 내용인 요구사항의 배열을 맞추었다.

셋째, 품질경영시스템에 대한 이론을 정립하였다. 특히 프로세스 접근방법, 지속적 개선, 고객만족의 개념을 도입하였다. 이는 프로세스 접근방법의 모델을 제시하고 이를 ISO 9001:2000의 요구사항으로 반영함으로써 품질경영시스템은 물론 제품에 대해서도 지속적인 개선을 요구하고 있다. 이는 결과적으로 고객만족으로 이어지는 개념을 정립하고 이를 요구하고 있다.

넷째, ISO 9001:2000의 내용을 경영책임, 자원관리, 제품실현, 측정·분석 및 개선의 4개 항목으로 재구성하였다. 이는 프로세스 접근방법을 조직의 품질경영시스템의 수립 및 실행에 반영하고 구조를 프로세스 접근방법에 맞게 재구성하였다.

국제규격은 한국산업규격(KS A)으로 전환[4]하여 사용한다. 이 경우 요구사항 등 내용이 우리나라 실정에 맞게 변경되는 것은 아니다.

〈도표 1-1〉 ISO 9000:2000[5]판 규격들의 조정 및 한국산업규격(KS A)과 상호관계

개 정 전		개 정 후	한국산업규격(KS A)
ISO 8402:1994	= KS A 8402:1997	⇒ ISO 9000:2000	⇒ KS A 9000:2001
ISO 9000-1:1994	= KS A 9000-1:1998		
ISO 9001:1994	= KS A 9001:1998		
ISO 9002:1994	= KS A 9002:1998	⇒ ISO 9001:2000	⇒ KS A 9001:2001
ISO 9003:1994	= KS A 9003:1998		
ISO 9004-1:1994	= KS A 9004-1:1998		
ISO 9004-2:1994		⇒ ISO 9004:2000	⇒ KS A 9004:2001
ISO 9004-3:1994			
ISO 9004-4:1994			
ISO 10011-1:1990			
ISO 10011-2:1991			
ISO 10011-3:1991			
		⇒ ISO 19011:2001	※ 한국산업규격으로 전환 안됨
ISO 14010:1996			
ISO 14011:1996			
ISO 14012:1996			

---

4) 「전환」하였다는 의미는 「가장 적합한 우리말로 해석하였다」는 의미임.
5) 2000, 2001, 1990, 1991, 1994, 1996은 제정된 연도를 표시함.

2. ISO 9000 Family의 핵심 규격

ISO 9000:2000 품질경영시스템 -기본사항 및 용어 : 품질경영시스템에 대한 기본사항을 서술하고 품질경영시스템에 대한 용어를 정의하고 있다.

ISO 9001:2000 품질경영시스템-요구사항 : 조직이 고객 및 적용되는 규제사항을 만족시키는 제품을 제공하는 능력을 증명하기 위하여 갖추어야 할 요구사항을 제시한 것으로서 인증 목적으로 사용된다.

ISO 9004:2000 품질경영시스템-성과개선 지침 : 조직이 고객 및 이해관계자의 만족과 품질경영시스템의 지속적인 개선을 통해 조직의 성과를 향상시키도록 프로세스를 개선하고, 조직이 품질경영시스템의 완성도를 평가하는 데 사용될 수 있는 지침이다.

ISO 19011:2001 심사에 대한 규격-품질경영시스템 및 환경경영시스템 : 품질경영시스템과 환경경영시스템에 대한 심사 규격으로 품질 및 환경심사를 관리하고 수행하기 위한 지침을 제공한다.

제4절. 품질경영체제 인증제도

1. 우리나라의 인증제도

우리나라는 2000년 12월 29일 공포한 「품질경영 및 공산품 안전관리법」이 ISO 9001 인증을 위한 품질경영체제 인증제도의 근간이 되는 법이다. 품질경영에 관한 업무를 관장하는 중앙부처는 「산업자원부」이며 그 산하에 「기술표준원」이 있다. 산업자원부에서는 주로 관련 법규를 관장하고 있으며 기술표준원은 주로 ISO업무를 다루고 있다.

품질경영 및 공산품 안전관리법은 기업·공공기관·단체 등의 품질경영의 조성·지원에 관한 사항과 공산품의 안전관리에 관한 사항을 정함으로써 기업·공공기관·단체 등의 품질 및 기술경쟁력을 강화하고 안전검사제도를 실시함으로써 소비자의 이익과 안전을 도모하기 위하여 제정되었다. 이 법에 의하여 설립된 인정기관인 「(사)한국인정원(KAB)」[6]에서 1996년 10월 1일부터 인증기관 및 연구기관에 대한 품질시스템을 심사 평가하고 인증기관지정 및 사후관리, 인증업체와 인증심사원의 등록관리 업무를 관장하고 있다. 인증기관에서는 인증을 신청하는 업체나 기관에 대한 품질시스템의 심사 후 인증 요건에 적합할 경우 인증서를 발행하고 심사를 한 업체의 사후관리를 맡고 있다.

<도표 1-2> 품질경영체제 인증제도 그림

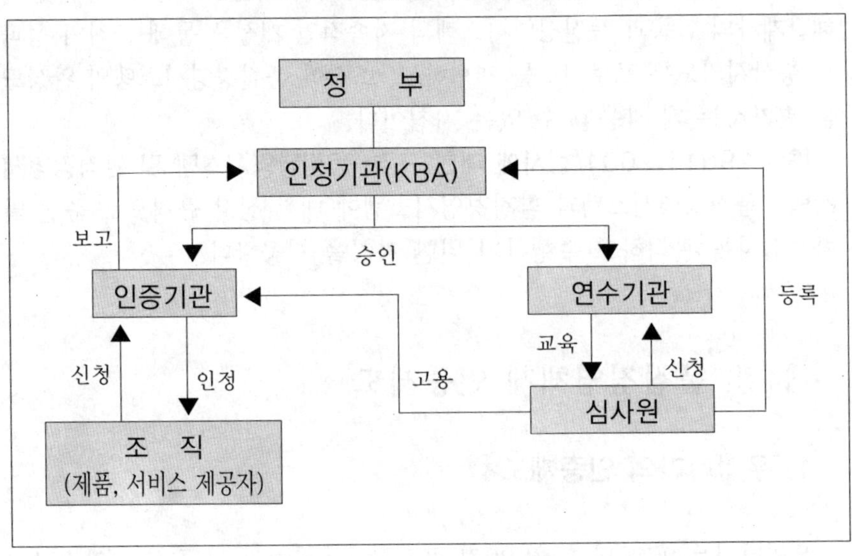

2. 품질경영시스템 인증 관계

국제표준화기구(ISO)에서는 품질경영시스템 인증제도 전반에 관련된 규격과 이에 관한 지침을 제공하여 각 국가가 일정한 수준에서 운영되도록 유도한다. 그러나 인증기관이나 인정기관의 승인, 감시 등에는 관여하지 않는다.

---

6) 2001년 11월 5일, (사) 한국품질환경인정협회에서 (사) 한국인정원으로 개칭.

인증기관에서는 조직(제품 또는 서비스 제공자)에 대하여 심사를 수행하고 인증서를 발급한다.[7] 또한 인증기관은 ISO에서 발행하는 규격과 심사 지침을 준수하여야 하며, 지정된 인증범위 내에서 인증서를 발급한다.

<도표 1-3> 품질경영시스템 인증관계 그림

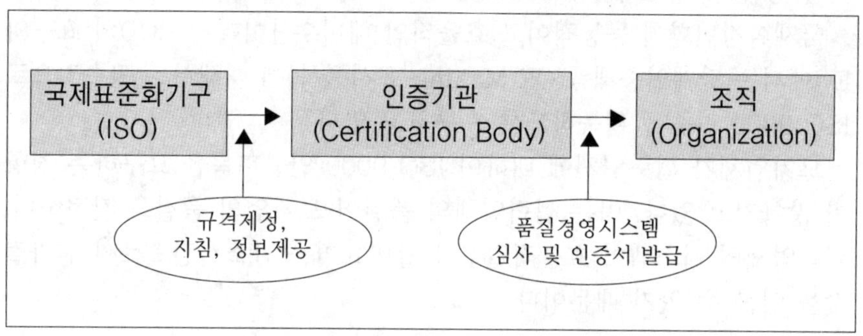

제5절. ISO 9000의 도입 필요성

1. 기업 등 민간부문의 경영적 측면

ISO 9000의 도입은 제품이나 서비스를 제공하는 조직 자체뿐만 아니라 조직의 외부에서도 요구되고 있다.

조직 내부적으로는, ISO 9000에서 제시하는 품질경영시스템이 고객의 기대와 요구를 만족시킬 수 있는 최적의 경영시스템을 구축하는데 필요하다. 또한 품질경쟁력의 확보와 고객만족의 출발점으로 품질의 객관적 입증수단으로서 모든 조직의 경영체질을 개선하는 데 효과적이다. 뿐만 아니라 경영전략의 종합적인 경쟁력 확보 수단이 되며, 조직의 제품생산에 지속적인 개선과 불량예방, 낭비의 감소, 생산성과 품질향상을 통한

---

7) ISO 9000은 2000년 9월 30일까지 우리나라에서 14,146건, 전세계적으로 150여개국에서 343,646건을 인증받았음.

경쟁력을 확보할 수 있다.

세계화 추세와 기업간 요구에 부응하기 위하여 필요하다. 품질경영시스템의 도입과 적용은 세계화 추세이다. 전세계적으로 ISO 9000의 인증제도가 확산되고 있고, 고객의 요구가 그대로 품질로 구현되는 기업의 역량을 함양하며, 제품책임제도(Product liability)의 대책으로 채용되고 있다.

국제환경변화에 능동적이고 효율적인 대비수단이다. OECD의 요구와 EU에서는 강제인증제품(CE Making 표시품목)에 대해서는 필수적으로 ISO 9000 인증을 획득하도록 요구하고 있다.

모기업체가 협력업체에 대하여 ISO 9000 인증획득을 요구하는 경향이 많아지고 있다. 이는 협력업체의 품질이 모기업의 품질을 결정하며, 협력업체의 시스템이 효율적일수록 낭비요인을 감소시킴으로써 원가절감을 이룰 수 있기 때문이다.

2. 자치단체 등 공공부문의 행정적 측면

행정기관의 경우, 민간부문에서 활발하게 활용되어 세계적으로 객관성이 입증된 ISO 9000의 국제규격을 도입함으로써 주민이 최대한 만족하는 행정서비스를 효율적이고 일관성 있게 제공하기 위하여 필요하다.

이러한 요구는 민선자치단체 이후 행정이념이 최적으로 조화된 행정서비스를 일관성 있게 제공하려는 행정기관의 의지가 그 어느 때보다 높아가고 있으며, 이를 제3자로부터 객관적으로 입증하려고 하기 때문이다.

또한 행정을 추진하는 데 있어 좀더 효율적으로 업무를 수행해야 하는 압력을 받고 있다. 지방의회의 견제와 감시, 그리고 민간단체의 행정 참여가 지속적으로 확대되고 있기 때문이기도 하다.

3. 품질행정시스템 구축과 기대 효과

행정기관에서 제공하는 행정서비스는 고객에게 만족을 주고, 고객은 행정기관에 신뢰성을 갖는다. 이러한 효과는 행정업무에 효과성과 효율성을 제고하게 되고 일관성 있는 업무를 수행함으로써 행정서비스의 수준을 제고하게 된다. 이는 행정에 필요한 자원을 효율적으로 이용함으로써 지속적인 개선을 통하여 행정서비스의 생산 경비를 절감하여 보다 폭 넓고 수준 높은 서비스를 통하여 주민만족의 효과를 얻을 수 있게 된다.

특히, 품질행정시스템을 구축함으로써 모든 공무원은 행정서비스의 품질에 대한 인식이 향상되고, 의사소통이 원활해지면서 부서간 이기주의가 사라지고 책임감이 향상된다.

이와 같은 효과는 장기적으로 잠재되어 있거나 현존하는 행정서비스의 문제점 파악 및 도출이 쉬워지며 문제점에 대한 신속하고도 적절한 조치가 가능해진다. 이는 내부 심사 및 품질행정에 대한 종합적인 진단을 통하여 문제가 재발되지 않도록 효과적인 방법을 구축할 수 있게 된다.

제6절. 행정기관의 ISO 9001:2000의 적용

ISO 9001:2000 국제규격을 적용하고자 하는 행정기관은 적용 가능한 모든 요구사항을 준수하여야 한다. 그러나 행정기관에서는 ISO 9001:2000 규격에 따라 제공되는 행정서비스의 특징, 고객의 요구사항, 적용되는 규제 요구사항을 검토하여 타당하다고 입증되면 인증 범위에 따라 적용범위를 합리적으로 축소할 수 있다. 이 경우 행정기관은 행정서비스의 특성과 제공하는 범위를 명확히 하여야 한다.

이 규격에서 적용 제외되는 사항이 과다하여 품질행정시스템의 중대한 누락이 생길 경우, 이 국제규격에 대한 적합성을 주장할 수 없다. 이는 이 규제 요구사항을 충족시키기는 하지만 이 규격에서 제외를 초과하는 경우에도 포함된다.

행정기관의 업무영역 범위에 따라 제1항부터 제8항의 요구사항중에 7항(제품실현)내에서 하위 조항들이 특정 상황에서 적용가능하지 않은 것이 있을 수 있다. 예상되는 조항은 7.3(설계 및 개발), 7.5.3(식별 및 추적성 : 추적성에 한하여 제외), 7.5.4(고객재산), 그리고 7.6(모니터링 및 측정장치의 관리)이다. 그러나 행정서비스 중에 영조물이나 수도물과 같은 공공재를 제공하는 업무의 영역까지 인증을 위해서는 규격의 모든 요구사항을 적용해야 할 것이다.

품질행정시스템을 구축시 이 국제규격의 일부를 적용에서 제외하여 시행한다면 고객 및 사용자의 혼동이나 오해를 없애기 위하여 행정기관의 품질행정매뉴얼, 인증·등록 문서 등에 제외된 사항을 명시해야 한다.

제7절. ISO 9001:2000으로 전환[8]

1. ISO 9001:2000으로 전환시 유의사항

이미 ISO 9001:1994 규격에 의하여 인증을 받은 행정기관은 인정기관과 상호 협의하여 ISO 9001:2000규격으로 전환하여야 한다.

ISO 9001:2000 규격으로 전환하고자 하는 행정기관에서는 다음사항에 유의하여야 한다.

● 새로운 규격의 명확한 이해
● 프로세스 접근방법 등 새로운 규격의 요구사항에 대한 적용
● 새로운 규격에 초점을 맞추어 행정기관장과 공무원에 대한 교육필요
● 규격의 일부를 적용하지 않을 경우 이에 대한 정당성 확보

ISO 9001:2000 규격은 기존의 규격에 의한 프로세스, 시스템에 대한 문서화를 무효화시키지는 않는다. 다만 현재 행정기관에서 구축한 문서화가 새로운 규격에 맞게 전환되어야 한다.

2. 한국인정원의 전환 계획 지침

2000년 6월 8일 한국인정원에서는 공고 2000-41호를 통하여 ISO

---

8) 2000년 이전에 ISO 9001:1994/KS A 9001:1998의 규격으로 인증받은 행정기관만 해당됨.

9000 시리즈 2000년 개정에 관한 전환계획지침을 공고하였다.

주요 내용은 2000년 규격으로의 이행을 위한 이행절차에 관한 것으로써 이행절차는 다음과 같다.

- 2000년 규격 발행 후 기존의 KS A 9001, 9002, 9003 규격은 제정 규격인 KS A 9001에 통합하였고, 이의 3종 규격은 2003년 12월 15일까지만 유효하다. 따라서 1998년의 규격이 공존한다.
- 2000년 규격 발행 이후 공존기간 중에는 1998년 규격으로 신규 인증심사를 받을 수 있으나 공존기간 종료시까지 2000년 규격으로 전환 심사를 받아야 한다.
- 1998년 규격에 의하여 이미 인증을 받은 조직이 2000년 규격 발행 이후에 1998년 규격에 의한 인증을 유지하고자 하는 경우에도 공존기간 종료시까지 2000년 규격에 의한 인증으로 전환하여야 한다.
- 인증기관에 소속된 심사원은 연수기관 또는 소속기관에서 2000년 규격에 대하여 교육을 받을 수 있다.

제2장. ISO 9001 인증 등록절차 및 사후관리

제1절. 품질행정시스템의 도입

1. 도입 목적

고객만족과 효율적인 행정서비스 제공은 품질행정시스템의 기본 목적으로 정의할 수 있다.

현대 행정이 나날이 복잡·다양해져 가고 있는 것과 주민이 행정에 대한 요구가 그만큼 복잡하면서 다양해지고 있음은 필연적인 상관관계에 있다. 또한 행정서비스의 특수성에도 불구하고 민간부문의 서비스와 경쟁적인 입장에 놓여 있다. 이와 같은 상황에서 행정서비스에 품질의 개념을 도입하여 행정서비스의 질을 높이고자 하는 행정기관의 자발적인 동기 부여가 촉발된 것이다. 물론 행정관청이 법적인 의무를 이행하는 것은 기본이다. 그러나 주민의 요구는 늘 그 이상을 바라고 있으며 행정관청은 이에 상응한 요구를 사회적 정의에 입각하여 만족시켜야 할 의무가 있다.

고객인 주민의 요구를 만족시키기 위해서는 효율적이고 일관적인 행정서비스를 제공할 수 있는 시스템과 전략적이고 통합된 관리체계가 필요하다. 또한 효율적인 서비스 제공을 위해서는 관리자와 직원들을 참여시켜 행정기관의 프로세스를 지속적으로 개선하여야 한다.

품질시스템 인증을 획득하기 위한 목적이 고객만족과 효율적인 행정서비스 제공에 앞선다면 그 품질행정시스템은 결코 효과적으로 활용되지 못하며 오히려 업무의 증가를 가져와 오히려 역효과가 나타난다.

2. 도입 결정

품질행정시스템은 행정기관의 전략적 결정에 의해 도입되어야 할 것이다. 전략적 결정이란 고객만족이라는 목표를 설정하고 이를 달성하기 위한 수단인 품질행정시스템을 구축하여, 효율적이고 지속적으로 고객만족을 달성하기 위하여 행정기관의 장과 공무원들의 전원 참여를 바탕으로 한 의도적인 결정을 말한다.

이는 행정기관장의 단독적인 의지만을 필요로 하는 것이 아니다. 중간 관리자를 포함한 모든 공무원의 공감적 인식과 참여를 바탕으로 성과를 이루어내야 한다는 노력이 전제되어야 한다. 그리고 나서 품질행정시스템의 운영에 적절한 자원을 투입한다면 품질행정시스템의 성공은 필연적이다.

행정기관이 변화하는 고객의 요구(Demands)에 부응하기 위하여 그 변화에 대한 요구(Needs)를 감지할 수 있는 준비가 되어 있어야 하고, 변화를 일으킬 수 있는 필요한 능력을 보유하기 위한 노력이 필요하다.

제2절. 품질행정시스템 구축 원칙

1. 구축 원칙

1.1. 현재의 시스템을 품질행정시스템으로 채택한다. 다만 부족한 부분은 보충한다.

행정기관에서 행정서비스를 제공하기 위하여 운영되고 있는 시스템(프로세스 포함)은 각종 법규에 근거하였거나 행정기관에서 장기간 운영되어 왔기 때문에 조직의 인원들이 잘 이해하고 있고 시행에 별다른 착오가 발생하지 않는다. 다만 현재 운영하고 있는 시스템이 ISO 9001 요구사항을 충족하지 못한 부분에 대해서는 보충하여 실행한다.

경우에 따라 현재 운영되고 있는 시스템을 변경하고자 할 경우에는 변경의 타당성, 변경 내용의 합리성, 변경 후의 부정적인 효과 등을 면밀히 검토하여 확정한다. 그러나 시스템 사용자의 수용태도 및 능력 등을 고려하고 대폭적이고 광범위한 변경을 피하는 것이 좋다.

1.2. 새로운 문서화는 최소한으로 구축한다.

행정기관에서 행정서비스를 제공하기 위하여 운영되고 있는 모든 활동을 문서로써 모두 규정할 수 없다.

ISO 9001 요구사항에서 원하는 문서를 모두 새로 작성할 필요가 없다. ISO 9001에서 요구하는 문서화는 가급적 기존의 문서[9]를 그대로 활용하거나 매뉴얼 등에서 인용함으로써 필요한 문서를 최소한으로 작성하여 운영한다.

ISO 9001에서 요구사항일지라도 행정서비스 제공에 영향을 미치지 않는다면 새로운 시스템을 구축할 필요가 없다.

1.3. 새로운 프로세스는 쉽게 적용할 수 있어야 한다.

ISO 9001에서 요구하는 프로세스를 새로 운영할 필요가 있을 경우에, 새로운 프로세스는 공무원이 쉽게 이해하고 실무에 자연스럽게 적용될 수 있어야 한다. 즉 행정 환경과 공무원의 능력을 고려하여 프로세스를 수립하여야 한다.

1.4. 생산적인 시스템만 채택한다.

생산적인 시스템이란 효율적이고 효과적인 시스템을 말한다. 즉 투입

---

9) 행정기관에서 관장하고 있는 각종 법규, 규정, 예규, 지침, 업무편람 등을 총칭한다.

과 산출, 투자와 성과를 판단하여 다양한 방법중에 가장 효과적인 시스템을 채택한다. ISO 9001 요구사항일지라도 행정서비스 제공에 미치는 영향이 경미하다면 투입과 투자를 최소한으로 정하거나 다른 대안을 선택한다.

1.5. 모든 프로세스는 가급적 단순화시킨다. 다만 중요한 프로세스는 구체화한다.

단순화된 프로세스는 쉽게 적용할 수 있으며 업무집행의 실수를 줄일 수 있다. 그러나 행정서비스의 품질에 중요한 영향을 미치는 프로세스는 구체화시켜 행정서비스의 품질을 제고시키는 방향으로 구축한다.

2. 구축 절차

품질행정시스템을 도입하기로 결정한 후 품질행정시스템을 구축하기 위하여 다음과 같은 과정을 거친다.

〈도표 1-4〉 품질행정시스템 구축 절차 그림

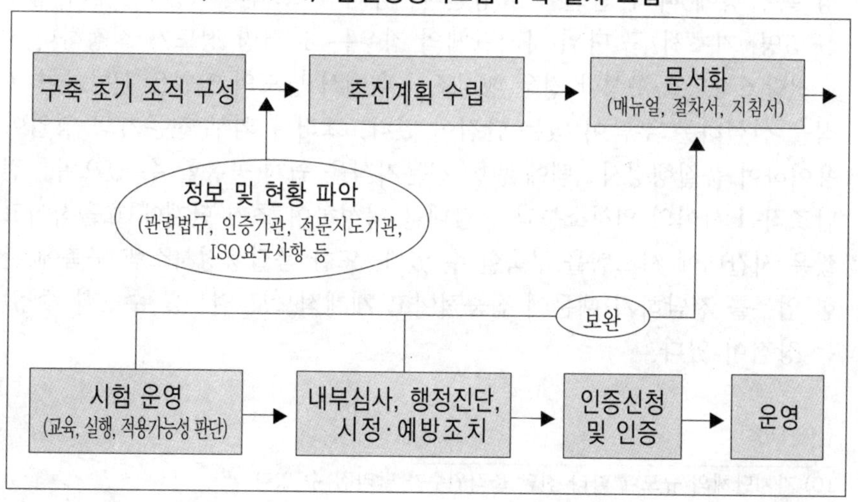

3. 추진조직 구성

품질행정시스템을 구축하기 위하여 초기단계에 전담조직(Task Force Team)을 구성하는 방법과 행정기관내의 기존의 특정 부서에 추가로 업무를 부여하는 두 가지 방법이 있다.

이 두 가지 방법중 어느 방법을 선택하는가는 행정조직의 규모, 업무의 다양성과 복잡성, 부서간의 의사소통, 그리고 두 가지 방법의 상호간 장단점을 고려하여 선택한다.

3.1. 전담조직 구성

전담조직은 Task Force Team의 형식으로 조직이다. 이러한 조직은 품질행정시스템을 도입하고 난 후 행정기관에 적용되고 나면 해산되는 것을 목적으로 한다. 필요한 경우에는 전담조직이 일부 부서로 편입되어 지속적으로 품질행정업무를 주관할 수 있다.

전담조직은 행정기관의 소속 인원을 별도로 구성하고 필요한 경우 외부 전문가를 영입한다. 전담조직의 인원수는 조직의 규모와 업무의 다양성·복잡성에 따라 인원이 결정된다. 광역시·도 단위 자치단체의 경우 4~5명, 기초시·군 단위 자치단체의 경우는 3~4명 정도가 적정하다.[10]

전담조직으로 구성할 경우 행정조직 내에서 별도의 인원을 선발하여 조직을 신설하는 부담이 있는 단점이 있다. 그러나 외부 전문가의 영입이 용이하여 품질행정시스템에 관한 전문지식을 쉽게 공유할 수 있으며, 전담조직원 사이의 의사소통과 공감대를 형성하여 초기 단계에 효율적이고 짧은 시간내에 시스템을 구축할 수 있다. 또한 품질행정시스템 구축에 관한 업무를 전담하기 때문에 집중적이고 체계적으로 업무를 수행할 수 있는 장점이 있다.

---

10) 자치단체의 규모에 따라 전담 조직원수가 달라질 수 있다.

3.2. 주관 부서 지정 추진

기존의 부서에 품질행정시스템 구축과 운영 등에 관한 업무를 주관하도록 지정하는 것이다.

품질행정시스템 업무는 성격상 행정서비스 제공이라는 집행적 성격과 이를 지원하는 지원적 성격을 동시에 지니고 있다. 고객이 만족할 수 있는 행정서비스를 지속적이고 안정적으로 제공하기 위해서는 부서의 모든 인원에 대하여 품질행정 교육, 지도, 행정진단, 내부심사 등을 주관 부서를 정하여 추진할 필요가 있다. 따라서 행정기관 내의 사업부서보다는 지원부서(기획·감사·총무부서 등)를 주관 부서로 정하여 추진하는 것이 바람직하다.

지원부서의 일부 단위 조직에 품질행정 추진 업무를 부여할 경우, 기존의 고유업무와 품질행정 업무를 병행해야 하는 부담이 있다. 또한 품질행정 업무와 기존의 고유업무가 병행되기 때문에 업무의 집중력이 떨어지고 업무 담당자의 의욕이 저하될 수 있어 품질행정시스템 구축의 초기단계에 많은 시간이 걸릴 수 있는 단점이 있다. 그러나 전담조직의 신규 구성에 대한 부담이 없고, 소규모 조직과 의사소통이 원활한 조직에 쉽게 적용할 수 있다. 또한 품질행정시스템의 도입과 구축에 참여한 인원이 지속적인 시스템을 운영하게 되어 일관성과 시스템에 관한 지식과 정보가 누적되는 장점이 있다.

4. 추진계획 수립

추진조직이 구성되면 품질행정시스템을 구축하기 위하여 우선적으로 시스템 구축에 필요한 계획을 수립한다. 추진계획에 포함될 내용은 다음과 같다.

- ●도입 배경, 목적, 필요성, 기대효과
- ●추진 조직 구성
- ●추진방법(추진일정, 교육, 문서화, 시험운영, 내부심사, 시정 및 예

　방조치, 인증 신청 등)

- ●예산
- ●기타 협조사항 등

추진계획을 수립시에는 이미 품질행정시스템을 시행하고 있는 행정기관의 추진실태, 관련법규, 인증기관 현황, 전문 지도기관(Consultant) 등 다양한 정보를 수집한다. 또한 추진계획은 조직의 규모가 크고 업무가 복잡·다양할 경우 총괄계획과 세부계획을 따로 수립하여 추진하는 것이 좋다. 세부계획으로는 문서화 추진계획, 교육계획, 내부심사계획, 시정 및 예방조치 계획 등 별도로 계획을 수립하여 시행한다.

총괄계획은 추진방향과 방침을 정하고 세부계획에서 구체적인 추진방법과 일정 등을 정하여 계획의 탄력성과 유동성을 갖게 하여 품질행정시스템이 전 부서의 업무에 용이하게 적용할 수 있게 한다.

추진조직 구성은 각 부서별로 품질행정시스템을 주관할 수 있는 주관담당자를 지정하여 운영하는 것이 좋다.

주관담당자는 품질행정시스템의 구축에 대하여 사전 교육을 통하여 이에 대한 지식을 갖추어야 한다. 각 부서 내에서 시스템 구축에 대한 의사소통과 시스템 지식의 전달자 역할을 담당하기 때문이다.

추진일정에는 교육, 문서화, 시험운영, 내부 심사, 행정진단 등 세부 계획의 추진일정을 정한다. 품질행정시스템을 도입하기로 결정하고 난 후 인증을 받을 때까지 최소한 1년 이상의 기간을 계획하는 것이 바람직하다. 행정기관의 업무가 단순 반복적인 업무도 있겠지만 적어도 1년을 주기로 시행하는 업무가 많기 때문이다. 적어도 품질행정시스템이 전 부서에 정착되었다는 확신을 가진 다음 인증을 신청하는 것이 좋다.

5. 문서화

품질행정시스템을 구축하기 위해서는 ISO 9001:2000에서 요구하는 문서를 구축하여야 한다. 문서화란 행정기관의 프로세스를 효과적이고 효율적으로 운영하도록 지원하고 품질행정시스템을 수립, 실행, 유지하는 데 필요한 문서를 정하는 것이다.

문서의 성격 및 범위는 법적, 규제요구사항과 고객 및 기타 이해관계자의 욕구 및 기대에 만족하여야 하며 행정조직에 적절하여야 한다. 문서는 행정조직의 필요에 적절하도록 어떠한 형태 또는 전자매체일 수 있다. 문서의 발행, 사용 및 관리는 기준에 대하여 다음과 같은 행정조직의 효율성과 효과성 관점에서 평가되어야 할 것이다. 또한 문서의 이용은 행정조직의 의사전달 방침에 기초하여 조직원과 다른 이해관계자에게 보증되어야 한다.

- 기능성(Functionality)
- 사용자의 친근성
- 필요한 자원
- 방침과 목표
- 현재와 미래의 요구사항

행정기관의 고객, 공급자, 그리고 다른 이해관계자에 의해 사용되는 연계점 또한 문서화는 다음과 같은 가치를 지니며, 문서화의 생성은 그 차체로 끝나서는 안 되고 가치창출 활동이 되어야 한다.

- 고객 요구사항과의 적합성 및 행정서비스의 개선을 달성
- 적절한 교육훈련을 제공
- 반복성과 추적성
- 객관적 증거를 제공
- 품질행정시스템의 효과성 및 지속적 적절성을 평가

6. 시험 운영

품질행정시스템의 기본 시스템을 구축하고 난 후 품질행정시스템이 고객을 만족시킬 수 있는지 그리고 지속적으로 효율적인 행정서비스를 제공할 수 있는지를 시험 운영한다. 이는 품질행정시스템이 모든 부서에 적용 가능한지 시험 운영한 결과를 바탕으로 판단한다.

시험운영 기간은 보통 1년이 적당하다. 그러나 일상적이고 반복적인 업

무를 시행하는 부서나 업무의 주기가 1년 이상 장기간 소요되는 업무라 할
지라도 프로세스가 확정적이고 변동요인이 없는 업무는 적용기간을 단축
할 수 있다.

시험운영에서 우선적으로 가장 중요하게 판단할 사항은 구축한 품질행
정시스템(프로세스 포함)이 업무에 적용가능한지 여부를 판단한다. 그런
다음 도출된 문제점, 미비한 점, 불합리한 점은 개선하여 다시 시스템을
업무에 적용해 보아야 한다.

품질행정시스템의 성공적 구축의 여부는 시험운영시에 적용성을 높이
는 데 달려 있다.

7. 내부심사, 품질행정 종합진단, 시정 및 예방조치

시험운영기간 중에 실시하는 내부심사, 품질행정 종합진단, 시정 및 예
방조치도 인증 받은 후 실시하는 것과 다를 바 없다. 이 세 가지 절차를
실행하는 이유는 품질행정시스템의 지속적인 개선을 위한 것이다.

제3절. 인증 절차 및 인증 신청

1. 인증 절차

품질행정시스템의 인증은 행정기관이 인증기관에 신청하는 것에 의하여
시작된다. 품질행정시스템을 구축하여 운영한 결과 ISO 9001의 요구사항
을 충족하고 있다는 확신이 있으면 인증기관에 품질경영시스템 인증을 신
청한다.

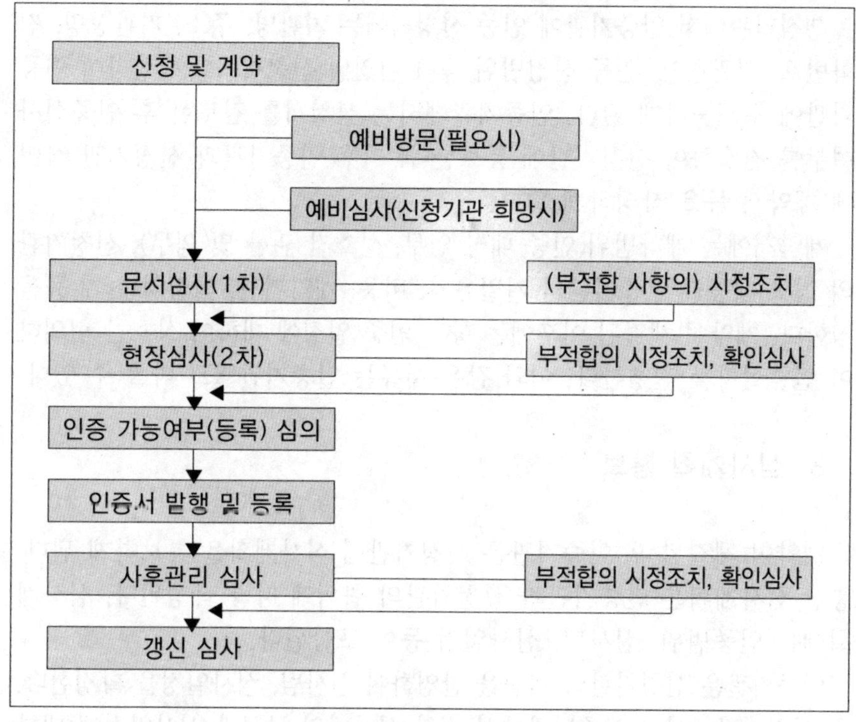

2. 인증 신청 및 인증 계약

행정기관에서 인증을 신청할 경우 국내·외 인증기관을 비교하여 인증기관을 선정할 수 있다. 모든 인증기관이 행정관청의 ISO 9001의 인증심사를 할 수 있는 것은 아니다.

품질보증체제인증운영요령[11] 제2조 규정에 의한 인증 수행범위에 32항(공공행정)에 해당하는 요건을 갖추어야 공공행정기관의 인증 업무를 수행할 수 있다. 따라서 인증을 신청하고자 하는 기관에서는 이러한 요

---

11) 산업자원부 고시 2000-76호, 2000. 8. 10.

건에 해당하는 인증기관을 선택하여야 한다.

행정기관에서 인증기관에 인증 신청시에는 기관명, 주소, 기관장명, 전화번호, 기관현황, 인증 신청범위 등이 기입된 신청서[12]를 작성하여 인증기관에게 제출하게 된다. 인증기관에서는 신청서를 검토한 후 인증심사 여부를 결정하여 신청기관에 통보한다. 이후 인증기관과 신청기관 사이에 계약서 등을 작성하게 된다.

계약서에는 계약범위(인증 대상 업무, 상호간 권한 및 의무), 신청기관의 정보 제공과 인증기관의 기밀유지, 비용, 계약기간, 책임의 한계 등을 정한다. 계약이 체결된 이후에는 향후 인증 일정에 대하여 상호간 협의하여 인증절차를 진행한다. 이와 같은 서류는 인증기관별로 다를 수 있다.

3. 심사계획 통보

계약이 체결된 후 인증기관은 신청기관에 심사계획을 통보하게 된다. 통상 심사계획은 인증기관과 신청기관의 협의에 따라 작성된다. 심사계획에는 인증범위, 심사팀, 심사일정 등이 포함된다.

인증기관은 신청기관의 의견을 반영하여 심사팀, 심사일정을 확정한다. 즉 신청기관에서는 인증기관에서 정한 심사팀의 구성과 심사일정에 대하여 정정을 요구할 수 있다. 이 경우 인증기관에서는 응해야 한다.

4. 예비방문 및 예비심사

예비방문과 예비심사는 본 심사에 앞서 신청기관의 품질행정시스템과 행정서비스 제공을 위한 프로세스가 효과적인지 그리고 ISO 9001의 요구사항에 적합한지 미리 심사한다. 또한 신청기관이 본심사에 효과적으로 대비하기 위해 실시된다.

인증기관에서는 신청기관의 현황을 파악하고 신청기관에 대한 이해의

---

12) 인증기관에서 제공하며, 인증기관별로 신청서가 다름.

폭을 넓히는 데 필요하다. 따라서 향후 인증심사 전반에 걸쳐 효율적인 심사를 진행하는 데 도움을 준다.

예비방문과 예비심사는 필요에 따라 인증기관과 신청기관 사이의 합의에 의하여 이루어진다.

예비심사는 주로 문서심사를 위주로 진행한다. 예비심사 결과 품질행정시스템상의 중대한 부적합과 누락이 발견되면 시정조치하는데 소요되는 시간을 파악하여 문서심사 이후의 일정을 연기한다. 만약 시정조치에 소요되는 기간이 장기간 소요되거나 시스템 전반에 걸쳐 중대한 부적합이 발견된다면 향후 심사 일정을 취소할 수도 있다.

예비방문이 이루어진다면 심사원은 예비방문시 품질행정문서 심사결과와 이행상태를 확인하며, 신청기관의 준비상태가 미흡하여 이행상태에 중대한 부적합이나 다수의 부적합이 발견될 경우 향후 이루어질 본심사를 연기할 수 있다.

5. 본심사

본심사는 문서심사와 현장심사로 이루어진다.

문서심사는 현장심사에 앞서 신청기관의 품질행정시스템의 운영에 필요한 문서가 ISO 9001의 요구사항에 적합한지 심사한다. 이에 해당되는 문서는 품질행정매뉴얼, 관련 절차서, 지침서를 심사한다. 문서심사 결과 발견된 부적합사항은 시정조치한다.

현장심사는 심사팀(반)이 신청기관의 업무가 ISO 9001의 요구사항을 충족하면서 적합하게 진행되는지를 현장에서 심사한다. 즉 신청된 인증 범위에 속하는 신청기관의 모든 업무에 대하여 관련된 인증 요구조건에 따라 심사한다.

현장심사는 인증의 대상이 되는 업무의 부문별로 실시하며, 업무의 전반에 걸쳐 전수심사를 하는 것이 아니라 표본추출 심사(Sampling Audition)를 한다. 따라서 잔존하고 있는 모든 부적합을 가려낼 수 없는 한계가 있다.

행정기관의 현장은 공산품과 같은 물적 제품을 생산하는 현장과 다르기 때문에 심사원의 현장관찰보다는 업무 수행자와 대화, 업무 수행의 증거가 되는 각종 문서와 기록을 확인하는 방법을 위주로 심사한다.

현장심사는 일반적으로 다음과 같은 과정을 거친다.

<도표 1-6> 현장심사 과정

구분	개최시점	참석자	내용	비고
시작회의	현장심사 1일차 (심사시작)	인증심사원(팀), 품질행정대리인, 관련 주요 간부, 안내자	-심사원 소개 및 참석자 소개 -심사진행방법 설명 등	심사팀장이 회의를 주관함.
경영자 면담	시작회의 종료후 (사정에 따라 심사기간중에 실시 가능)	심사팀, 행정기관의 장	-행정기관장의 품질행정시 스템에 대한 의견 (품질행정방침 등)	
심사	심사기간	심사팀, 안내자, 피심사 부서장 및 부서별 ISO업무 주관자	-품질행정시스템의 실행여부 및 규격에 대한 적합성 심사	부서별로 진행
심사팀 회의	일일 심사 전 또는 후	심사팀	-심사진도 점검 -일일심사결과 토의	매일 개최할 필요 없음.
정리회의	일일 심사 종료후	심사팀, 피심사부서장 및 ISO업무 주관자	-일일심사 결과와 부적합 사항의 검토 및 정리 -심사 진행사항의 개선 등	심사후 1회는 필수 적으로 개최
종료회의	현장심사 마지막 일	심사팀, 품질행정대리인, 관련 주요 간부, ISO 업무 주관자 등	-심사결과의 보고 -시정조치 일정 협의 -향후 진행사항 협의	심사팀장이 주관 (전체 심 사결과 보고)

6. 인증 가능여부(등록) 심의

본심사를 모두 마치게 되면 인증기관은 신청기관이 ISO 9001의 인증을 취득할 수 있는지 심의하게 된다. 본심사에서 발견된 부적합사항에 대한 시정조치가 완료되고 인증심의위원회에서 인증이 결정되면 인증서가 발급된다. 인증서는 3년의 유효기간으로 발행된다.

인증이 결정되면, 인증기관은 책임 있는 임원이 서명한 서신 또는 증명서 등의 인증서를 품질보증체제 인증을 받은 신청기관에게 제공한다. 당해 인증서에는 인증된 신청기관 및 그 신청기관의 각 사업장에 관한 다음 각 호의 사항들이 명시된다.

- ●신청기관의 명칭 및 주소
- ●다음 사항을 포함한 인증 범위
  - 품질보증체제 인증시 적용한 규격 및 기타 기준문서
  - 행정서비스의 범주
  - 필요한 경우, 규제사항, 행정서비스 공급의 근거가 되는 기준문서
- ●인증의 발효일자 및 인증의 유효기간

제4절. 사후관리심사와 갱신심사

1. 사후관리 심사

인증기관은 ISO 9001 인증을 획득한 행정기관이 ISO 9001의 요구사항과 당해 인증조건을 계속하여 준수하고 있음을 검증하기 위하여 정기적인 사후관리심사를 적절한 주기로 실시한다. 이때 사후관리 주기는 1년을 초과할 수 없다.

사후관리심사는 최초 인증심사 절차에 준하여 실시한다. 사후관리심사는 본심사와는 다르게 실시된다. 규정된 요구사항에 대한 모든 항목을 심사하는 것이 아니고 중요한 몇 개의 항목만 집중적으로 심사한다.

일반적으로 본심사는 ISO 9001의 요구사항에 대한 기본적 요건이 적절한지 심사하며 사후관리심사시 좀더 깊이 있는 심사가 진행된다. 사후관리심사시 주요 확인사항은 다음과 같다.

- ●품질행정시스템의 유효성에 대한 재평가
- ●품질행정시스템 변경에 대한 분석
- ●이전의 부적합 사항에 대한 조치 여부 확인

●품질행정시스템의 유지와 개선에 관련된 요소 (품질행정 종합진단, 시정조치 및 예방조치, 내부심사)
●인증서 및 마크 사용실태

2. 갱신심사

갱신심사도 마찬가지로 인증을 받은 기관이 ISO 9001의 요구사항을 계속해서 충족하고 있는지 인증기관으로부터 심사를 받는 것이다. 그러나 사후관리심사의 주기가 1년을 넘을 수 없듯이 갱신심사의 주기는 인증을 받은 후 최소한 3년마다 실시한다.

갱신심사의 범위 및 방법은 일반적으로 최초 인증심사 절차와 유사하다.

제5절. 인증서 및 인증마크의 사용

인증기관은 품질보증체제 인증 표시와 인증 마크 및 로고의 소유권, 사용 및 표시방법 등에 대해 적절한 관리를 하게 된다. 인증기관이 공급자에게 품질경영체제 인증등록을 표시하는 마크 혹은 로고의 사용권한을 부여할 경우, 행정기관은 인증기관이 서면을 통해 부여한 권한에 따라 규정된 심볼이나 로고만을 사용할 수 있다. 당해 마크 또는 로고는 제품에는 사용하지 못하며 제품이 인증된 것처럼 해석될 수 있도록 사용될 수 없다.

인증기관은 인증을 받은 기관에서 광고·카탈로그 등의 매체를 통하여 인증시스템에 대해 부정확하게 언급하거나 오해의 소지가 있는 방법으로 인증서 및 로고를 사용하는 경우, 이에 대한 적절한 조치를 취한다. 당해 조치에는 시정조치 요구, 인증의 취소, 위반 사실의 공표 및 필요한 경우 기타 법적조치 등이 해당된다. 인증표시는 지정된 유효기간 내에서만 사용할 수 있으며, 인증마크 사용기준은 다음과 같다.

●ISO(국제표준화기구)의 로고를 사용할 수 없다.
●제품의 품질에 대하여 「ISO로부터 인증받은」, 「ISO 인증」, 「ISO 등

록」,「ISO 인증서」등의 표현을 금지한다.
- ●인증받은 규격을 명확히 명시하여야 한다.
- ●인증받은 범위(행정서비스, 기관)에 한하여 사용한다.
- ●제품인증으로 표기하거나 오해가 없도록 사용하여야 한다.

제6절. 인증 심사일수 및 심사비용

1. 인증 심사일수

인증 심사일수에 대한 기준은 한국품질환경인정협회(KAB)에서 정한 품질경영시스템 인증기관 인정기준에 기준일수를 정하여 놓고 있다. 최초 심사기간을 정하고 있으며, 현장심사기간이 제시된 기간의 90% 이하로 단축되지 않아야 한다.

〈도표 1-7〉 **최초심사 일수 산정기준**(단위 : 종업원수-명, 심사일수-일)

종업원수	심사일수	종업원수	심사일수	종업원수	심사일수
1-10	2	176-275	9	2026-2675	16
11-25	3	276-425	10	2676-3450	17
26-45	4	426-625	11	3451-4350	18
46-65	5	626-875	12	4351-5450	19
66-85	6	876-1175	13	5451-6800	20
86-125	7	1176-1550	14	6801-8500	21
126-175	8	1551-2025	15	8501-10700	22

주) 1. 심사원의 이동시간은 이 계산에 포함되지 않음.
　　2. 1일 8시간 기준이며 점심시간 및 적절한 휴식시간이 포함될 수 있음.

2. 사후관리 심사일수 및 갱신 심사일수

최초 심사주기에서 사후관리에 소요되는 기간은 최초 심사에 소요된 기간에 비례하며 기간은 약 1/3이며, 갱신심사는 최소 심사기간의 약 2/3 이상이다. 심사기간은 연장되거나 단축될 수 있다.

일단 제시된 종업원수로 신청기관에 대한 심사에 요구되는 심사기간을 정하고 나면 조직시스템의 복잡성, 조직 분포의 요인에 따라 심사기간이 단축되거나 연장될 수 있으며, 해당 심사대상 조직을 효과적으로 심사하기 위하여 조정이 필요할 수 있다.

3. 심사비용

심사비용은 일반적으로 인증신청비, 예비심사비, 본심사비로 나누어 계산한다.

인증신청비는 신청기관의 규모에 따라 정액으로 정하고 있다.

예비심사비는 심사비〈심사원수×심사일×심사요율(Man-day별 정액임)〉와, 출장비〈심사원수×(숙박비+교통비)〉로 나누어 산정한다.

본심사비는 정액인 문서심사비와 현장심사비로 구성된다. 현장심사비는 심사비와 출장비로 산출하며 산출 방식은 예비심사비와 같다. 인증비용은 인증기관별로 다를 수 있다.

제7절. 인증 받은 기관의 변동사항에 대한 조치

인증 받은 기관의 품질행정시스템에 변동이 발생된 경우 그 사실을 인증기관에 통보하여야 한다. 인증기관에서는 통보 받은 변경내용을 검토하여 차후 사후관리심사 또는 갱신심사시 반영한다. 또한 인증받은 기관의 조직이나 시스템에 중대한 변경(소재지 이전, 조직개편, 인증범위 변경, 규모 변경 등), 기관명 변경, 품질행정매뉴얼이나 절차의 변경과 추가시에는 인증서를 재발행하거나 사후심사시 별도로 심사를 필요로 한다.

제 2 편
품질행정시스템 기본사항 및 용어

제1장. 일반 사항 및 품질행정 기본 원칙

제1절. 일반 사항

1. 적용 규격

ISO 9000 패밀리 규격은 조직의 형태와 규모에 관계없이 효과적인 품질경영시스템을 실행 및 운영하기 위한 조직을 위하여 개발되었다. 특히 ISO 9000 패밀리 규격은 서비스 조직에도 포괄적으로 적용할 수 있도록 되어 있다. 행정기관의 목적은 고객만족을 통한 조직의 발전적 존립에 있다. 특히 행정기관은 이러한 목적을 수행하기 위하여 ISO 9000의 국제 품질경영시스템을 품질행정시스템으로 전환·도입하여 고객만족의 실행 능력을 지속적으로 유지할 수 있다.

행정기관에 적용할 ISO 국제 규격은 다음과 같다.

ISO 9000은 품질행정시스템에 대한 기본사항과 용어를 적용할 수 있는 규격이다.

ISO 9001은 행정기관의 품질행정시스템을 인증하는 데 적용되는 규격이다. 고객 요구사항 및 적용되는 규제 요구사항과 고객만족을 증진시키기 위한 행정서비스를 제공하기 위하여 행정기관의 능력을 실증하는 데 필요한 품질행정시스템에 대한 요구사항을 규정한다.

ISO 9004는 품질행정시스템의 효과성뿐만 아니라 효율성도 고려하는 지침을 제공한다. 이 규격의 목표는 행정기관의 성과 개선과 고객 만족 및 기타 이해관계자의 만족이다.

　ISO 19011은 품질경영시스템 및 환경경영시스템의 심사에 대한 지침을 제공한다.

2. 품질행정시스템 도입 배경

　품질행정시스템은 고객인 주민에게 만족을 주는 데 도움을 줄 수 있다. 고객은 그들의 욕구 및 기대를 만족시키는 특성을 가진 행정서비스를 요구한다. 이들 욕구 및 기대는 각종 법규의 규정, 주민의 의견, 그리고 행정기관장의 공약과 같은 약속 등이 된다.

　법규에서 정한 행정행위는 고객인 주민에게 공익에 합치된 행정서비스만 제공하는 것이 아니라 고객에게 부담을 지우는 행위와 규제를 가하는 행정행위도 포함되어 있다. 이러한 규제행위는 법에서 규정된 바에 한하여 최소한으로 집행되어야 하며, 사회 정의에 부합하는 것이어야 한다. 따라서 품질행정시스템에서 제공하는 행정서비스는 고객의 의사에 반할 수도 있다는 양면성을 가지고 있다.[13]

　고객요구사항은 행정기관의 외부와 내부의 자체적 요인에 의하여 결정될 수 있다. 행정서비스는 고객의 욕구에 맞게 제공할 수 있도록 행정프로세스의 지속적인 개선을 요구하고 있다.

　품질행정시스템 접근방법은, 행정기관이 고객 요구사항을 분석하고, 고객이 수용할 수 있는 행정서비스의 달성에 기여하는 프로세스를 정의하며 이들 프로세스가 관리상태에 있도록 하는 데 도움을 준다.

　품질행정시스템은 고객만족 달성의 가능성과 기타 이해관계자의 만족을 증가시키기 위하여 지속적 개선을 위한 틀을 제공할 수 있다. 품질행정시스템은 고객이 만족할 수 있는 행정서비스를 지속적으로 제공할 수 있다는 확신을 행정기관 자체와 고객에게 제공한다.

---

13) 급부행정과 수인행정, 수익적 행정행위와 침해적 행정행위 등으로 대별할 수 있음.

제2절. 품질행정의 기본 원칙[14]

행정조직의 존립 목적을 성공적으로 달성하고, 행정기관을 운영해 나가기 위해서는, 체계적이고 투명한 방법으로 지휘하고 관리하는 것이 요구된다.

지방자치가 실시되면서 자치단체의 행정에도 경영의 기법이 도입되었다. 가장 우선적으로 꼽히는 것이 주민만족의 수준을 향상시키려는 노력과 지속적이고 안정적인 재원을 확보하기 위한 각종 시책이 전개되었다. 그리고 행정서비스에 품질이라는 개념을 도입하여 수준 높은 행정서비스를 시스템적으로 제공하려는 대안으로 선택되었다.

품질행정 8대 기본 원칙은 품질행정시스템에 대한 기초를 형성하고 있으며, 지속적인 개선과 성공을 달성하기 위한 것이다.

성공은 모든 이해관계자의 욕구를 반영하여 성과를 지속적으로 개선하기 위해 설계된 품질행정시스템을 실행하고 유지하는 것일 수 있다.

1. 고객중심

행정기관은 고객에 의존하고 있다. 따라서 현재 및 미래의 고객 욕구를 이해하고 고객 요구사항을 충족시키며 고객의 기대를 넘어서도록 노력해야 한다.

○효과
- 고객만족 달성으로 행정기관에 대한 신뢰성이 제고되며 행정기관의 존립목적에 대한 당위성이 확보된다.
- 행정기관에서 추진하는 사업에 대하여 연쇄적인 주민의 지지를 확보할 수 있다.

○효과 창출방안 또는 반사적 기대효과
- 고객의 요구와 기대를 조사 및 이해하고 파악(고객 만족도 조사 등) 한다.
- 고객의 요구을 만족시키기 위한 행정기관의 세부 목표(사업계획 등)를 설

---

14) ISO 9000:2000의 품질경영 8원칙을 품질행정에 적용하였음.

정한다.
- 고객의 만족 정도를 파악하여 그 결과를 조치(시정 및 시정조치, 예방
  조치, 피드백 등)한다.

2. 리더쉽

행정기관의 장과 최고 의사결정 그룹은 행정조직의 목적과 방향의 일
관성을 확립한다. 이들은 행정기관의 구성원으로 하여금 행정기관의 목
표를 달성하는 데 전적으로 참여할 수 있는 내부환경을 조성하고 유지해
야 한다.
○효과
- 공무원이 행정목적을 달성하는 데 전념할 수 있는 환경과 동기가 부여
  된다.
- 공무원이 이루어낸 성과에 대하여 통일된 방식으로 평가되고 조정되
  며 실행된다.
○효과 창출방안 및 반사적 기대효과
- 고객, 공무원 등 모든 이해관계자의 필요를 고려한다.
- 행정기관이 성취하고자 하는 미래에 대한 명확한 비전을 제시한다.
- 목표달성을 위한 세부목표(각종 사업 등)를 현실적이고 수용 가능하게
  설정한다.
- 행정기관의 모든 부서와 계층에서 인식할 수 있는 공유가치, 공평성, 윤
  리적 모델을 창출하고 유지한다.
- 공무원이 책임과 의무를 다할 수 있도록 지원하고 교육훈련을 실시하
  며, 독립적인 재량권을 부여한다.
- 공무원의 성과를 객관적으로 인정하고 상응하는 보상을 한다.

3. 전원 참여

행정기관의 모든 공무원은 행정기관의 필수요소이다. 따라서 전원이 참
여함으로써 공무원의 능력이 행정기관의 존립 목적을 위하여 발휘될 수
있다.

○효과
- 지속적인 고객만족을 달성할 수 있다.
- 공무원의 자긍심이 고취된다.
- 행정기관의 목표 달성에 효과적이고 효율적인 방안이 창출된다.
- 공무원의 기여와 역할에 대한 중요성을 인식시킨다.
- 문제해결을 위한 주인의식 및 책임의식을 부여한다.
- 업무의 노하우와 지식이 공유된다.

○효과 창출방안 및 반사적 기대효과
- 공무원의 성과에 대한 공정하고 객관적인 평가를 실시한다.
- 성과와 보상을 연계한다.
- 공무원의 성과 관리를 위한 인간관계적 또는 과학적 관리방법을 동원
한다.

4. 프로세스 접근방법

관련된 자원 및 활동이 하나의 프로세스로서 관리될 때 바라는 결과가
보다 효율적으로 얻어진다.

○효과
- 자원의 효과적인 사용을 보장한다.
- 지속적 개선과 예측 가능한 결과를 창출한다.

○효과 창출방안 및 반사적 기대효과
- 원하는 결과를 창출하기 위하여 조직적이고 시스템적인 방법을 사용
한다.
- 공무원의 책임과 의무를 명확히 한다.
- 공무원의 활동 능력을 측정하고 분석한다.
- 공무원의 기능간의 상호관계를 파악하고 관련된 부서와 조직을 활용
하여 시너지 효과를 노린다.
- 행정기관의 중요 활동을 개선시킬 자원, 방법과 같은 요인들에 역량을
모은다.
- 모든 이해관계자의 활동과 프로세스에 대한 SWOT분석을 실시한다.

5. 행정에 대한 시스템 접근방법

상호 연계된 프로세스를 하나의 시스템으로 파악하고 이해하며 관리하
는 것은 행정기관의 목표를 달성하는 데에 있어서 효과성 및 효율성에 기
여한다.

○효과
 - 원하는 결과를 최대한으로 달성해야 할 프로세스의 통합과 조정이 용
   이해진다.
 - 중요한 프로세스에 대하여 역량을 집중할 수 있다.
 - 고객에게 일관성, 효과성, 효율성에 관한 신뢰감을 줄 수 있다.

○효과 창출방법 및 반사적 기대효과
 - 효과적, 효율적으로 행정기관의 목표를 달성하기 위한 시스템을 구축
   한다.
 - 품질행정시스템의 프로세스간 상호 의존성을 이해하고 파악한다.
 - 자원의 낭비제거와 효과적인 사용을 보장한다.
 - 행정기관의 목표 달성을 위한 효과적인 통제의 수단을 제공한다.

6. 지속적 개선

행정기관의 총체적 성과에 대한 지속적 개선은 행정기관의 영구적인 목
표이어야 할 것이다.

○효과
 - 행정기관의 목적 달성을 위한 가장 효율적인 방법을 도출할 수 있다.
 - 기회요인과 강점을 최대한으로 활용할 수 있다.
 - 위협요인과 약점을 보완하는 효율적 방법을 적용할 수 있다.

○효과 창출방안 및 반사적 기대효과
 - 개선된 목표를 달성하기 위한 방법을 제공한다.
 - 지속적 개선에 필요한 방법과 교육훈련의 방법을 제공한다.

7. 의사결정에 대한 사실적 접근방법

효과적인 결정은 데이터 및 정보의 분석에 근거한다.
○효과
  - 의사결정의 결과에 대한 위험요인을 사전에 제거할 수 있다.
  - 결정된 사업에 대한 부정적 효과를 예측할 수 있다.
○효과 창출방안 및 반사적 기대효과
  - 데이터와 정보의 취득에 효과적인 방법을 알 수 있다.
  - 데이터와 정보를 가공하여 원하는 논리를 획득하고 결과를 예측할 수
    있다.
  - 경험과 지식을 최대한 활용할 수 있다.

8. 상호 유익한 공급자[15] 관계

행정기관 및 행정기관의 공급자는 상호 의존적이며, 상호 이익이 되는
관계는 가치를 창조하기 위한 양쪽 모두의 능력을 증진시킨다.
○효과
  - 행정기관과 공급자간의 상호 도움이 되는 가치를 창출할 수 있다.
  - 변화하는 사회적 요구와 기대에 부응할 수 있다.
  - 자원의 최적화에 기여한다.
○효과 창출방안 및 반사적 기대효과
  - 행정기관과 공급자간 균형 있는 관계를 구축할 수 있다.
  - 행정목적 달성을 위하여 민간부문과 전략적 제휴를 도모한다.

---

15) 행정서비스 제공 또는 행정목적을 달성하는 데 필요한 물품이나 용역을 행정기관에
    제공하는 조직 또는 사람

제3절. 품질행정시스템의 기본 사항

1. 품질행정시스템에 대한 이론적 배경

품질행정시스템의 운영목적은 효율적으로 행정서비스를 제공하여 고객인 주민을 최대한 만족시키는 데 있다. 이와 같은 목적을 달성하려는 행정기관에게 품질행정시스템은 효과적이다.

행정기관의 고객인 주민은 자신들의 욕구 및 기대를 만족시키는 특성을 지닌 행정서비스를 요구한다. 이와 같은 욕구 및 기대는 법규에 규정되거나 사회 정의에 입각한 수준에서 결정되며 요구사항으로 부르게 된다. 또한 고객의 요구는 행정기관의 존립목적에 부응하여 결정되기도 한다.

일반적으로 행정서비스는 고객이 요구하지 않더라도 일방적으로 제공되는 특성을 지니고 있고, 나날이 변화하고 복잡·다양성을 띄는 사회적 경향을 반영하기 때문에 행정기관은 행정서비스와 행정서비스의 제공 프로세스를 지속적으로 개선하여야 한다.

품질행정시스템의 접근방법은 행정기관이 각종 요구사항을 분석하고, 고객이 만족할 수 있는 행정서비스의 제공 프로세스를 명확하게 정의하며, 이들 프로세스를 관리하는 데 도움이 된다.

품질행정시스템은 고객만족을 달성하기 위하여 지속적인 개선활동의 틀을 제공하는 데 도움이 된다. 또한 행정기관과 고객이 서로 만족하는 수준의 행정서비스를 지속적으로 생산할 수 있다는 확신을 갖게 한다.

2. 품질행정시스템에 대한 요구사항 및 행정서비스에 대한 요구사항

ISO 9000 패밀리를 적용하는 데 있어 품질행정시스템에 대한 요구사항 및 행정서비스에 대한 요구사항을 구별하는 것이 바람직하다. 따라서 품질행정시스템은 ISO 9001의 요구사항을 근거로 시스템을 구축하여 품질행정시스템에서 요구사항에 맞는 행정서비스를 제공하는 것이 목적이다.

품질행정시스템에 대한 요구사항은 ISO 9001에 규정되어 있다. 품질행정시스템에 대한 요구사항은 포괄적이고 ISO 9001 그 자체만으로는 행정서비스에 대한 요구사항을 설정하지 못한다.

행정서비스에 대한 요구사항은 관련법규에 의해 규정되거나 행정기관에서 정할 수 있다. 개별적인 행정서비스마다 요구사항이 다를 수 있으며 규제를 포함할 수 있다.

3. 품질행정시스템 접근방법

품질행정시스템을 개발하고 실행하는 접근방법은 다음 내용을 포함한 여러 단계로 구성된다.

- 고객 및 기타 이해관계자의 욕구 및 기대사항을 결정
- 행정기관의 품질행정방침 및 품질행정목표를 수립
- 품질행정목표를 달성하는 데 필요한 프로세스 및 책임을 결정
- 품질행정목표를 달성하는 데 필요한 자원의 결정 및 제공
- 각 프로세스의 효과성 및 효율성을 측정하는 방법을 수립
- 각 프로세스의 효과성 및 효율성을 결정하기 위한 방법의 적용
- 부적합을 예방하고 그 원인을 제거하는 수단을 결정
- 품질행정시스템의 지속적인 개선을 위한 프로세스를 수립하고 적용

위와 같은 품질행정시스템의 접근방법을 채택한 행정기관은 프로세스의 능력 및 행정서비스의 품질에 대한 확신을 갖게 되며 지속적 개선을 위한 토대를 갖추게 된다. 이 접근방법은 고객 및 기타 이해관계자의 만족을 증가시키고 행정이념에 맞는 행정서비스를 제공하고 행정조직의 존립에 대한 당위성을 인정받을 수 있다.

4. 프로세스 접근방법

입력을 출력으로 전환하기 위해 자원을 사용하는 어떠한 활동 또는 활동들의 조합은 프로세스로 간주할 수 있다.

행정기관이 효과적으로 기능을 발휘하기 위해서는 행정기관은 행정서비스를 제공하는 데 필요한 수많은 프로세스를 파악하고 관리해야 한다. 흔히 하나의 프로세스 출력은 곧바로 다음 프로세스 입력이 된다.

행정조직 내에서 적용된 프로세스, 그리고 특히 그러한 프로세스 간의 상호작용에 대한 체계적인 파악 및 관리를 「프로세스 접근방법」이라고 부른다.

〈도표 2-1〉 프로세스를 기반으로 한 품질행정시스템 그림

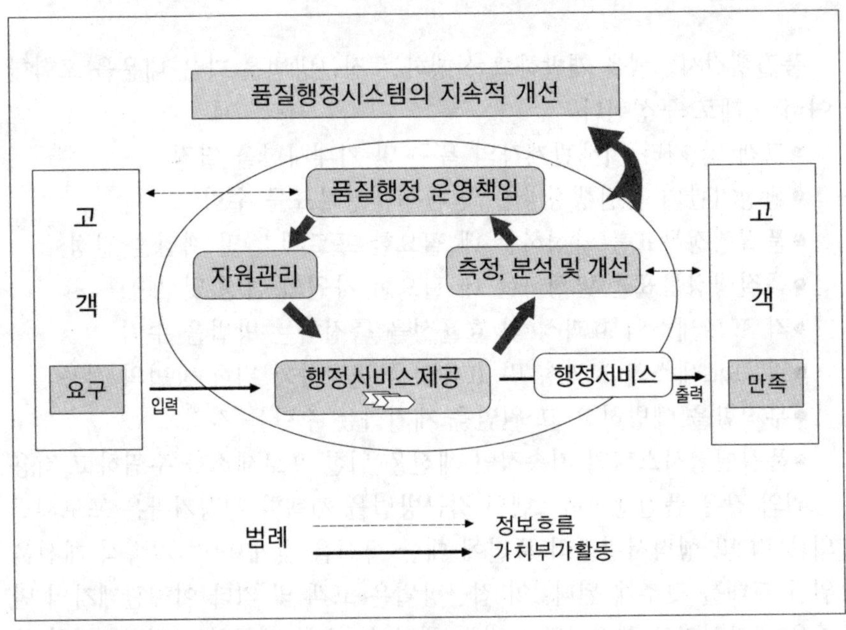

〈도표 2-1〉은 요구사항을 입력으로 정할 때 고객이 중요한 역할을 한다는 사실을 보여주고 있다. 고객만족의 모니터링은 행정기관이 고객 요구사항을 충족시켰는지의 여부에 대하여 고객의 인식과 관련된 정보의 평가를 필요로 한다. 〈도표 2-1〉에서 예시된 모델은 포괄적이므로 행정서비스 제공에 필요한 프로세스를 상세하게 보여주지 않는다.

5. 품질행정방침 및 품질행정목표

품질행정방침 및 품질행정목표는 행정조직을 지휘하기 위한 초점을 제공하기 위하여 수립된다. 품질행정방침 및 품질행정목표는 바라는 결과를 결정하며, 행정조직에게 이들 결과를 달성하기 위해 행정조직이 사용하여야 할 자원의 결정에 도움을 준다.

품질행정방침은 품질행정목표를 수립하고 검토하는 틀을 제공한다.

품질행정목표는 품질행정방침 및 지속적 개선에 대한 실행의지와 일관성을 가지고 있어야 하고, 품질행정목표의 달성여부는 측정 가능할 필요가 있다. 품질행정목표의 달성은 행정서비스의 품질, 행정조직 운영의 효과성 및 재정적 성과에 긍정적인 영향을 미칠 수 있고, 그렇게 함으로써 고객뿐만 아니라 이해관계자에게 만족과 신뢰를 줄 수 있다.

6. 품질행정시스템에서의 행정기관장의 역할

행정기관장은 리더십과 행동을 통하여 공무원이 활발히 참여하고 품질행정시스템을 효과적으로 운영할 수 있는 환경을 조성할 수 있다. 품질행정시스템을 운영하는 데 행정기관장의 기본적 역할은 다음과 같다.

- 행정기관의 품질행정방침 및 품질행정목표를 수립
- 품질행정방침 및 품질행정목표를 달성하기 위한 조직원의 인식, 동기부여 및 참여를 증대
- 모든 부서에 걸쳐 고객 요구사항에 초점을 맞추고 있음을 보장
- 고객 및 기타 이해관계자의 요구사항이 충족되고 품질행정목표가 달성될 수 있도록 적절한 프로세스가 실행됨을 보장
- 품질행정목표를 달성하기 위하여 효과적이고 효율적인 품질행정시스템이 수립, 실행 및 유지됨을 보장
- 필요한 자원의 가용성을 보장
- 품질행정시스템을 주기적으로 검토
- 품질행정방침 및 품질행정목표에 관련된 활동을 결정

●품질행정시스템의 개선을 위한 활동을 결정

7. 문서화

7.1. 문서화의 가치

문서화는 활동의 의도 및 일관성에 대한 의사소통을 가능하게 한다. 문서화는 다음과 같이 기여한다.
●고객 요구사항과의 적합성 및 행정서비스 질의 개선을 달성
●적절한 교육훈련을 제공
●반복성 및 추적성
●객관적 증거를 제공
●품질행정시스템의 효과성 및 지속적 적절성을 평가
문서화의 결과는 가치창출 활동이 되어야 할 것이다. 그러나 일반적인 모든 공문서가 품질행정시스템의 문서로서 관리될 필요가 없다. 사무의 능률을 위하여 행정서비스 제공과 관련이 없는 문서는 관리대상에서 제외한다.

7.2. 품질행정시스템에서 사용되는 문서의 형태

품질행정시스템에 사용되는 몇 가지 문서의 형태는 다음과 같다.
●행정조직의 품질행정시스템에 대하여 내부 및 외부적으로 일관성 있는 정보를 제공하는 문서를 품질행정매뉴얼이다.
●품질행정시스템이 각종 요구사항을 반영하여 다양한 행정서비스를 제공하기 위하여 필요한 계획을 기술한 문서는 사업계획서, 업무계획 등이 있다.
●요구사항을 명시한 문서로는 법규, 예규, 지침 등이 있다.
●행정서비스를 생산하는 방법을 규정한 지침과 반복되는 행정사무의 처리기준을 제시하는 문서로서는 예규가 있다.

● 행정을 일관되게 수행하기 위한 방법에 대한 정보를 제공하는 문서에는 절차서, 작업·업무 지침서, 도면을 포함할 수 있다.
● 수행된 활동 또는 달성된 결과에 대한 객관적 증거를 제공하는 문서를 기록이라고 한다.

문서화의 정도와 사용될 매체는 행정기관의 형태 및 규모, 프로세스의 복잡성 및 상호작용, 행정서비스의 복잡성, 고객 요구사항, 관련 규제 요구사항, 수행인원의 실증된 능력 그리고 품질경영시스템 요구사항의 충족을 실증하는 데 필요한 정도와 같은 요인에 따라 결정된다.

8. 품질행정시스템의 평가

8.1. 품질행정시스템 내에서의 프로세스 평가

품질행정시스템을 평가할 때, 모든 평가대상 프로세스와 관련하여 확인해야 하는 다음 4가지 기본 질문이 있다.
● 프로세스가 파악되고 적절히 정해져 있는가?
● 책임이 부여되어 있는가?
● 절차는 실행되고 유지되고 있는가?
● 프로세스는 요구된 결과를 달성하기에 효과적인가?

위의 질문에 대하여 총괄적인 답변은 평가의 결과를 결정지을 수 있다. 품질행정시스템의 평가는 적용범위에 따라 평가범위가 달라질 수 있으며, 품질행정시스템의 심사 및 검토 그리고 자체평가와 같은 활동을 포함할 수 있다.

8.2. 품질행정시스템의 심사[16]의 종류

심사는 품질행정시스템 요구사항이 충족되는지의 정도를 결정하기 위해 사용된다. 심사 발견사항은 품질행정시스템의 효과성을 평가하고 개

---

16) ISO 19011은 감사·심사에 대한 지침을 제공한다. 이 책에서는 품질행정시스템의 감사·심사를 「심사」로 통일하였음.

선을 위한 기회를 파악하기 위해 사용된다.

제1자 심사는 내부목적을 위하여 행정기관 자체의 인원에 의해 수행되고, 품질행정시스템의 적합성 선언에 대한 근거가 될 수 있다.

제2자 심사는 고객이나, 고객을 대리하는 다른 인원에 의해 수행된다.

제3자 심사는 외부의 독립적인 심사 서비스 기관에 의해 수행된다. 일반적으로 ISO 9001 인증기관에 의하여 수행된다.

8.3. 품질행정시스템의 검토

행정기관장의 역할 중의 하나는 품질행정방침 및 품질행정목표에 대한 품질행정시스템의 적절성, 충족성, 효과성 및 효율성에 대해 정기적이고 체계적으로 평가를 수행하는 것이다. 이 검토에서 이해관계자의 욕구 및 기대의 변화에 따라 품질행정방침 및 품질행정목표를 수정할 필요가 있는지의 고려를 포함할 수 있다. 이 검토에는 조치의 필요성에 대한 결정을 포함한다.

품질행정 심사 보고서는 품질행정시스템의 검토를 위해 사용된다.

8.4. 자체평가

품질행정시스템에 대한 자체평가는 행정기관에서 수행하는 활동 및 결과에 대한 포괄적이고 체계적인 검토이다.

자체평가는 행정기관의 전반적인 성과 및 품질행정시스템의 성숙도를 전반적으로 살펴볼 수 있다. 또한 자체평가는 행정기관에서 개선이 필요한 분야를 파악하여 우선 순위를 결정하는 데 도움이 될 수 있다.

9. 지속적 개선

품질행정시스템에 대한 지속적 개선의 목적은 고객과 기타 이해관계자를 만족시킬 수 있는 가능성을 증가시키는 것이다. 개선을 위한 조치는 다음 사항을 포함한다.
- 개선을 위한 분야를 파악하기 위한 현 상황의 분석 및 평가
- 개선을 위한 목표의 수립
- 목표달성을 위하여 가능한 해결방법의 조사
- 해결방법의 평가 및 선택
- 선택된 해결방법의 실행
- 목표가 충족되었는지를 결정하기 위한 실행결과의 측정, 검증, 분석 및 평가
- 변경사항의 공식화

지속적 개선 결과는 추가 개선 기회를 결정하기 위해 필요에 따라 검토되어야 한다. 이처럼 개선은 지속적인 활동이다. 고객 및 기타 이해관계자로부터의 피드백과 품질행정시스템의 심사 및 검토는 개선을 위한 기회를 파악하기 위해 사용될 수 있다.

10. 통계적 기법[17]의 역할

통계적 기법의 사용은 변동을 이해하는 데 도움이 되며 행정조직이 문제를 해결하고 효율성 및 효과성을 개선하는 데 도움을 줄 수 있다. 이 기법은 또한 의사결정에 도움이 되는 이용 가능한 데이터를 보다 잘 사용할 수 있게 한다. 변동은 명확하게 안정된 조건하에서도 행위 및 많은 활동의 결과에서 관찰될 수 있다. 그러한 변동은 행정서비스 및 프로세스의 측정 가능한 특성에서 관찰될 수 있다.

통계적 기법은 비교적 제한된 양의 데이터를 가지고도 그러한 변동을 측정, 표현, 분석, 해석 및 모델링하는 데 도움을 줄 수 있다. 그러한 데이터의 통계적 분석은 변동의 특성, 범위 및 원인을 보다 잘 이해하는 데 도움을 줄 수 있다. 이것은 그러한 변동으로부터 기인하는 문제를 해결하고 예방하며, 지속적 개선을 촉진하는 데 도움이 될 수 있다.

---

17) 품질경영시스템에서의 통계적 기법에 대한 지침은ISO/TR 10017에 기술되어 있음.

제2장. 품질행정 용어

제1절. 품질행정시스템 용어의 필요성

품질행정시스템을 운영하는 데 있어 의사소통과 인식의 공감대를 형성하기 위하여 품질행정에 사용하는 용어가 필요하다.

품질행정 용어는 ISO 9000의 용어를 인용하여 사용할 수 있다. 그러나 행정에서 사용되는 용어를 고려할 때 품질행정에 필요한 용어를 별도로 만들어 사용할 필요가 있다. 이 경우 ISO 9000에서 정의한 용어를 바탕으로 품질행정시스템에 사용할 용어를 정하고 그 뜻을 따로 정의하여 사용하는 것이 바람직하다.

제2절. 품질행정 용어 및 정의[18]

1. 품질관련 용어 및 정의

○품질(quality)
고유 특성의 집합이 요구사항을 충족시키는 정도
참고– 행정서비스의 "품질"은 "행정이 지니는 역할에 대해 이해관계자
　　　의 요구사항을 충족시키는 정도"로 정의할 수 있다. 여기서 "행정이

---

18) ISO 9000:2000 품질경영시스템–기본사항 및 용어 참조

지니는 역할" 이란 "정책의 집행, 공공서비스의 제공, 정치의 안정화, 주민의 대표기능, 정치적 문제에 대한 반응, 형평화 기능, 기타 사회발전과 공공복지의 증진 등 법의 지배 아래 현실적·구체적으로 국가목적의 적극적 실현을 향하여 행해지는 모든 활동"과 같이 포괄적으로 정의된다.

비고1- "품질"이라는 용어는 "빈약한, 좋은 또는 우수한"과 같은 형용사와 함께 사용될 수 있다.

비고2- "고유"는 사물에 존재하는 것, 특히 영구적인 특성과 같은 것을 의미한다.

○요구사항(requirement)

명시적인 요구 또는 기대, 일반적으로 묵시적이거나 의무적인 요구 또는 기대

비고1- "일반적으로 묵시적인"은 조직, 조직의 고객 및 기타 이해관계자의 기대가 묵시적으로 고려되는 관습 또는 일상적인 관행을 의미한다.

비고2- 요구사항의 특정 형태를 나타내는 수식어가 사용될 수 있다.

보기- 행정서비스 요구사항, 품질행정 요구사항, 고객 요구사항

비고3- 규정된 요구사항은 보기를 들면, 문서에 명시된 것을 말한다.

비고4- 고객 요구사항은 반드시 문서로써 표시될 필요는 없다.

비고5- 요구사항은 다른 이해관계자에 의해 만들어질 수 있다.

참고- 품질행정의 "고객 요구사항"은 품질행정과 관련하여 행정기관에서 처리할 의무가 있거나 수용할 필요가 있는 고객의 요구 또는 기대를 말한다.

보기- 주민 불편사항, 각종 제안, 개선 요구사항 등이 될 수 있다. 또한 고객 요구사항은 고객이 직접 행정기관에 제출하지 않더라도 공무원이 인지한 요구도 포함된다.

○고객만족(customer satisfaction)

고객의 요구사항이 어느 정도까지 충족되었는지에 대한 고객의 인식

참고- 품질행정에 있어서 "고객만족도"는 행정의 결과, 행정 수행 공무

원의 자질과 태도 등 행정행위에 대하여 이해관계자가 신뢰하고 수
용하는 수준을 말한다.
　비고1- 고객불평은 낮은 수준의 고객만족에 대한 일반적 지표이며, 고객
　　　　불평이 없다고 해서 반드시 높은 수준의 고객만족을 의미하는 것이
　　　　아니다.
　비고2- 고객 요구사항이 고객과 합의되고 충족되었다고 하더라도 그것이
　　　　고객만족 달성을 보장하지 않는다.

○능력(capability)
제품에 대한 요구사항을 충족시킬 제품을 실현하기 위한 조직, 시스템
또는 프로세스의 능력
　참고- 품질행정의 "능력"은 "행정서비스에 대한 요구사항을 충족시킬 수
　　　　있는 행정서비스를 제공하기 위한 행정기관, 행정시스템 또는 프로
　　　　세스의 능력"을 말한다.

2. 행정시스템 및 품질 관련 용어 및 정의

○시스템(system)
상호 관련되거나 상호 작용하는 요소의 집합

○품질행정시스템(quality administrative system)
행정기관의 장에 의하여 공식적으로 표명된 품질행정을 실현하기 위하
여 행정조직을 지휘하고 관리하는 시스템

○품질행정방침(quality administrative policy)
행정기관의 장에 의해 공식적으로 표명된 품질행정에 관한 방침으로서
행정기관의 총체적인 의도 및 방향
　비고- 일반적으로 품질행정방침은 행정기관의 전반적인 방침과 일관성이
　　　　있어야 하며, 품질행정목표를 설정하기 위한 틀을 제공한다.

○품질행정목표(quality objective)
품질행정을 시행함에 있어 정해진 수준을 추구하거나 지향하는 것.

○품질행정(quality administration)
　행정이 지니는 역할을 통하여 이해관계자의 요구사항을 충족시키기 위하여 행정조직을 지휘하고 관리하기 위해 조정되는 제반 활동

○품질행정기획(quality administrative planning)
　품질행정방침, 품질행정목표 및 요구사항을 정하고, 장래에 그것을 어떻게 달성할 것인가에 대하여 연속적으로 이루어지는 과정으로 품질행정의 일부분

○품질개선(improvement)
　품질경영의 일부로서 품질 요구사항을 충족시키는 능력을 증진하는 데 초점을 맞추는 것
　　비고- 요구사항은 효과성, 효율성 또는 추적성과 같은 측면과 관련될 수 있다.
　　참고- "경영(management)"은 "조직을 지휘하고 관리하는 조정활동"이다.

○지속적 개선(continual improvement)
요구사항을 충족시키는 능력을 증진시키기 위하여 반복되는 활동

○효과성(effectiveness)
계획된 활동이 실현되어 계획된 결과가 달성되는 정도

○효율성(efficiency)
달성된 결과와 사용된 자원의 관계

3. 조직 관련 용어 및 정의

○조직(organization)
책임, 권한 및 상호관계의 체계(arrangement)를 갖춘 인원 및 시설의
집단
  보기- 회사, 법인, 업체, 기업, 학회, 자선단체, 개인사업자, 협회 또는 이
      들의 일부 또는 조합
  비고1- 체계는 일반적으로 질서가 있다.
  비고2- 조직은 공적 또는 사적일 수 있다.

○조직구조(organization structure)
인원간의 책임, 권한 및 상호관계의 체계(arrangement)

○기반구조(infrastructure)
조직의 운영에 필요한 시설, 장비 및 서비스의 조합

○업무환경(work environment)
업무가 수행되는 조건의 조합
  비고- 조건은 물리적, 사회적, 심리적 및 환경적 요인(온도, 포상제도, 인
     간공학 및 공기의 성분과 같은)을 포함한다.

○고객(customer)
제품을 제공받는 조직 또는 개인
  보기- 소비자, 의뢰인, 최종사용자, 소매업자, 수익자 및 구매자
  참고1- 품질행정의 "고객"은 행정서비스를 직접적으로 제공받는 직접고
     객(예: 민원신청인)과 간접적으로 제공받는 간접고객(예: 불특정 다수
     주민)으로 구분할 수 있다. 또한 조직의 내부인과 외부인으로 구분하
     여 내부고객(예:공무원)과 외부고객(예:주민)으로 나눌 수 있으나 조
     직 내부에서 제한적으로 사용하는 것이 바람직하다.
  참고2- 품질행정에서는 동식물이나 사물도 고객이 될 수 있다.

○행정기관장

행정기관장 자체 또는 행정기관장의 권한과 책임을 위임받은 전결권자

보기- 1. 행정기관의 장(지방자치단체장인 시장·군수 등)

　　　2. 행정기관장의 권한을 위임 받은 자, 전결권자(보조기관으로서 부
　　　　　시장, 국장, 과장, 사업소장 등)

　　　3. 위탁처리기관의 장(전결권자 포함)

○공급자(supplier)

제품을 제공하는 조직 또는 개인

참고- 품질행정의 "공급자"는 "행정서비스를 제공하기 위하여 또는 행
　　　정목적을 달성하기 위하여 필요한 물품이나 용역을 행정조직에 제공
　　　하는 조직 또는 사람" 이지만, 행정행위를 수임(受任)하여 수행하는
　　　조직 및 사람, 납세자 등은 공급자가 아니다.

보기1- 생산사, 배급자, 제품의 소매업자 또는 제품의 판매자, 서비스 또
　　　는 정보의 제공자, 공사 입찰자, 물품 납품업자, 조달청과 같은 공공
　　　기관, 용역제공자

비고1- 공급자는 조직의 내부 또는 외부일 수 있다.

비고2- 계약상황에서 공급자는 때때로 "계약자"로 부른다.

○이해관계자(interested party)

조직의 성과 또는 성공에 관심을 갖는 개인 또는 집단

참고- 품질행정의 "이해관계자"는 "행정서비스를 직·간접적으로 제공
　　　받는 개인과 조직, 그리고 행정서비스를 제공하는 데 직·간접적으
　　　로 참여하는 인원이나 조직의 총칭"이다.

보기- 고객, 위원회 위원, 옴부즈맨, 단체 파트너, 사회 등

4. 프로세스 및 제품(서비스) 관련 용어 및 정의

○프로세스(process)

입력을 출력으로 변환시키는 상호 관련되거나 상호 작용하는 활동의
조합

비고1- 프로세스로의 입력은 일반적으로 다른 프로세스의 출력이다.

비고2- 조직에서의 프로세스는 일반적으로 가치를 부가하기 위하여 통제된 조건하에서 계획되고 수행된다.

비고3- 결과로 산출된 제품의 적합성이 즉시 또는 경제적으로 검증될 수 없는 경우의 프로세스를 흔히 "특별 프로세스"라고 부른다.

○제품(product)

프로세스의 결과

비고1- 제품은 일반적으로 4가지 분야로 구분된다.

-서비스(보기: 운송)

-소프트웨어(보기: 컴퓨터 프로그램, 사전)

-하드웨어(보기: 엔진, 기계부품)

-가공물질(processed materials, 보기: 윤활유)

대부분의 제품은 서로 상이한 제품 분류에 속하는 요소로 구성된다. 제품이 서비스, 소프트웨어, 하드웨어 또는 가공물질 어디에 해당되는지는 우위를 나타내는 요소에 달려 있다. 보기를 들면, 제공된 제품 "자동차"는 하드웨어(보기: 타이어), 가공물질(보기: 연료, 냉각수), 소프트웨어(보기: 엔진컨트롤 소프트웨어, 운전자 매뉴얼) 및 서비스(보기: 자동차 조작에 대한 영업사원의 설명)로 구성되어 있다.

비고2- 서비스는 공급자와 고객 사이의 접점에서 필수적으로 수행되는 적어도 하나의 활동 결과이며 일반적으로 무형의 제품이다. 서비스의 제공은 다음과 같은 보기를 포함할 수 있다.

-고객이 지급한 유형의 제품(보기: 수리가 필요한 자동차)에 수행된 활동

- 고객이 지급한 무형의 제품(보기: 세금환불에 필요한 수입명세서)에 수행된 활동

- 무형의 제품의 인도(보기: 지식의 전달)

- 고객을 위한 분위기 조성(보기: 호텔 및 식당에서)

소프트웨어는 정보로 구성되며 일반적으로 무형의 제품이다. 또한, 접근 방법, 업무처리 또는 절차와 같은 형태일 수 있다.

하드웨어는 일반적으로 유형의 제품이며 그 양을 셀 수 있는 특성을 갖는다. 가공물질은 일반적으로 유형의 제품이며 그 양은 연속적인

특성을 갖는다. 하드웨어 및 가공물질은 흔히 상품이라고 한다.
비고3- 품질보증은 주로 의도된 제품에 초점을 맞춘다.

○행정서비스
행정행위 또는 행정활동의 결과로서 "행정행위 또는 행정활동의 자체"
보기1- 하명, 허가, 면제, 특허, 면허, 인가, 대리 등 법률행위적 행정행위
보기2- 확인, 공증, 통지, 수리와 같은 준법률행위적 행정행위
보기3- 주민에게 제시한 시책 등 제반 약속
보기4- 주민의 편익제공, 안전에 대한 정보 제공서비스와 같은 무형의 서
　　　　비스
보기5- 영조물과 영조물의 지속적 관리로 인하여 발생하는 공공의 편익
참고1- 행정기관이 제공하는 제품도 위에서 정의하고 있는 제품의 종류
　　　　를 벗어나지 않는다. 주의할 것은 주민에게 부담을 주는 행정행위
　　　　(예: 침해행정행위)도 제품의 범주에 포함된다.
참고2- 행정서비스는 "법규, 사회적 요구(수빈, 안진, 훤경 등"에 부응하
　　　　여 제공되는 특성이 있다.
참고3- 행정기관에서 꼭 서비스만 제공하는 것은 아니다. 수도물이나 영
　　　　조물은 행정기관에서 직접 제공하는 물품이다.

○프로젝트(project)
　착수일과 종료일이 있는, 조정되고 관리되는 활동의 조합으로 구성되
어, 시간, 비용 및 자원의 제약을 포함한 특정 요구사항에 적합한 목표를
달성하기 위해 수행되는 독특한 프로세스

○설계 및 개발(design and development)
　요구사항을 규정된 특성이나 제품, 프로세스 또는 시스템의 시방서로
변환시키는 프로세스의 조합
　참고- 품질행정에 있어서 "설계" 및 "개발"은 "행정서비스를 제공 또는
　　　　개선하기 위한 계획 또는 기획"으로 정의할 수 있으며 여기에는 프
　　　　로세스의 의미도 포함될 수 있다.

비고1- "설계" 및 "개발"이라는 용어는 때로는 동의어로 사용되고 때로
는 전체 설계 및 개발 프로세스의 서로 다른 단계를 정하는 데 사용
되기도 한다.
비고2- 설계 및 개발 대상의 본질을 나타내는 수식어가 사용될 수 있다.
(보기: 제품 설계 및 개발 또는 프로세스 설계 및 개발)

○절차(procedure)
활동 또는 프로세스를 수행하기 위하여 규정된 방식

5. 특성 관련 용어 및 정의

○특성(characteristic)
특징을 구별하는 것
비고1- 특성은 고유적일 수도 있고 부여될 수도 있다.
비고2- 특성은 정성적 또는 정량적일 수 있다.
비고3- 특성에는 다음과 같은 여러 가지 분류가 있다.
　　　 -물리적 (보기: 기계적, 전기적, 화학적, 생물학적 특성)
　　　 -감각적 (보기: 냄새, 촉각, 맛, 시각, 청각에 관련된 특성)
　　　 -행위적 (보기: 예의, 정직, 성실)
　　　 -시간적 (보기: 정시성, 신뢰성, 가용성)
　　　 -인간공학적 (보기: 생리적 특성 또는 인명 안전에 관련된 특성)
　　　 -기능적 (보기: 비행기의 최고 속도)

○추적성(traceability)
고려 대상하에 있는 것의 이력, 적용 또는 위치를 추적하기 위한 능력
보기- 행정서비스를 고려하는 경우, 추적성은 다음과 관련될 수 있다.
　　　 -소재 및 부품의 출처
　　　 -프로세스 이력
　　　 -인도 후 제품의 분포 및 위치

6. 적합성 관련 용어 및 정의

○ 적합(conformity)
요구사항의 충족

○ 부적합(nonconformity)
요구사항의 불충족
참고- "불일치"라는 용어도 사용 가능하다.

○ 결함(defect)
의도된 용도 또는 규정된 용도·사용에 관련된 요구사항의 불충족
참고- 품질행정의 "결함"은 "행정행위의 흠(하자)"을 말한다. 행정의 특
　　　성상 행정행위의 계획 또는 행정행위의 결과가 결정되기 전에는 결
　　　함이 확정되지 않는다. 다만, 법령에서 정한 절차를 이행하는 과정에
　　　서 발생하는 결함이 있을 수 있다.
비고1- 결함과 부적합에 대한 용어의 구분이 중요하다. 왜냐하면 이들 용
　　　어가 법적인 사항이 내포되어 있어 특히 행정서비스의 책임문제와 관
　　　련되기 때문이다.
비고2- 고객에 의해 의도된 용도는 공급자가 제공한 운영 지침서 또는 정
　　　비 지침서와 같은 정보의 성격에 의해 영향을 받을 수 있다.

○ 예방조치(preventive action)
잠재적인 부적합 또는 기타 잠재적으로 바람직하지 않는 상황의 원인
을 제거하기 위해 취하는 조치
비고1- 잠재적인 부적합에는 하나 이상의 원인이 있을 수 있다.
비고2- 예방조치는 발생을 방지하기 위하여 취해지는 반면, 시정조치는
　　　재발을 방지하기 위해 취해진다.

○ 시정조치(corrective action)
발견된 부적합 또는 기타 바람직하지 않는 상황의 원인을 제거하기 위

해 취하는 조치

비고1- 부적합에는 하나 이상의 원인이 있을 수 있다.

비고2- 시정조치는 재발을 방지하기 위해 취해지는 반면, 예방조치(3.6.
4)는 발생을 방지하기 위해 취해진다.

비고3- 시정과 시정조치는 구별된다.

○시정(correction)

발견된 부적합을 제거하기 위해 취해지는 행위

비고- 시정은 시정조치와 연계될 수 있다.

○재작업(rework)

부적합 제품을 요구사항에 적합하도록 하는 조치

참고- 행정행위의 하자에 대한 치유와 전환에 해당한다.

비고- 수리(3.6.9)는 재작업과 달리, 부적합 제품의 일부에 영향이 미치
거나, 부적합 제품의 일부를 변경시킬 수 있다.

○수리(repair)

부적합 제품에 대해 의도된 용도에 쓰일 수 있도록 하는 조치

참고- 품질행정의 "수리"는 "행정행위의 결과에 대한 일부분의 정정"
에 해당한다.

비고1- 수리는, 한때 적합했던 제품을 복구하기 위한 보기를 들면 유지보
수의 일부로써 교정조치를 포함한다.

비고2- 수리는 재작업과 달리, 부적합 제품의 일부에 영향을 미치거나, 부
적합 제품의 일부를 변경시킬 수 있다.

7. 문서화 관련 용어 및 정의

○정보(info○rmation)

의미 있는 데이터

○문서(document)
정보 및 정보 지원 매체

보기- 기록, 시방서, 절차서, 도면, 보고서, 규격

비고1- 매체는 종이, 자기, 전자 또는 광학 컴퓨터 디스크, 사진, 견본 또
　　　는 그 조합이 될 수 있다.

비고2- 보기를 들면, 시방서 및 기록과 같은 문서의 집합을 흔히 "문서화
　　　(documentation)"라 부른다.

비고3- 몇몇 요구사항(보기: 읽기 쉽도록 하는 요구사항)은 모든 형태의
　　　문서에 관련되지만, 시방서(보기: 개정관리의 요구사항) 및 기록(검색
　　　이 가능하도록 하는 요구사항)에 대한 요구사항은 서로 다를 수 있다.

○품질계획서
품질행정에 있어서 일반적으로 각종 시책이나 사업계획서, 공사계획서
등 행정서비스를 제공하기 위하여 일련의 과정, 절차, 자원, 책임과 권한
등을 정한 문서

○시방서(specification)
요구사항을 명시한 문서

비고- 시방서는, 활동(보기: 절차서, 프로세스 시방서) 및 시험 시방서 또
　　　는 제품(보기: 제품 시방서, 도면 및 성능 시방서)과 관련될 수 있다.

○품질행정매뉴얼(quality administrative manual)
ISO 9001/KS A 9001 규격의 요건을 만족시키기 위하여 품질행정활
동에 관한 방침, 목표를 정하고 책임, 권한, 업무수행의 자원과 절차 등
품질행정에 관한 시스템을 기술한 문서

비고- 품질행정매뉴얼은 행정기관의 규모 및 복잡성에 맞도록 세부사항
　　　및 형식이 달라질 수 있다.

○기록(record)
달성된 결과를 명시하거나 수행한 활동의 증거를 제공하는 문서

비고1- 기록은 추적성을 문서화하고 검증, 예방조치 및 시정조치에 대한
     증거를 제공하는 데 사용될 수 있다.
비고2- 일반적으로 기록은 개정관리할 필요가 없다.

8. 조사 관련 용어 및 정의

○객관적 증거(objective evidence)
사물의 존재 또는 진실을 입증하는 자료
비고- 객관적 증거는 관찰, 측정, 시험 또는 기타 수단을 통하여 얻어질 수
     있다.

○검사(inspection)
측정, 시험 또는 계측을 적절히 활용한 관찰 및 판정에 의한 적합 평가

○시험(test)
절차에 따라 하나 또는 그 이상의 특성을 결정하는 것.

○검증(verification)
규정된 요구사항이 충족되었음을 객관적 증거의 제시를 통하여 확인하
는 것.
비고1- "검증된"이라는 용어는 이에 상응하는 상태를 나타내는 데 사용
     된다.
비고2- 확인은 다음과 같은 활동을 포함할 수 있다.
        -대체계산(다른 계산방법의) 수행
        -새로운 설계 시방서를 입증된 유사한 설계 시방서와 비교
        -시험과 실증의 실시
        -배포전 문서의 검토

○타당성 확인(validation)
특별하게 의도된 용도 또는 적용에 대한 요구사항이 충족되었음을 객

관적 증거의 제시를 통하여 확인하는 것.
　비고1- "타당성이 확인된"이라는 용어는 이에 상응하는 상태를 나타내
　　　　는 데 사용된다.
　비고2- 타당성 확인을 위한 사용조건은 실제 또는 모의 상황일 수도 있다.

　○검토(review)
　수립된 목표를 달성하기 위하여 해당 주제의 적절성, 충족성 및 효과
성을 결정하기 위해 시행되는 활동
　보기- 경영검토, 설계 및 개발·고객 요구사항의 검토, 부적합 검토
　비고- 검토는 효율성의 결정도 포함할 수 있다.

9. 심사 관련 용어 및 정의

　○심사(audit)
　심사기준에 충족되는 정도를 결정하기 위하여 심사 증거를 수집하고 객
관적으로 평가하기 위한 체계적이고, 독립적이며 문서화된 프로세스

　○심사 프로그램(audit program)
　특정한 기간 동안 계획되고, 특정한 목적을 위하여 관리되는 하나 또
는 그 이상의 심사의 집합

　○심사 범위(audit scope)
　심사의 영역 및 한계
　비고- 범위는 일반적으로 정해진 기간은 물론 위치, 조직단위, 활동 및 프
　　　　로세스를 포함하여 기술한다.

　○심사기준(criteria)
　기준으로 활용된 방침, 절차 또는 요구사항의 집합

○심사 증거(audit evidence)
심사 기준에 관련되고 상호 점검될 수 있는 기록, 사실의 진술 또는 기타 정보
비고- 심사 증거는 정성적 도는 정량적일 수 있다.

○심사 발견사항(audit findings)
심사기준에 대하여 수집된 심사증거를 평가한 결과
비고- 심사 발견사항은 심사기준과의 적합 또는 부적합으로 나타날 수 있고, 또는 개선에 대한 기회로 나타날 수 있다.

○심사 결론(audit conclusion)
심사목표 및 모든 심사발견사항을 고려한 후에 심사팀에 의해 제시된 심사의 결과

○심사팀(audit team)
심사를 수행하는 사람 또는 그룹

○심사자(auditor)
심사를 수행하도록 지정된 사람
비고- 심사자는 일반적으로 특정 감사·심사에 필요한 자격을 갖추고 있다.

○기술전문가(technical expert)
심사 대상에 대하여 특정한 지식 또는 전문성을 제공하는 사람

○심사자 자격인정(auditor qualification)
심사자로 지정될 수 있도록 실증하는 데 요구되는 상호 작용하는 개인 성격 및 학력, 교육훈련, 실무 및 심사경험, 그리고 능력 영역들의 집합

○적격성(competence)
지식과 기량을 적용하는 실증된 능력

10. 측정 프로세스에 대한 품질 보증 관련 용어 및 정의

○측정관리시스템(measurement control system)
측정 프로세스의 지속적인 관리 및 도량형적 확인을 달성하는 데 필요
한 상호 관련되거나 상호 작용하는 요소의 조합

○도량형적 확인(metrological confirmation)
측정장비가 의도된 용도에 대한 요구사항에 적합함을 보장하는데 필요
한 운영의 집합
  비고1- 도량형적 확인은 일반적으로 교정 또는 검증, 필요한 모든 조정 또
        는 수리 및 후속의 재교정, 측정기기의 의도된 사용을 위한 도량형적
        요구사항과의 비교는 물론 요구되는 밀봉 및 라벨링을 포함한다.
  비고2- 도량형적 확인은 의도된 사용을 위한 측정장비의 적절성이 실증
        되고 문서화 될 때까지는 날성뫼지 않는다.
  비고3- 의도된 사용을 위한 요구사항에는 범위, 분해능력, 최대 허용오차
        등과 같은 고려사항이 포함될 수 있다.
  비고4- 도량형적 확인 요구사항은 보통 제품 요구사항과 별개이고, 제품
        요구사항에 규정되지 않는다.

○측정 프로세스(measurement process)
양적인 값을 결정하는 업무의 집합

○측정장비(measuring equipment)
측정 프로세스를 실현하는 데 필요한 측정기기, 소프트웨어, 표준물질
및 보조기구 또는 그 조합

제 3 편

요구사항 및 성과개선지침의 품질행정 적용 해설

제1장. 개요

제1절. 개요(Introduction)

0.1. 일반사항(General)

품질경영시스템의 도입은 조직의 전략적 의사결정으로 이루어져야 한다. 품질경영시스템의 설계 및 실행은 조직의 변화하는 요구, 특정 목표, 제공되는 제품, 운용되는 프로세스, 그리고 조직의 규모 및 구조에 의해 영향을 받는다. 품질경영시스템 구조의 획일화 또는 문서화의 획일화는 이 규격의 의도가 아니다.

이 규격에 규정된 품질경영시스템 요구사항은 제품에 대한 요구사항을 보완하는 것이다. 「비고」로 표시된 정보는 관련된 요구사항을 이해하거나 명확히 하기 위하여 사용될 수 있다.

이 규격은 인증기관을 포함한 내·외부 관계자가 조직의 능력이 고객 요구사항, 규제 요구사항 및 조직 자체 요구사항을 충족시킬 수 있는가를 평가하기 위하여 사용될 수 있다.

이 규격은 KS A 9000 및 KS A 9004에서 명시된 품질경영 원칙을 고려하여 개발되었다.

○품질행정시스템을 도입목적과 의도에 대하여 설명하고 있다.

○품질행정시스템은 행정조직의 제반 특성에 따라 달라질 수 있다.

○본 규격에 의한 품질행정시스템은 모든 행정기관에 획일적인 시스템으로 적용되는 것을 요구하지는 않는다.

○다른 행정조직의 품질행정시스템을 모방하거나 그대로 인용하여 품질시스템을 수립하는 것은 당해 행정조직의 전통과 일관성에 부작용과 거부감을 발생시킬 수 있으므로 크게 바람직하지 못하며 ISO 9001:2000에서는 이러한 방식에 의해 품질시스템이 수립되는 것을 근본적으로 차단하고 있다.(예)문서화의 비중보다는 실행과 성과에 의한 증거 강조 (4.1, 5.3, 5.6, 6.1, 8.1, 8.2, 8.4, 8.5항)

○ISO 9000의 품질경영 8원칙은 행정서비스 제공의 기본 원칙으로 적용할 수 있다.

○비고(Note)로 표시된 정보는 관련된 요구사항을 명확히 하거나 이해를 돕기 위한 지침이다.

0.2. 프로세스 접근방법(Process approach)

이 규격은 고객 요구사항을 충족함으로써 고객만족을 증진시키기 위해 품질경영시스템의 효과성을 개발, 실행 및 개선할 때 프로세스 접근방법을 채택하도록 권장한다.

조직이 기능을 효과적으로 발휘하기 위해서, 조직은 수많은 연결된 활동을 파악하고 관리하여야 한다. 입력이 출력으로 변환되도록 자원을 활용하고 관리되는 활동은 프로세스로 볼 수 있다. 흔히 하나의 프로세스로부터 나온 출력은 바로 다음 프로세스의 입력이 될 수 있다.

  프로세스의 파악과 상호작용, 그리고 그에 대한 관리를 포함하여,
조직 내에서 프로세스로 구성된 시스템을 적용하는 것을 「프로세스
접근방법」이라 할 수 있다.

  프로세스 접근방법의 이점은 프로세스 접근방법이 프로세스의 결
합 및 상호작용에 대해서 뿐 아니라 프로세스로 구성된 시스템 내에
서 개별 프로세스간의 연결 전반에 걸쳐 진행중(on going) 관리를 제
공하는 것이다.
  프로세스 접근방법이 품질경영시스템 내에서 사용될 경우, 다음 사
항에 대한 중요성이 강조된다.
  a) 요구사항의 이해 및 충족
  b) 부가가치 측면에서 프로세스를 고려할 필요
  c) 프로세스 성과 및 효과성에 대한 결과 획득
  d) 객관적 측정에 근거한 프로세스의 지속적 개선

  그림1에 제시된 프로세스를 기반으로 한 품질경영시스템의 모델은
4.부터 8.까지의 프로세스 연결을 보여준다. 이 그림은 입력요구사항
을 정할 때 고객이 중요한 역할을 한다는 것을 보여준다. 고객만족의
모니터링은 조직이 고객 요구사항을 충족시켰는지에 대한 고객의 인
식에 관련된 정보의 평가가 요구된다. 그림1에서의 모델은 이 규격의
모든 요구사항을 다루고 있으나, 상세한 수준까지의 프로세스를 보
여주지는 않는다.

  비고 : 「계획-실시-체크-조치」(Plan-Do-Check-Action)로 알
        려져 있는 방법론은 모든 프로세스에 대하여 적용될 수 있
        다.

PDCA 모델은 다음과 같이 요약하여 설명할 수 있다.

계획(plan) : 고객 요구사항 및 조직의 방침에 따라 결과를 도출하는 데 필요한 목표 및 프로세스의 수립

실시(do) : 프로세스의 실행

검토(check) : 방침, 목표 및 제품 요구사항에 대하여 프로세스 및 제품의 모니터링, 측정 및 그 결과의 보고

조치(action) : 프로세스 성과를 지속적으로 개선하기 위한 활동

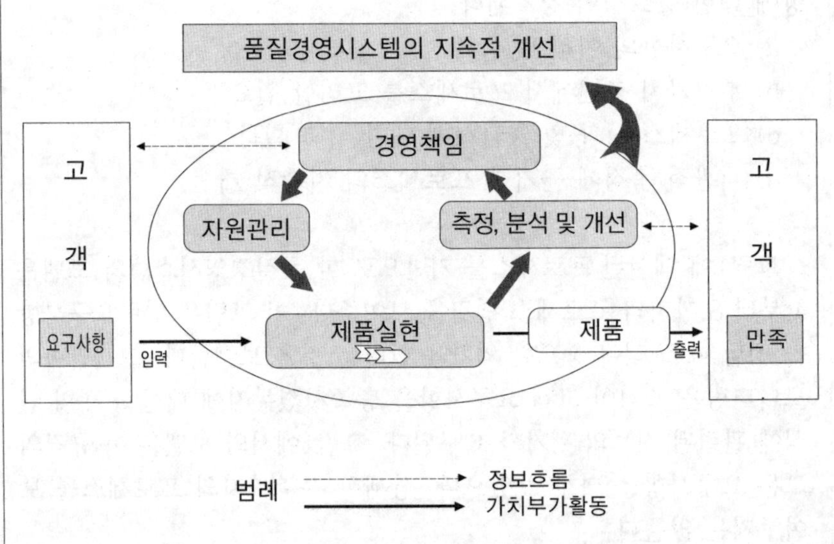

<그림1> 프로세스를 기반으로 한 품질경영시스템 모델

1. 행정서비스 제공의 프로세스 접근방법

○입력을 출력으로 변환시키는 모든 활동을 프로세스라고 한다.

○행정조직과 관련된 프로세스의 파악 및 관리를 강조하고 있다.

○프로세스 접근방법[19]이란 프로세스간의 상호작용을 체계적으로 파악하고 관리하는 것이다. 여기에서 「관리」라는 의미는 다음을 포함한다.

- 프로세스는 문서, 영상 등의 매체를 활용하여 나타낼 수 있어야 한다.
- 프로세스는 반복적으로 일관되게 재현되어야 한다.
- 프로세스의 운영 및 관리자가 정해져야 한다.
- 프로세스 변경이 필요한 경우 즉시 적정하게 변경되어야 한다.
- 프로세스는 쉽게 이해되고 행정기관의 존립목적과 발전에 기여할 수 있어야 한다.
- 프로세스는 행정서비스의 부가가치를 창출하는 지식이 되어야 한다.
- 불필요한 프로세스는 이행되지 않아야 한다.
- 기타 프로세스는 합리성, 경제성, 합목적성의 이념이 반영되어야 한다.

○프로세스는 과업과 비교되는 개념으로 과업이 한 사람에 의해 수행되는업무인데 비해 프로세스는 일련의 업무를 통합한 묶음의 개념이다. 행정서비스의 경우 공무원 한 사람이 하나의 프로세스를 통해서 하나의 행정서비스를 제공할 수도 있고, 여럿이 하나의 행정서비스를 제공할 수도 있다.

○프로세스 관리의 핵심은 핵심프로세스에 행정력을 집중함으로써 성과개선을 도모하고 나아가서는 고객만족을 극대화하는 것이다.

○모든 프로세스에는 PDCA와 같은 기법이 적용될 수 있다.

○행정조직은 행정조직의 핵심프로세스를 파악하고 그 상호관계를 표시

---

19) 이 책 제2편 제1장〈도표 2-1〉프로세스를 기반으로 한 품질행정시스템 그림 참조.

하기 위해 프로세스 맵(Map)이나 플로우 챠트 등을 이용할 수 있다. 이러한 프로세스에는 입력과 출력, 관리항목, 관리기준 및 모니터링 항목과 적용 가능한 경우 측정 항목이 설정되어 있어야 하며 주기적으로 모니터링 및 적용 가능한 경우 측정이 실시되어야 한다.

○행정기관의 제품은 행정행위의 프로세스를 통하여 제공된 행정서비스이다. 행정서비스에 대한 모니터링 및 측정은 행정행위의 프로세스 결과물, 즉 행정서비스의 프로세스와 행정서비스 자체에 대한 모니터링 및 측정이 된다.

○일반적으로 행정기관에서 수행하는 프로세스의 결과물은 행정서비스가 주종을 이룬다. 그러나 영조물이나 수도물과 같이 물품으로 제공되는 경우도 있다.

○프로세스 관리에 있어서, 프로세스의 목표를 설정하여 성과를 도모하고 측정할 수 있다. 어떠한 경우에도 목표는 측정 가능하여야 한다.

2. 행정서비스 제공의 프로세스에 대한 지침[20]

2.1. 프로세스 개념

○품질행정시스템은 품질행정제공의 「프로세스 접근방법」에 기초를 두고 있다. 「프로세스 접근」은 국제규격 ISO 9001:2000(KS A 9001/ 2001)에 반영되어 있다.

○「프로세스 접근방법」은 행정기관의 내부에서 수행되는 모든 프로세스에 대한 명확한 이해를 요구한다.

○ISO 9001:2000은 프로세스를 기반으로 한 품질경영시스템의 모델을 제시하였다. 〈도표 3-1〉은 품질행정시스템의 모델로 적용할 수 있는 요구사항으로 전환하였다.

---

20) 프로세스 접근방식에 대한 혼란을 방지하고 명확한 적용을 위해 ISO/TC 176 SC 2 에서는 Guidance Document를 제공함.

〈도표3-1〉 ISO 9001 국제규격 요구사항의 품질행정시스템 적용 관계

ISO 9001/2000 국제규격 요구사항	⇒	품질행정시스템 적용 관계
품질경영시스템	⇒	품질행정시스템
경영책임	⇒	품질행정 운영책임
자원관리	⇒	자원관리
제품실현	⇒	행정서비스 실현
측정, 분석 및 개선	⇒	측정, 분석 및 개선

○하나의 프로세스는 입력을 출력으로 전환시키는 하나 또는 그 이상의 활동으로 구성된다.

○입력과 출력은 보통 유형 및/또는 무형의 행정서비스이다. 프로세스내부에서 활동을 수행하기 위해서는 적절한 자원이 배정되어야 한다.

○프로세스 성과 및/또는 입력과 출력의 특성을 분석하기 위한 데이터의 정보를 수집하기 위해 측정시스템을 이용할 수 있다.

〈도표 3-2〉는 프로세스에 대한 기본적인 정의를 보여준다. 이는 행정기관의 행정서비스 제공 프로세스를 적용하는 기본으로 사용할 수 있다.

〈도표 3-2〉 프로세스 그림

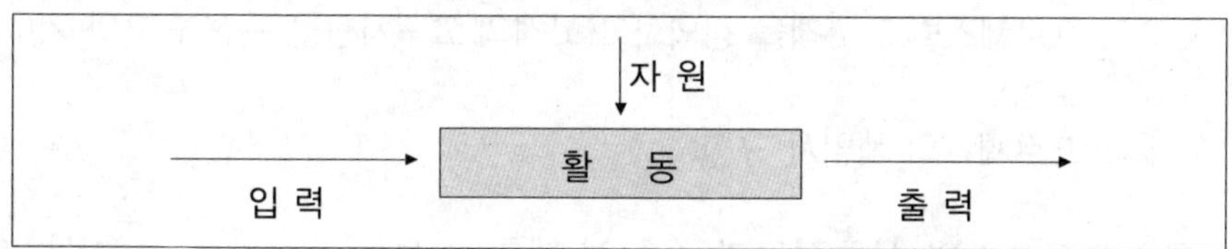

2.2. 프로세스 접근방법[21]

〈도표 3-3〉은 프로세스 접근이 계획-심사-체크-조치(PDCA) 싸이클과 밀접하게 관련되어 있음을 보여준다. 행정서비스를 제공하는 프로세스도 마찬가지이다.

---

21) ISO 9001:2000의 「프로세스 접근방법」에 대한 지침 참조

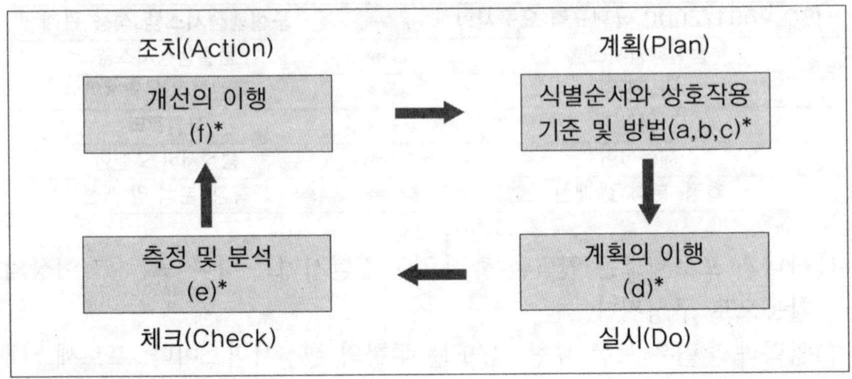

도표 3-3의 설명

ISO 9001:2000 4.1조항의 의도에 따라서 행정조직은 다음과 같이 품질행정시스템을 이행해야 한다.

a) 품질행정시스템 실행을 위한 프로세스의 파악
- 각 프로세스를 위한 입력과 출력 규정
- 프로세스별로 고객을 정의하고 고객의 요구사항을 규정(요구와 기대 포함)
- 프로세스의 책임자 규정

b) 프로세스의 상호작용과 순서에 대한 결정
- 프로세스 네트워크의 전반적인 흐름과 구성도 전개
- 프로세스간의 상호작용 규정
- 프로세스의 문서화

c) 프로세스의 운영과 관리의 양자가 유효한지를 확신하기 위해 요구되는 기준 및 방법 결정
- 의도되거나 그렇지 않은 결과의 특성 지정
- 기준에 대한 측정, 모니터링과 분석을 위한 방법 지정
- 경제적 문제 고려(비용, 시간, 손실 등)

– 자료수집을 위한 방법 규정

d) 프로세스의 운영과 모니터링을 지원하기 위해 필요한 정보와 자
원의 가용성 확보
- 각 프로세스를 위한 자원분배
- 의사소통 경로 수립
- 대 내외의 정보제공
- 피드백 수용
- 자료 수집
- 기록 유지

e) 프로세스의 측정, 모니터 및 분석
- 정확한 프로세스의 측정과 그 실행을 모니터링
- 수집된 정보 분석(통계적 기법)
- 분석 결과 평가

f) 이 프로세스에서 계획한 결과의 달성과 지속적 개선을 위해 필요
한 조치 실행
- 시정 및 예방조치의 실행
- 시정 및 예방조치의 유효성과 이행에 대한 검증

2.3. 행정서비스 제공의 기본 프로세스

행정서비스 제공에 필요한 프로세스는 다음과 같은 기본 프로세스 모
델이 적용된다.

〈도표 3-4〉는 행정서비스 제공의 기본 프로세스로서 프로세스 접근
방법이 적용되고 있음을 보여주고 있다. 프로세스 접근방법인 계획(P)-
실시(D)-체크(C)-조치(A)의 싸이클을 기본으로 하고 있다. 계획(P)의 단
계는 ① ~ ⑤, 실시(D)단계는 ⑥ ⑦, 체크(C)단계는 ⑧, 조치(A)단계는 ⑨
⑩과 Feedback이 해당된다.

이 프로세스는 행정서비스 제공의 모든 프로세스에 적용할 수 있으나

세부적인 각각의 프로세스까지는 적용되지 않는다. 법규에서 정한 행정
서비스 제공 절차가 있으면 이를 따라야 한다.

<〈도표 3-4〉 행정서비스 제공의 기본 프로세스 모델>

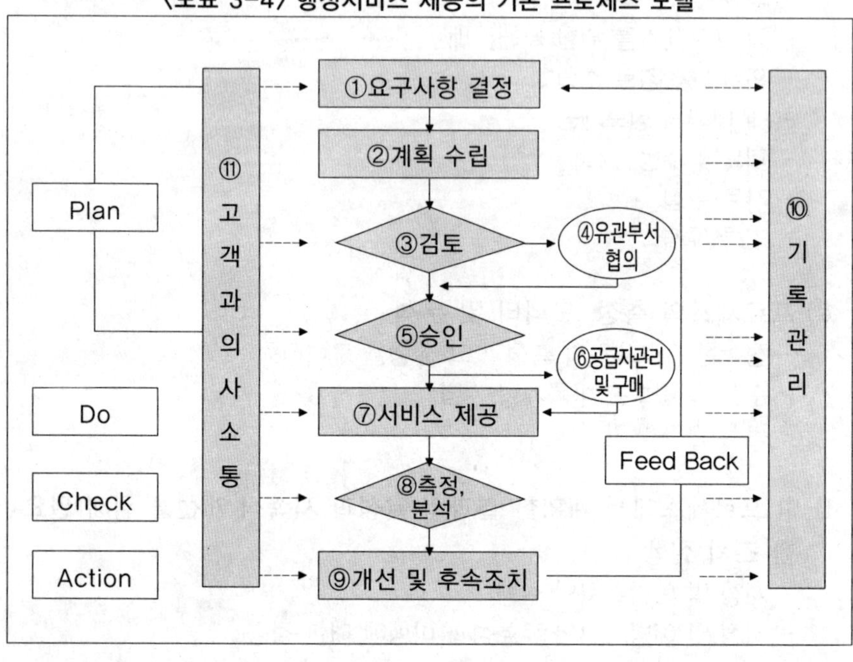

도표 3-4의 설명

① 요구사항의 인지 및 결정의 단계로 행정서비스 제공의 프로세스 시
  발점이다.
  입력사항은 다음과 같다.
  – 각종 법규의 법정사무 처리
  – 고객 요구사항
  – 행정기관장의 의지, 약속 등
  – 이전의 경험 및 예측사항 등
  이 규격에서는 7.1항, 7.2.1항, 7.3.2항의 사항과 관련된다.
  ·다음 과정인 행정서비스 제공계획 수립시 반영된다.

② 행정서비스 제공 계획 수립

주민에게 행정서비스를 제공하기 위한 계획을 수립하는 단계이다.
이 경우 ①항에서 인지된 요구사항은 입력사항이 되며 다음 사항을 충족한다.
　- 인지된 입력 요구사항을 충족할 것
　- 행정서비스 제공을 위한 적절한 정보를 제공할 것
　- 행정서비스 제공 수준이 결정될 것
　- 행정서비스의 필수적인 특성이 정해질 것
이 규격에서는 7.1항, 7.3항과 관련된다.
보통 「사업계획서」, 「추진계획서」 등의 명칭으로 작성된다. 이와 같은 계획서는 목적-추진방침-개요-세부추진계획-책임과 권한-자원-일정-후속조치 등을 규정한 품질문서이다.

③ 검토, ④ 유관 부서 협의 ⑤ 승인

행정서비스 제공 계획에 대한 검토가 이루어지는 과정이다. 프로세스마다 상호 연관된 프로세스와 연결되어 동시에 또는 순차적으로 실행되는 프로세스 네트워크를 형성한다. 이 과정에서는 보조기관 및 협조 부서의 검토 및 협의가 필수적이며 검토할 사항은 다음과 같다.
　- 행정서비스의 요구사항을 충족하여 제공할 수 있는지
　- 여부 예견되는 문제점의 파악 및 필요한 조치
　- 행정서비스 제공시 발생할 수 있는 부정적인 영향에 대한 검토 등
이 규격에서는 7.2항, 7.3항과 관련된다.

⑥ 공급자 관리 및 구매

행정서비스가 실현되기 위한 자원이 투입되는 단계이다.
행정서비스 제공에 필요한 품질이나 용역서비스 등을 구매한다. 예를 들면 영조물의 건설과정, 무형의 서비스를 제공하기 위한 내·외적 과정이 진행된다.
이 규격에서는 6항(자원관리), 7.4항이 적용된다.

⑦ 행정서비스 제공

행정서비스 제공계획의 결과물인 행정서비스가 고객에게 제공된다.
고객이 특정인일 수도 있지만, 행정행위의 특성상 불특정 다수인을
대상으로 서비스가 광범위하게 제공되는 것이 행정서비스의 특징이다.
이 규격에서는 7.5항, 7.6항과 관련된다.

⑧ 측정 및 분석

고객에게 제공된 행정서비스가 요구사항(7.2.1항)이 만족되었는지 측
정 및 분석하는 단계이다.
이 경우 고객만족도 조사, 여론조사, 방문조사 등 다양한 방법으로 행
정서비스의 입력사항을 충족하였는지 고객으로부터 정보를 취득한다.
취득한 정보를 바탕으로 시정조치 및 예방조치 등 필요한 조치를 결
정한다.
이 규격의 8항 (측정·분석 및 개선)과 관련된다.

⑨ 개선 및 후속조치

행정서비스의 제공 결과 문제점에 대한 시정조치를 취하는 단계이다.
이는 Feedback되어 다음의 행정서비스 제공시 반영된다. 필요한 경
우 예방조치도 포함된다.
이 규격에서 8.5항과 관련된다.

⑩ 기록관리

행정서비스 제공과 관련된 결과가 기록으로 관리된다.
이 규격에서 4.2.4항과 관련된다.

⑪ 고객과 의사소통

행정서비스 제공의 모든 과정에서는 고객과 이해관계자의 의견이나
요구사항을 수렴하고 필요한 경우 조치한다.
이와 같은 요구사항이나 의견은 규정된 요구사항에 반영한다.

이 규격에서는 7.2항과 관련된다.

2.4. 행정서비스 제공의 규정된 프로세스

행정기관에서는 공익성, 형평성, 민주성, 합법성 등 행정이념을 반영한 행정서비스를 제공한다. 이러한 서비스의 특징은 수많은 서비스가 존재하며 서비스마다 그 특성을 달리하고 있다. 수많은 각각의 행정서비스는 법적·사회적 요구사항을 담고 있다.

사무관리규정에 의하여 작성한 업무편람[22]중 행정편람(사무관리규정 제91조 제1호)은 행정서비스 제공의 규정된 프로세스로 사용할 수 있다.

3. 행정서비스 제공 프로세스의 네트워크 형성

행정서비스를 제공하는 데 있어 한 개 또는 여러 개의 프로세스가 연결되어 순차적으로 또는 동시에 실행되어야 한다. 이러한 프로세스들이 조직적으로 실행되도록 관리하고 운영하는 체제가 행정서비스를 제공하는 네트워크를 형성하게 된다.

ISO 9001은 프로세스와 하위 프로세스의 요구사항을 구체화하고 있다. 이러한 요구사항들은 프로세스들을 연결하고, 그들을 하나의 시스템으로 통합함으로써 행정기관의 규모와 형태에 따라 적용 가능하다. 하나의 네트워크 안에서 상호 작용하는 각각의 프로세스는 〈도표 3-5〉에서 보여주고 있다. 네트워크 안에서도 PDCA cycle이 적용된다.

프로세스의 네트워크 모델은 입력 요구사항을 규정짓는 데 있어 고객이 중요한 역할을 한다는 것을 보여준다. 프로세스 산출물에 대한 고객의 만족 또는 불만족 피드백은 품질행정시스템을 개선하는 데 필수적인 입력이다.

---

22) 행정편람은 사무처리절차 및 기준과 장비운용방법 기타 일상적 근무규칙 등에 관하여 각업무담당자에게 필요한 지침 기준 또는 지식을 제공하는 업무지도서 또는 업무참고서임.

0.3. KS A 9004와의 관계(Relationship with KS A 9004)

KS A 9001 및 KS A 9004의 이번 발행본은 상호 보완이 되도록 설계된 일관성 있는 한 쌍의 품질경영시스템 규격으로 개발되었지만 독립적으로 사용될 수도 있다. 두 규격은 다른 적용범위를 가지고 있지만, 일관성 있는 한 쌍으로서의 적용을 돕기 위하여 유사한 구조로 되어 있다.

KS A 9001은 조직의 내부적용, 인증 또는 계약 목적으로 사용할 수 있는 품질경영시스템의 요구사항을 규정하고 있으며, 또한 고객 요구사항을 충족시키는 데 있어서 품질경영시스템의 효과성에 중점을 두고 있다.

KS A 9004는 품질경영시스템의 효과성은 물론 조직의 전반적인 성과 및 효율성의 지속적 개선 측면에서 KS A 9001보다 넓은 범위에서 품질경영시스템의 목표에 대한 지침을 제공한다. KS A 9004는 최고경영자가 성과의 지속적 개선을 추구하기 위하여 KS A 9001 요구사항 이상으로 나아가려는 조직을 위한 지침으로 권고된다. KS A 9004는 인증 또는 계약 목적을 위해 의도된 것이 아니다.

품질행정시스템 적용 해설

○ 국제규격인 KS A 9000 FAMILY 규격은 한국산업규격 KS A 9000·9001·9004로 2001년에 전환되었다.
　※ISO 9000/9001/9004:2000 → KS A 9000/9001/9004:2001
○ ISO 9004:2000은 품질경영시스템의 성과개선을 위한 지침이다.
○ ISO 9004:2000은 독자적으로 사용 가능하나 인증이나 계약을 제정되지 않았다.
○ ISO 9004:2000은 ISO 9001:2000과 비슷한 구조로 되어 있어 서로 비교하여 개선지침으로 활용하는 데 편리한 구조로 되어 있다.
○ ISO 9004:2000은 ISO 14004:1996과 같은 비슷한 구조로 되어 있어 ISO 14001:1996 환경경영시스템과 통합하여 시스템을 구축하는데 편리하게 되어 있다.
○ ISO 9001:2000의 효과적 실행과 지속적 개선을 위해 ISO 9004:2000을 참조하여 시스템을 수립한다.

0.4. 다른 경영시스템과의 병용성(Compatibility with other management systems)

이 규격은 사용자들의 편익을 꾀하기 위하여 두 규격의 병용성을 높이기 위한 목적으로 KS A 14001:1996과 배열을 맞추었다.

> 　이 규격은 환경경영, 보건안전경영, 재정경영 혹은 위험경영 등과 같은 기타 경영시스템에 해당하는 요구사항을 포함하지 않는다. 그러나 이 규격은 조직이 조직 자체의 품질경영시스템과 관련된 경영시스템 요구사항과 배열을 맞추게 통합하게 하는 것을 가능하게 한다. 조직이 이 규격의 요구사항에 적합한 품질경영시스템을 수립하기 위하여 기존 경영시스템을 수정하여 활용할 수 있다.

품질행정시스템 적용 해설

○본 규격이 타 경영시스템(ISO 14000, FMS 등)의 요구사항을 포함하고 있지는 않지만 이러한 타 경영시스템과 보조를 맞추거나 통합하는 것을 허용하고 있다.

○특히 ISO 14001:1996과의 통합이 용이하도록 시스템 구조와 요구사항이 비슷하여 통합시스템을 구축하여 운영하는 데 편리하게 되어 있다.

　▶ ISO 9001:2000

　　개요→적용범위→인용규격→용어 및 정의→품질경영시스템→경영책임→자원관리→제품실현→측정, 분석 및 개선

　▶ ISO 14001:1996

　　개요→적용범위→참조규격→용어 및 정의→환경경영 체제요건→구조 및 책임→운영관리→점검 및 시정조치

제2장. 요구사항별 품질행정 적용해설 및 성과개선지침

1. 적용범위(Scope)

1.1. 일반사항(General)

> 이 규격은 조직이 다음 사항을 필요로 하는 경우의 품질경영시스템에 대한 요구사항을 규정한다.
> a) 조직이 고객 요구사항 및 적용되는 규제 요구사항을 충족하는 제품을 일관성 있게 제공하는 능력을 실증할 필요가 있는 경우.
> b) 조직이 시스템의 지속적인 개선, 고객 요구사항 및 적용되는 규제 요구사항에 적합함을 보장하기 위한 프로세스를 포함하여, 시스템의 효과적인 적용을 통하여 고객만족을 높이기 위한 경우
>
> 비고 : 이 규격에서 「제품」이라는 용어는 고객에 의해 요구되거나 고객을 위해 의도된 제품에만 적용한다.

품질행정시스템 적용 해설

○본 요구조항은 본 규격을 적용하고자 하는 필요성을 기술하고 있다.
○행정기관에서 품질경영시스템과 같은 품질행정시스템의 필요성과 적용가능성을 기술하고 있다.
※ 1.2 적용에 그 근거를 명확히 하고 있다.

○행정기관의 주된 기능은 그 성질상 민간기업과 다른 공공 행정서비스를 고객에게 제공하고 있다. 이와 같은 행정서비스는 행정기관에서 생산하는 제품의 주된 것이며 행정서비스의 특성은 다음과 같다.
- ●법적 및 사회적 요구사항(강제 규제사항 포함)을 수용하는 공공행정 서비스 제공
- ●주민이 요구하고 만족하는 서비스를 지속적으로 제공
- ●사회발전과 주민 복지향상을 위한 부단한 노력의 의무(서비스 제공 시스템의 지속적인 개선 및 서비스의 질 향상 의무)

○행정기관에서는 이 규격과 해당사항이 없는 일부 요구사항은 적용을 배제할 수 있다. 그러나 가급적 규격의 모든 사항을 적용하는 것이 바람직하다.
- ●설계 및 개발(7.3)은 물품 생산에 한정되지 않고 서비스까지 제품에 포함하여 확대하고 있다.
- ●행정기관에서, 특히 자치단체에서도 모니터링 및 측정장치의 관리(7.6)도 해당된다. (예 : 수도물의 제공, 문화예술행사 등 주민에게 직접적으로 물품이나 서비스를 제공한다.)

○의도된 행정서비스가 아닌 경우에 대해서는 적용하지 않는다.
(예:공해 등)

1.2. 적용(Application)

> 이 규격의 모든 요구사항은 포괄적이며, 형태, 규모 및 제공되는 제품에 관계없이 모든 조직에 적용될 수 있다.
>
> 조직 및 제품의 성격으로 인하여 규격의 어떤 요구사항이 적용될 수 없는 경우, 그 요구사항의 제외를 고려할 수 있다.
>
> 이 경우 제외될 요구사항은 7.내의 요구사항에 한정되어야 이 규격에의 접합성을 주장할 수 있으며, 그러한 제외는 고객 요구사항 및 적용되는 규제 요구사항을 충족시키는 제품을 제공하기 위한 조직의능력 또는 책임에 영향을 미치지 않아야 한다.

○품질행정시스템은 ISO 9000:2000의 적용 가능한 모든 요구사항을 준수하는 것이 바람직하다. 단, 7항의 규정의 일부를 제외할 수 있으나, 제외된 부분은 이 규격의 적합성을 주장할 수 없다. 행정서비스에는 수도물 공급과 같은 공공재 제공, 시험 검사업무가 있으므로 규격의 7항을 배제하기 어렵다.

○행정조직은 자체 품질행정시스템의 적용범위에 모든 업무활동 및 생산하는 모든 행정서비스를 포함시킬 의무는 없다.

○규정된 요구사항이 포괄적이며, ISO 9001:2000은 행정기관의 형태와 규모에 관계없이 모든 조직에 적용 가능하다. 이 경우, 적용 가능한 모든 요구사항은 준수하여야 한다.

○행정기관은 적용범위를 결정할 수 있다. 이러한 결정은 행정서비스의 범위, 영조물 운영, 행정서비스의 특성, 행정서비스 실현 프로세스, 리스크 평가결과, 계약적·법적·규제적 요구사항 등을 근거로 결정하여야 한다.

○행정기관은 다음과 같은 특정 상황에서 본 규격의 일부 요구사항을 행정조직의 품질행정시스템에서 제외할 수 있다.

●행정조직의 능력에 영향을 미치지 않는 요구사항

●고객 및 법적 요구사항에 부합하는 행정서비스 제공에 대하여 행정기관의 권한 밖의 요구사항

○허용 가능하다고 하여 제외할 수 있는 이상을 배제하면서 규격의 요구사항에 적합하다고 주장할 수 없다.

○제외되는 요구사항은 품질매뉴얼에 명확히 기술되어야 하고, 인증 심사시 그러한 사항이 객관적으로 설명될 수 있어야 한다.

○제외되는 요구사항은 7항(제품실현)에 제한된다.

●다음사항에 따라 제외될 수 있다. 이 경우 제외 요구사항이 본 규격의 취지를 벗어난다면 ISO 9001:2000 규격에 대한 적합성을 주장할 수 없다.

-행정서비스의 특성
-고객 요구사항
-법적 요구사항
-적용되는 규제 요구사항
- ●7항(제품실현)에서 행정기관의 시스템을 고려하여 다음의 요구사항은 적용되지 않을 가능성이 높다.
-7.3 설계 및 개발
-7.5.3 식별 및 추적성(추적성에 한함)
-7.5.4 고객자산
-7.6 모니터링 및 측정장치의 관리
○품질행정시스템의 일부를 제외할 경우 품질매뉴얼이나 인증문서·등록문서·대외공표 자료에 명시해야 한다.

2. 인용규격(Normative reference)

아래 인용문서에 포함된 조항은 이 규격의 본문에 인용됨으로써 이 규격의 일부로 구성된다. 인용문서의 발행일자가 명시되어 있는 경우, 이 발행본의 차후 수정이나 개정본은 적용하지 않는다. 그러나, 이 규격에 근거한 계약 당사자에게는 아래에 제시된 인용문서의 최신판 적용에 대한 가능성을 조사할 것을 권장한다.

인용문서의 발행일자가 명시되어 있지 않는 경우에는 최신판을 적용한다. ISO와 IEC의 회원기관은 국제규격의 최신 유효본 목록을 유지하고 있다.

KS A 9000:2001, 품질경영시스템-기본사항 및 용어

○ISO 9000:2000/KS A 9000:2001은 품질경영시스템의 기본사항과 용어에 대하여 설명하고 있다. ISO 9001 국제규격을 적용하고자 하는 행정기관에서도 ISO 9000:2000의 기본사항과 용어를 인용하여 사용할 것을 기술하고 있다.

○ISO 9001:2000을 적용하고자 하는 품질행정시스템에는 품질행정에 적용하기 위한 용어를 별도로 만들고 그 뜻을 정확히 정의하여 사용하는 것이 중요하다. 이 경우 ISO 9000:2000에서 정한 용어 및 정의와 그 맥락을 같이 하여야 한다.

3. 용어 및 정의(Terms and definition)

　이 규격의 목적을 위하여 KS A 9000에 제시된 용어와 정의를 적용한다.

　공급사슬을 정의하기 위하여 이 KS A 9001규격에서 사용된 다음의 용어는 현재 사용되는 단어를 반영하여 변경되었다.

공급자 ──────────→ 조 직 ──────────→ 고 객

「조직」이라는 용어는 KS A 9001:1998에서 이 규격이 적용되는 단어를 의미하는데 사용되었던 「공급자」를 대체한다. 이제 「공급자」라는 용어는 이전의 「외주업체」라는 용어를 대체하여 사용한다.

　이 규격의 전반에 걸쳐 「제품」이란 용어가 나타나는데, 그것은 「서비스」를 의미할 수도 있다.

○공급자(Supplier), 조직(Organization), 고객(Customer)에 대한 공

급사슬을 재정립하였고, ISO 14001:1996과의 일관성을 유지하고 있다.
(예) ISO 9001:1994 / KS A 9001:1998

　　　외주업체 ─────────→ 공급자 ─────────→ 고객

ISO 9001:2000 / KS A 9001:2001

　　　공급자(계약자)────────→ 조직(행정기관)────────→ 고객

○제품(Product)의 정의 : 프로세스에 대한 결과로써 행정기관의 제품은 행정서비스로 총칭한다.

○행정기관의 「공급자」는 다음과 같다. 이는 7.4(구매)와 직접 연관이 있다.

　●계약상대자(국가를 당사자로 하는 계약에 관한 법률, 예산회계법, 지방재정법 등)

　　※계약상대자라 할지라도 행정서비스와 연관이 없거나 거의 영향을 미치지 않는 제품을 제공하는 경우는 관리의 대상으로 보지 않는 것이 타당하다.

　●조달청 등

○「조직」은 「행정기관」 또는 「행정기관의 하부기관」이다.

○고객의 예

　●직접고객(예 : 민원신청인), 간접고객(예 : 불특정 다수인)

　●외부고객(예 : 주민), 내부고객(예 : 행정기관 내에 행정서비스 제공과 연관이 있는 조직 또는 소속 공무원)

4. 품질경영시스템(Quality management system)

4.1. 일반 요구사항(General Requirement)

　　조직은 이 규격의 요구사항에 따라 품질경영시스템을 수립, 문서화, 실행 및 유지하고 품질경영시스템의 효과성을 지속적으로 개선하여야 한다.

　　조직은 다음 사항을 실행하여야 한다.

a) 품질경영시스템에 필요한 프로세스 파악 및 조직 전반에 걸친 적용의 파악(1.2 참조)
b) 프로세스 순서 및 상호 작용의 결정
c) 그 프로세스에 대한 운영 및 관리가 모두 효과적임으로 보장하는 데 필요한 기준 및 방법의 결정
d) 그 프로세스의 운영 및 모니터링을 지원하는 데 필요한 자원 및 정보의 가용성 보장
e) 그 프로세스의 모니터링, 측정 및 분석
f) 그 프로세스에 대한 계획된 결과와 지속적 개선을 달성하는 데 필요한 조치의 실행

이 프로세스는 이 규격의 요구사항에 따라 조직에 의해 관리되어야 한다.

조직이 요구사항에 대한 제품 적합성에 영향을 미치는 어떠한 프로세스를 외주처리할 경우, 조직은 이러한 프로세스가 관리된다는 것을 보장하여야 한다. 이러한 외주 처리된 프로세스의 관리는 품질경영시스템 내에서 파악되어야 한다.

비고1. 위에서 언급된 품질경영시스템에 필요한 프로세스는 경영활동, 자원확보, 제품실현 및 측정을 포함해야 할 것이다.

품질행정시스템 적용 해설

○본 국제규격의 요구사항에 따라 품질행정시스템을 수립, 문서화, 실행 유지 및 지속적으로 개선해야 한다.
○행정기관은 이 국제규격에 따라 프로세스를 관리하여야 한다.

○행정의 제품이 행정서비스란 점을 감안할 때, 서비스별로 1개의 프로세스가 존재하는 것이 보통이다. (예 : 생활보호대상자와 관련된 프로세스는 다른 업무에 적용될 수 없고, 타 프로세스와 독립적으로 이루어진다.)

○행정기관의 모든 부서에 걸쳐 품질행정시스템과 그 적용에 필요한 프로세스를 파악(아웃소싱 포함)하여야 한다.

●행정기관 전반에 걸친 품질행정시스템이나 그 적용에 필요한 프로세스는 행정행위의 근거가 되는 법규 또는 자치단체의 훈령, 예규, 지침에 따른다.

●또한 자치단체의 업무의 일부를 민간에 위탁하거나 위임하였을 경우에도 그 업무의 수행에 관한 프로세스도 법규 등에 근거하여 수행되며, 자치단체에 의하여 관리되어야 한다.(지도·감독권한에 의하여 관리)

●아웃소싱을 포함한 행정서비스 제공의 핵심 프로세스를 파악하고 품질행정매뉴얼에 기술한다.

○프로세스에 대한 순서 및 상호관계 결정한다.

●프로세스의 순서 및 상호관계를 정한 대표적인 사례가 「사무관리규정」에 의한 업무편람으로 볼 수 있다.

●프로세스 맵이나 프로세스 플로우 챠트 등을 이용할 수 있다.

○프로세스를 효과적으로 관리하고 운영하기 위한 기준과 방법은 다음과 같다.

●행정기관이나 자치단체의 모든 업무의 결정권자는 기관이나 자치단체의 장이다. 그러나 모든 업무를 기관장이 처리할 수 없으며, 업무의 효율을 높이기 위하여 기관별로 「위임·전결규정」을 둔다.

●반면에 모든 업무의 기안자는 전결권자의 결재가 이루어지기 전에 1~2 단계의 보조기관 또는 협조기관을 거치게 된다.

●프로세스의 모니터링 및 적용 가능한 경우 측정에 대한 기준이 필요하다.

●행정서비스에 대한 모니터링 및 측정에 대한 기준이 필요하다.

●프로세스에 대한 관리·운영 방법을 결정한다.

○프로세스에 대한 모니터링과 운영을 지원하는 데 필요한 자원과 정보

의 가용성을 보장한다.

○프로세스의 측정, 모니터링 및 분석을 실시한다.
 ●행정서비스의 제공에 필요한 프로세스를 대상으로 측정 및 분석한다.
 ●프로세스 자체의 특성 및 행정서비스의 특성을 모니터링하고 측정한다.
○이들 프로세스에서의 계획된 결과와 지속적인 개선을 달성하는 데 필요한 조치를 실행한다.
 ●프로세스를 대상으로 지속적인 개선조치(시정, 시정조치, 예방조치)를 실행한다.
 ●프로세스 목표에 대한 달성 정도를 파악하고 달성하지 못하였을 경우 개선조치를 실행한다.
○프로세스의 핵심은 다음과 같이 요약될 수 있다.
 ●행정기관의 핵심프로세스 파악
 ●프로세스의 입력·출력요소 및 상관관계 파악
 ●출력단에 성과목표 설정
 ●프로세스의 주기적인 모니터링·측정 및 지속적 개선(P→D→C→A)
 ●아웃소싱된 프로세스도 관리
○행정에 있어서 아웃소싱의 예는 공공시설의 민간위탁운영, 청소·쓰레기 수거·반출의 대행사업 등을 들 수 있다. 이러한 경우에도 프로세스의 파악 및 관리 아래에 있어야 한다.

성과 개선 지침

○행정기관의 품질행정시스템은 경영시스템 중의 하나이다. 성공적인 행정기관이 되기 위해서는 행정의 투명성이 요구된다. 성공은 모든 이해관계자의 욕구를 고려하여 행정기관의 성과에 대한 효과성과 효율성을 지속적으로 개선하도록 설계되어진 행정시스템을 실행하고 유지한 결과이다.
○행정기관의 장은 다음사항에 따라 행정기관의 조직을 고객 지향적으로 만들어 나가야 한다.

●효율성은 물론 효과성 측면에서 시스템 및 프로세스가 명백히 이해되고, 관리되며 개선될 수 있는 시스템 및 프로세스를 정함.
●프로세스의 효과적이고 효율적인 운영 및 관리를 보장하고, 행정기관의 만족스러운 성과를 결정하기 위하여 사용되는 측정 및 데이터를 보장함.
○고객 지향적인 행정기관은 다음과 같은 방법을 활용한다.
●행정기관의 성과개선을 유도할 수 있는 프로세스의 규정 및 장려
●연속성을 바탕으로 한 프로세스 데이터 및 정보를 수집하여 이용
●지속적 개선방향으로 방침 설정
●프로세스 개선을 평가하기 위해 자체 평가 및 행정에 관한 종합진단과 같은 적절한 방법을 활용

품질행정시스템 구축·평가·심사 및 효과성 개선 관점

○성과개선을 얻어 내는 프로세스의 효과적이고 효율적인 관리를 달성하기 위한 프로세스 접근방법을 행정에 어떻게 적용하는가?
○행정시스템의 성과를 지속적으로 개선하기 위하여 채택한 체계적이고 가시적인 방법은 무엇인가?
○품질행정시스템에 필요한 프로세스가 정의되고 식별되는가?
○프로세스 상호간에 순서와 작용은 규정되어 있는가?
○하나의 프로세스 출력이 다음 프로세스의 입력으로 이어지고 있는가?
○프로세스의 합격 판정기준이 존재하는지 또한 합격판정기준이 명확한가?
○프로세스는 모니터링 되고 있는가?
○프로세스의 모니터링 방법이 구체적으로 제시될 수 있는가?
○프로세스의 모니터링 방법별로 필요한 정보가 입수되는가?
○프로세스의 개선이 수행되는가?
○프로세스의 개선계획은 수립되고 진행이 파악되는가?
○프로세스의 개선을 위해 측정·모니터링한 결과는 데이터화 되어 있

는가?

○관련 데이터는 수집·정리·분석되어 개선활동에 반영하는가?

○프로세스별 측정·모니터링하는 관리 항목 또는 관리지표는 설정되어 있는가?

○적용이 제외되는 요구항목은 정해져 있으며 그 이유는 타당한가?

4.2. 문서화 요구사항(Documentation requirements)

4.2.1. 일반사항(General)

품질경영시스템의 문서화는 다음 사항을 포함하여야 한다.

a) 문서화하여 표명된 품질방침 및 품질목표

b) 품질매뉴얼

c) 이 규격이 요구하는 문서화된 절차

d) 프로세스의 효과적인 기획, 운영 및 관리를 보장하기 위하여 조직이 필요로 하는 문서

e) 이 규격이 요구하는 품질기록(4.2.4 참조)

비고1. 이 규격에서 사용된 "문서화된 절차"라는 용어는 절차가 수립되고, 문서화되며, 실행되고 유지됨을 의미한다.

비고2. 품질경영시스템 문서화의 정도는 다음과 같은 이유로 인해 조직에 따라 다를 수 있다.

　　a) 조직의 규모 및 활동의 형태

　　b) 프로세스의 복잡성 및 그 상호작용

　　c) 인원의 적격성

비고3. 문서화는 어떠한 매체의 형태나 형식의 매체라도 가능하다.

○품질행정시스템의 문서화의 범위는 다음과 같다.
- 규격에서 요구하는 문서화된 절차
- 프로세스의 효과적인 운영과 관리를 위하여 행정기관에서 생산한 문서

○4.2.3(문서관리)에 따라 문서화 및 관리하여야 할 문서는 다음과 같다.
- 품질행정방침 및 품질행정목표
- 이 규격에서 요구하는 6개의 문서화된 절차서
  - 4.2.3 문서의 관리
  - 4.2.4 품질기록의 관리
  - 8.2.2 내부심사
  - 8.3　부적합 관리
  - 8.5.2 시정조치
  - 8.5.3 예방조치
- 프로세스의 효과적인 운영과 관리를 위하여 행정기관에서 요구되는 문서의 범위 및 종류
  - 현재 사용되는 각종 법규, 상급기관의 지침· 계획 등
  - 자체 계획·기준 등
  - 기타 행정기관의 필요에 의해 정한 문서화된 절차서나 지침서 등 품질 행정매뉴얼
- 4.2.4 (품질기록관리)에 따라 이 규격에서 요구하는 문서는 21종 및 기타의 품질기록이다. 21종의 규격번호는 5.6, 6.2.2.e, 7.1.d, 7.2.2, 7.3.2, 7.3.4, 7.3.5, 7.3.6, 7.3.7, 7.4.1, 7.5.2, 7.5.3, 7.5.4, 7.6(3종), 8.2.2, 8.2.4, 8.3, 8.5.2, 8.5.3 이다.

○「문서화된 절차」란 절차가 수립되고 문서화 되어야 하며 실행되고 유지되어야 한다는 의미이다.
- ISO 9001:2000은 문서화가 목적이 아니라 성과가 중요
- 형식적인 문서화 배제
- 6개의 문서화된 절차서 및 21종의 품질기록을 행정기관의 규모나 형태에 관계없이 요구

- ●프로세스의 효과적인 운영과 관리를 입증하기 위해 다양한 형태의 실질적인 문서가 제시되어야 함. (데이타, 기록 등)
- ●행정조직의 규모 및 형태, 프로세스의 복잡성과 상호작용, 인적자원의 능력에 따라 품질행정시스템의 문서화의 정도를 고려하여 수립하여야 함.
○품질행정 추진에 필요한 문서는 기존의 행정기관의 문서체제를 따른다.
○품질행정시스템을 운영하기 위하여 이 규격이 요구하는 문서화된 절차서 6종 및 기타 절차서는 다음과 같이 적용한다.
- ●문서의 관리, 품질기록의 관리 : 사무관리규정에 의함.
- ●내부심사, 부적합관리, 시정조치, 예방조치 : 별도 문서로 작성하여야 함.
- ●프로세스의 효과적인 운영과 관리를 위하여 조직에서 요구되는 문서 : 현행 생산 및 관리하는 문서
- ●이 규격이 요구하는 품질기록 : 업무 추진시 문서로써 작성, 유지, 보존됨.(사무관리규정)
○문서화는 최소한으로 유지되어야 하며 업무의 특성에 따라 달라진다.

성과 개선 지침

○행정기관장은 행정의 프로세스를 효과적이고 효율적으로 운영하도록 지원하고, 품질행정시스템을 수립, 실행 유지하는 데 필요한 문서를 정하여야 한다.
○프로세스의 문서화 및 기록의 범위와 성격은 행정기관의 실정에 맞아야 하며, 전자매체 등 행정조직에 필요한 매체를 이용할 있다.

품질행정시스템 구축·평가·심사 및 효과성 개선 관점

○문서화 대상업무는 전체적으로 파악되어 있는가?
○대상업무에 대하여 문서화된 절차서가 작성되었는가?
○문서의 작성·검토·승인권자는 지정되어 있는가?

○문서별 작성·검토·승인권자가 실제로 해당업무를 수행하는가?
○행정서비스 제공에 관련된 인원은 문서의 내용을 준수하는가?
○전자매체에 의한 문서가 적정하게 관리되고 있는가?
○문서의 개정 이력과 그 내용은 식별되는가?
○문서의 보관·유지·관리 상태는 양호한가?
○문서의 보호방안은 있는가?

4.2.2. 품질매뉴얼(Quality manual)

> 조직은 다음 사항을 포함하는 품질매뉴얼을 수립하고 유지하여야 한다.
>   a) 적용의 제외에 대한 상세한 내용 및 정당성을 포함한 품질경영 시스템의 적용범위(1.2 참조)
>   b) 품질경영시스템을 위하여 수립된 문서화된 절차를 포함하거나 이를 인용
>   c) 품질경영시스템 프로세스 간의 상호작용에 대한 기술

품질행정시스템 적용 해설

○품질행정매뉴얼에 반드시 포함되어야 할 사항은 다음과 같다.
  ●품질행정시스템의 범위(제외 가능한 요구사항 고려)
  ●문서화된 절차서
  ●행정서비스 제공에 필요한 프로세스 및 프로세스의 상호관계
  ●본 국제규격의 요구사항
○품질행정방침과 품질행정목표는 시·군정 방침, 시·군의 행정서비스 헌장 운영 조례와 일관성을 유지하는 것이 바람직하다.
○각종 행정서비스 제공의 프로세스는 개별 법규 또는 훈령, 예규 등의 절차를 준수한다.

○품질행정매뉴얼은 행정기관의 품질행정시스템을 기술한 문서로서, ISO 9001:2000에서 요구하는 품질방침, 품질경영시스템에 포함된 각종 요구사항 등에 적합하다는 것을 실증하고 시스템을 효과적으로 실행하기 위한 중요한 문서이다.

○품질행정매뉴얼에는 품질행정시스템 전체가 기술되어야 하나, 행정기관에 해당되지 않는 사항은 제7항 중에서만 제외가 가능하다.

○일반적으로 시·군에서 제외가 가능한 사항으로는 7.5.4항인 고객재산에 한해서 가능하다고 볼 수 있다.

○행정기관에서는 품질행정매뉴얼 작성시 필요한 문서는 그 내용을 품질행정매뉴얼에 직접 기술할 수 있으며, 매뉴얼의 작성 편의에 따라 문서닝만 매뉴얼에서 인용하고 그 내용은 별도로 관리할 수 있다.

품질행정시스템 구축·평가·심사 및 효과성 개선 관점

○품질행정매뉴얼의 내용이 ISO 9001/KS A 9001의 요구사항에 적합한가?
○품질행정매뉴얼에 제외되는 사항이 정당한가?
○품질행정매뉴얼이 문서로서 적절히 승인·배포·관리되고 있는가?
○품질행정매뉴얼에 대한 교육은 실시하였는가?
○행정기관장을 포함한 모든 인원이 품질행정매뉴얼의 내용을 충분히 숙지하고 이해하고 있는가?

4.2.3. 문서관리(Control of documents)

품질경영시스템에 필요한 문서는 관리되어야 한다. 기록은 문서의 특별한 형식이며, 4.2.4의 요구사항에 따라 관리되어야 한다.
다음 사항의 관리에 필요한 사항을 정하기 위한 문서화된 절차를 수립하여야 한다.

a) 문서는 발행전에 적정함을 승인
b) 필요시 문서의 검토 및 갱신, 그리고 재승인
c) 문서의 변경 및 최신 개정 상태의 식별을 보장
d) 적용되는 문서의 해당본이 사용되는 장소에서 이용 가능함을
   보장
e) 문서가 읽기 쉽도록 유지되고, 쉽게 식별됨을 보장
f) 외부 출처문서의 식별 및 배포가 관리됨을 보장
g) 효력이 상실된 문서의 의도되지 않는 사용을 방지하며, 어떤 목
   적을 위해 보유할 경우에는 적절한 식별의 적용

품질행정시스템 적용 해설

○문서화된 절차를 수립하여야 한다.
○문서는 발행전에 적정함을 승인하고, 필요시 문서의 검토 및 갱신, 그
리고 재승인하여야 한다.
  ●시·군 법제사무 처리규정에 의한 입법절차 이행(조례 제·개정)
  ●사무관리규정에 의하여 권한이 있는 자의 승인(최종결재권자의 결재)
   이행
○문서의 변경 및 최신 개정상태를 식별하여야 한다.
  ●문서의 제·개정일자 표시(조례, 규칙, 예규, 지침 등은 공포일자 표
   시, 일반문서는 문서등록 후 표시)
○사무관리규정에 의하여 문서에 관한 생산, 관리, 보관, 보유, 폐기 등
전반적인 절차 등을 근거하고 있다.
○기타 훈령, 예규, 지침 등에 근거하고 있다.

성과 개선 지침

○ISO 9001:2000에서 요구하고 있는 문서는 품질행정매뉴얼, 프로세스

관리를 위하여 정한 문서, 정해진 업무를 실행하기 위한 지침서, 데이터의 수집 그리고 품질기록을 포함한다.

○문서의 형태는 인쇄물뿐만 아니라 전자매체로써 관리할 수 있다. 각각의 특성에 맞는 방법으로 관리한다.

○ISO 9001에서 요구하는 문서를 파악하고 있는가?

○문서를 관리하는 절차가 문서화되어 있는가?

○문서의 작성, 검토, 승인권자가 정해져 있고 이행되는가?

○문서의 최신 개정 상태를 나타내는 방법이 정해져 있고 준수되고 있는가?

○문서의 배포는 관리되고, 배포상태는 양호한가?

○문서의 식별방법은 정해져 있고 쉽게 검색되는가?

○전자매체에 의한 방법을 채택한 경우 관리절차가 수립되어 있으며 적정하게 관리되는가?

○문서의 작성과 활용에 대한 교육은 실시되었는가?

○외부출처 문서의 식별방법은 정해져 있으며 쉽게 준수되는가?

4.2.4. 기록관리(Control of quality records)

기록은 품질경영시스템의 요구사항에 적합하다는 증거와 품질경영시스템의 효과적인 운영에 대한 증거를 작성하고 유지하여야 한다. 품질기록은 읽기 쉽고, 쉽게 식별하고 검색이 가능하도록 유지되어야 한다. 문서화된 절차는 기록의 식별, 보관, 보호, 검색, 보유기간 및 처분에 필요한 관리를 정하기 위하여 수립되어야 한다.

○문서화된 절차가 수립되어야 한다.

○본 조항에 따라 관리하여야 할 품질기록 문서는 다음과 같다.

○본 조항에 따라 괸리하여야 할 기록 문서 21종과 기타의 기록은 다음
과 같다. 이 경우 행정서비스 제공과 관련이 없는 기록은 기록하거나
관리할 필요가 없다. 특히 7항, 8항은 해당되는 경우에 한하여 기록하
고 관리한다.

- 5.6 경영검토에 관한 기록
- 6.2.2.e 학력, 교육훈련, 숙련도 및 경험에 대한 적절한 기록
- 7.1.d 실현 프로세스 및 결과로 산출된 제품이 요구사항을 충족한
  다는 증거를 확보하는 데 필요한 기록
- 7.2.2 제품에 관련된 요구사항 검토 및 검토에 수반되는 조치에 대
  한 결과의 기록
- 7.3.2 제품 요구사항에 관련된 입력을 결정한 기록
- 7.3.4 제품 설계 및 개발과 관련된 검토 결과 및 모든 필요한 조치
  에 대한 기록
- 7.3.5 제품 설계 및 개발과 관련된 검증 결과 및 모든 필요한 조치
  의 결과에 대한 기록
- 7.3.6 제품 설계 및 개발과 관련된 타당성 확인 결과 및 모든 필요
  한 조치에 대한 기록
- 7.3.7 제품 설계 및 개발 변경에 대한 검토 결과 및 모든 필요한 조
  치에 대한 기록
- 7.4.1 공급자의 평가 및 평가결과 발생된 모든 필요한 조치에 대
  한 기록
- 7.5.2 생산 및 서비스 제공 프로세스(특별프로세스)에 대한 타당
  성 확인 기록
- 7.5.3 제품의 식별 및 추적성이 요구사항인 경우 제품의 고유한 식
  별 기록

● 7.5.4 　고객자산의 분실, 손상 또한 사용 부적절한 사항 발견 기록
● 7.6 　모터링 및 측정장치의 관리 및 국제 또는 국가 표준이 없는 경우 교정 또는 검증에 사용된 표준에 관한 기록
● 7.6 　모터링 및 측정장치가 요구사항을 벗어난 경우 이전 측정결과에 대한 유효성 평가기록
● 7.6 　모터링 및 측정장치의 교정결과 기록
● 8.2.2 　내부심사 관련 기록
● 8.2.4 　적부 판정기준 및 적합성 증거와 제품 불출 권한 기록
● 8.3 　부적합 제품관리 기록, 부적합 상태와 특채를 포함하는 후속조치 기록
● 8.5.2 　시정조치 결과 기록
● 8.5.3 　예방조치 결과 기록
● 기타 　조직이 필요하다고 규정한 기록

○ 문서와 기록의 차이

문서(Document)의 의미는 ISO 9000:2000에서 「정보 및 지원 매체」로 정의하고 하고 있다. 문서와 유사한 기록(Record)과 비교를 통하여 그 의미를 좀더 자세히 정의하였다.

<표 3-6> 문서와 기록의 차이

구분	문서(Document)	기록(Record)
정의	정보 및 지원매체	달성된 결과를 명시하거나 수행한 활동의 증거를 제공하는 문서
용도	(프로세스 추진을 위하여 準據가 되는) 기준, 참고, 절차를 기록한 서류	증거용, 참고용,
시점	현재 사용중	과거에 종결됨
개정 또는 수정 가능 여부	가능	불가
관리방식	보관(종료시 이관)	보유, 폐기, 처분
규격 요건	ISO 9001:2000 4.2.3항	ISO 9001:2000 4.2.4항
예	(사용중인)매뉴얼, 절차서, 도면, 업무편람 등	(행정행위가 종료된) 인허가 서류 등

예) 식품접객업소의 신청에 의한 허가시 문서와 기록의 예
　　(보통 문서와 기록을 판단할 때 행정행위의 완료 여부 시점을 기준으로 분류하는 것이
　　좀더 확실할 수 있음)
　－ 문서 : 허가 신청서가 접수되어 허가와 관련된 법규, 업무편람 등 허가에 기준을 제공하는
　　　서류, 허가에 필요한 기안문(시행되기 전까지, 허가 사실이 이미 효력을 발생하였다면 기
　　　록임), 허가 현황과 같은 허가하기 이전의 서류
　－ 기록 : 허가가 결정되어 이미 허가사실을 통보한 기안문과 신청인의 신청서로서 완결된
　　　서류

성과 개선 지침

○품질기록은 행정기관이 품질행정시스템 요구사항의 적합성을 실증하
　는 데 객관적인 증거로서 관리되어야 한다.
○품질기록은 품질행정시스템 개선(시정조치, 예방조치, 프로세스 등)
　에 필요한 가치를 창출하는 데 기여하기 위하여 정리 및 분석되어야
　한다.

품질행정시스템 구축·평가·심사 및 효과성 개선 관점

○행정기관이 실행하는 프로세스의 효과적이고 효율적인 운영을 지원하
　기 위하여 어떠한 문서와 기록이 유지되는가?
○문서의 작성과 기록의 유지는 일관성이 있고, 관련된 인원이 쉽게 가
　용할 수 있는가?
○시스템 인증을 위하여 보여 주기 위한 문서를 지양하고, 행정서비스의
　효과성을 개선하는 데 문서가 어느 정도 역할을 하고 있는가?
○품질행정시스템의 문서화가 시스템의 효과성과 효율성의 증거를 지원
　하고 정보를 제공하는 역할을 수행하고 있는가?
○품질기록 관리를 위한 문서화된 절차서가 있는가?
○품질기록 절차서에는 기록의 관리절차에 대하여 구체적으로 기술되어
　있는가?
○품질기록의 보호책이 마련되어 있는가?

○품질기록이 정리·분석되어 적절히 활용되는가?
○외부출처의 품질기록이 관리되는가?

5. 경영책임(Management responsibility)

5.1. 경영의지(Management commitment)

> 　최고경영자는 품질경영시스템의 개발 및 실행, 그리고 품질경영시스템에 대한 효과성을 지속적으로 개선하기 위한 의지의 실행 증거를 다음을 통하여 제시하여야 한다.
> 　a) 법적 및 규제 요구사항 뿐만 아니라 고객 요구사항 충족의 중요
> 　　성을 조직과 의사소통
> 　b) 품질방침의 수립
> 　c) 품질목표의 수립을 보장
> 　d) 경영검토의 수행
> 　e) 자원의 가용성을 보장

품질행정시스템 적용 해설

○최고경영자의 정의는 다음과 같이 적용된다.
- 최고 계층에서 조직을 지휘하고 관리하는 사람 또는 그룹(ISO 9000: 2000)으로서 행정기관의 장이 된다.
- 1개의 행정기관일지라도 별도로 품질행정시스템의 인증 범위를 달리하면 하부기관, 즉 (자치구가 아닌)구청·출장소·읍·면·동의 장이 최고경영자가 된다.
- 경우에 따라서는 위임전결권자가 행정기관의 장을 대표할 수 있다.
○품질행정수행의 성공 여부는 행정기관의 장의 의지에 좌우되며, 행정기관의 장은 품질행정의 의지를 명확히 구현하여야 한다.
○다음 사항에 의해 품질행정시스템에 대한 행정기관장의 객관적 의지

구현을 증명해야 한다.
- ●고객요구사항, 법적 요구사항 및 강제 요구사항을 만족시키는 일의 중요성에 대한 소속 공무원들과의 의사소통
  - 인원의 인식, 동기부여 및 참여를 증가시키기 위한 방침 및 목표의 독려
  - 고객의 요구사항은 각각의 행정서비스 별로 정해짐.
- ●품질행정방의 수립
- ●품질행정목표를 수립
- ●품질행정 종합진단 및 이와 관련한 시책 실행
  - 내부심사
  - 심사분석
  - 목표관리제(MBO) *목표관리제는 품질행정시스템과 거리가 있는 제도이나 이 해설에서는 예를 든 것임.
- ●품질행정 추진을 위한 자원의 가용성을 보장(지방자치법, 지방재정법, 지방세법, 지방공무원법, 지방공무원 임용령, 시·군 행정기구설치조례 등 제반 법규와 상부행정기관의 정책 등에서 보장)
- ●현재의 성과를 유지하거나 지속적인 개선의 달성
○품질행정방침에 행정기관장이 서명을 행한 것으로 행정기관장의 의지가 구현되었다고 객관적으로 보기 어렵다. 품질행정에 대한 조직의 관심도, 지식, 목표달성 열의 등 다각적인 측면에서 고려되어야 할 것이다.
○행정기관의 장은 전략적 목표가 달성되었다는 것을 검증하기 위해 행정기관의 성과를 측정하기 위한 방법을 정해야 하며 이 방법에는 다음과 같은 것이 있다.
- ●프로세스 성과에 대한 측정 등
- ●고객 및 기타 이해관계자의 만족도에 대한 평가

○행정기관의 장의 역할을 강조하고 있다. 행정기관장은 행정기관의 목적에 부합되는 품질행정방침과 전략적 목표를 설정하고 리더쉽을 발휘하여 직접 참여함으로써 효율적이고 효과적인 품질행정시스템을 개발

및 유지할수 있다.

○ 시·군 행정기관의 경우 시·군정 방침을 달성하기 위하여 인원과 자원을 투입하여 현재의 수준을 유지하고 지속적인 개선을 달성해야 한다.

○ 행정기관의 장은 성과 지표, 프로세스 성과에 대한 측정, 고객 및 다른 이해관계자의 만족도에 대한 평가 등을 통하여 전략적 목표가 달성되고 있는지를 검증하여야 하며, 가용할 수 있는 정보, 데이터는 지속적 개선에 대한 입력으로 활용할 수 있어야 한다.

○ 행정기관의 장이 품질행정시스템의 실행을 위하여 리더쉽, 실행의지, 참여사항 등을 어떻게 실증하고 있는가?

○ 행성기관의 장은 고객의 요구사항을 결정하고 이를 품질행정시스템에서 반영하고 있는가?

○ 품질행정방침과 품질행정목표를 달성하기 위하여 품질행정시스템이 적정하게 운영되고 있는가?

○ 품질행정시스템의 개선을 위한 품질행정 종합진단이 적정하게 이루어지고 있는가?

5.2. 고객중심(Customer focus)

> 최고경영자는 고객 요구사항이 결정됨을 보장하고 고객만족 증진 목표에 따라 고객 요구사항이 충족됨을 보장하여야 한다.(7.2.1 및 8.2.1 참조)

○ 행정기관의 장은 고객만족을 달성키 위해 고객 요구사항을 결정하고

고객만족 달성을 위한 목표를 충족시킨다는 것을 보장해야 한다.
○고객요구사항의 결정 요인은 다음과 같다.
  ●품질행정매뉴얼에서 정한 사항
  ●각종 법규, 훈령 및 지침
  ●시장·군수의 공약사항
  ●기타 고객의 의견, 잠재적인 기대 등
○고객 요구사항은 이 규격의 7.2항(고객관련 프로세스)과 관련하여 적용한다.
○고객과 다양한 이해관계자도 고려하는 것이 좋다.
  ●사회
  ●행정서비스 제공에 참여하는 공무원 또는 민간인
  ●행정기관과 관련된 공공기관, 위임·위탁기관
  ●공급자
○고객 및 최종사용자들의 요구사항을 결정하기 위해 다음과 같은 방법을 사용할 수 있다.
  ●잠재고객을 포함한 고객의 파악
  ●고객 및 최종사용자들에 대한 주요 행정서비스의 특성을 결정
  ●고객의 성향과 특성
  ●SWOT〈강점(Strength), 약점(Weakness), 기회(Opportunity) 및 위기(Threat)〉 분석 및 대책 수립
○사회적 관점에서의 고려사항은 다음과 같다.
  ●형평성, 타당성
  ●보건, 환경, 안전
  ●법규 및 강제 요구사항
  ●프로세스 및 활동에 대한 사회적, 지역공동체적 영향 파악 및 개선

성과 개선 지침

○고객의 대상을 고객, 최종사용자, 이해관계자로 확대하여 그들의 요구

나 기대를 파악하여 행정 조직내의 모든 계층에 전달하고 가치창출을 위한 프로세스를 식별, 유지, 개선하여야 한다.

○행정서비스와 관계되는 고객 및 최종사용자의 욕구 및 기대는 행정서비스의 적합성, 신인성, 가용성, 납기, 책임, 파급효과 등이 있다.

○행정기관은 보건 및 안전, 환경, 해당되는 법적 및 규제 요구사항과 같은 사회적 요구사항을 수용하여야 한다.

○필요한 경우, 행정서비스가 사회전반에 미치는 영향을 파악하여 고객의 요구를 품질행정에 반영한다.

○고객의 욕구 및 기대를 정기적으로 파악하는 절차와 방법은 있는가?

○고객의 욕구를 파악하는 방법이 적정하고 객관적인가?

○파악한 고객의 욕구나 기대를 분석하여 구체적인 요구사항으로 결정하였는가?

○인식, 업무만족, 능력과 지식의 개발을 위하여 공무원의 욕구를 어떻게 파악하는가?

○공급자와의 협력관계를 수립할 때 잠재적인 이익을 어떻게 고려하는가?

○법적 및 규제적 요구사항이 고려되었음을 어떻게 보장하는가?

○품질행정시스템이 효과적이고 효율적인 시스템을 얻기 위해, 모든 이해관계자의 욕구 및 기대사항을 균형있게 고려하고 있는가?

○고객의 요구나 기대를 파악하고 그 결과가 문서화되어 있는가?

○가장 중요한 욕구나 기대가 행정서비스별로 파악되고 있는가?

○제공하고 있는 행정서비스에 대한 고객의 만족 여부를 조사하여 불만족스러운 사례에 대한 분석과 조치는 있었는가?

5.3. 품질방침(Quality policy)

> 최고경영자는 품질방침이 다음과 같이 되도록 보장하여야 한다.
> a) 조직의 목적에 적절할 것.
> b) 요구사항을 준수한다는 의지와 품질경영시스템의 효과성을 지
>   속적으로 개선한다는 의지를 포함할 것.
> c) 품질목표의 수립 및 검토를 위한 틀을 제공할 것.
> d) 조직내에서 의사소통되고 이해될 것.
> e) 지속적인 적절성을 위하여 검토될 것.

품질행정시스템 적용 해설

○행정기관의 장은 다음 사항을 보장할 수 있는 품질행정방침을 수립하여
 야 한다.
  ●행정기관의 고유기능과 존립 목적에 적절하여야 함.(행정이념의 수
   행을 통하여 행정서비스 제공)
  ●요구사항 충족과 지속적인 개선에 대한 의지 포함
  ●품질행정목표의 수립과 검토를 위한 틀을 제공
  ●행정기관의 모든 계층에 전달되고 이해됨
  ●지속적인 적절성에 대한 검토
○품질행정방침은 다음과 같은 방법으로 정할 수 있다.
  ●조직의 미래 및 변화관리의 기획인 시·군정 방침
  ●시·군의 행정서비스헌장 설치 및 운영조례에 의한 행정서비스헌장
   을 활용
  ●기타, 품질행정시스템 구축·개선·유지를 위하여 따로 정한 방침 (가
   능한 방법이나 바람직하지 못함)
   ※품질행정방침을 통하여 품질행정목표 및 기타 품질행정 프로세스가 상
    호 일관성을 갖도록 요구한다.

○품질행정방침 수립시 고려사항은 다음과 같다
  ●고객만족과 행정서비스 제공의 수준
  ●행정서비스제공 프로세스의 지속적 개선 요인
  ●이해관계자의 요구사항
  ●필요자원
  ●공급자
○기존의 품질행정방침이 이러한 요구사항을 충족시키지 못하고 있다면 품질행정방침을 재설정하여야 한다.

성과 개선 지침

○행정기관의 장은 품질행정방침을 행정기관의 성과를 개선하고 조직을 이끌고 나가는 수단으로 이용하여야 한다.
○품질행정방침을 수립할 때 행정기관장은 다음의 사항을 고려해야 한다.
  ●성공적인 조직이 되기 위해서 필요한 개선의 수준 및 형태
  ●기대되거나 바람직한 고객만족의 정도, 조직내 구성원의 발전, 이해 관계자의 요구 및 기대, 필요한 자원 등
○품질행정방침이 다음과 같은 경우 품질행정시스템의 개선을 위해 활용될 수 있다.
  ●미래를 위한 행정기관장의 비젼 및 전략과 일관성이 있는 경우
  ●행정기관의 모든 구성원이 품질행정 방침을 달성하기 위하여 품질행정목표를 이해하고 추구하는 경우
  ●행정기관장이 품질에 대한 실행의지를 촉진하고, 목표 달성을 위해 적절한 자원을 제공한다는 실행의지를 실증할 경우
  ●품질행정방침이 고객 및 기타 이해관계자의 욕구 및 기대를 충족하고 지속적인 개선을 포함할 경우
  ●품질방침이 효과적으로 구성되고 효율적으로 의사소통될 경우

○품질행정방침이 고객과 그 밖의 이해관계자의 욕구 및 기대가 이해됨을 보장하는가?

○품질행정방침이 가시적이고 기대될 만한 개선을 어떻게 이끌어 갈 수 있는가?

○품질행정방침이 미래의 전망을 어떻게 고려하는가?

○품질방침이 모든 이해관계자의 욕구가 이해됨을 보장하고, 가시적이며 기대되는 결과를 달성할 수 있도록 전체 부서와 인원에게 방향을 제공하고 있는가?

5.4. 기획(Planning)

5.4.1. 품질목표(Quality objectives)

최고경영자는 제품에 대한 요구사항〈7.1.a) 참조〉을 충족시키는 데 필요한 것을 포함하는 품질목표가 조직내의 관련되는 기능 및 계층에서 수립됨을 보장하여야 한다. 품질목표는 측정이 가능하여야 하며 품질방침과 일관성이 있어야 한다.

○품질행정목표는 행정서비스헌장 설치 및 운영조례(또는 규정)에 의한 행정서비스헌장의 이행표준으로 할 수 있으며, 다음과 같은 사항도 함께 고려되어야 한다.
- ●행정서비스 제공에 드는 비용과 편익을 분석하여 합리적인 기준을 정한다.
- ●법규 및 규제요구사항 등 사회적 요구사항을 포함하여야 한다.

○행정서비스의 제공기준은 공익성, 형평성, 민주성, 합법성 등 행정이념
 에 입각하여 고객의 입장과 편의를 최우선으로 고려한다.
○품질목표의 내용은 고객이 알기 쉽게, 구체적이고 명확하게 작성한다.
○서비스를 제공받는 고객과 서비스 제공하는 인원의 의견을 서비스 개
 선에 반영한다.
○품질목표는 적절성을 유지하기 위하여 필요한 경우 또는 연1회 정도 주
 기적으로 검토한다.
○행정기관의 부서별로 품질행정목표를 수립하고 문서화하여야 한다.
 ●품질행정목표는 가능한 전 계층과 기능별로 수립되는 것이 전원 참
  여란 측면에서 바람직하다. 이것은 개인별로 품질목표를 수립해야 한
  다는 의미는 아니다.
 ●그러나 필요에 의해 개인별 목표관리를 할 수 있다. 이 경우, 목표관
  리는 성과의 측정보다는 품질행정시스템이나 프로세스의 개선에 치
  중하여 안정되고 일관성 있는 성과를 기대해야 한다.
○품질행정목표는 다음과 같이 설정하여야 한다.
 ●측정 가능할 것(Shall be measurable), 구체화할 것, 꼭 필요한 것
  일 것.
 ●문서화 할 것.
 ●지속적 개선에 대한 의지를 포함한 품질행정방침과 일관성을 유지할 것.
 ●행정서비스의 요구사항을 충족시킬 것.
○품질행정목표의 영역은 다음과 같다.
 ●개선 및(또는) 유지
 ●문제의 경감 및(또는) 제거
○품질행정목표 수립 및 실행에 대한 핵심은 다음과 같다.
 ●행정기관 및 사회의 현재 및 미래상황 고려
  -품질행정 종합진단 결과
  -행정서비스 및 프로세스의 성과
  -이해관계자의 만족수준
 ●관련 공무원들과의 의사소통

●목표달성을 위해 정해진 책임에 따라 행정기관 전반에 걸쳐 전개
●공무원은 품질행정목표와 자신들의 개인적 공헌이 어떤 관계를 가지
　고 있는지 명확히 인식
●품질행정목표는 계획된 주기로 검토되고 필요시 변경되어야 하고, 변
　경시에는 권한자의 승인하에서 목표변경이 이루어질 것.

성과 개선 지침

○행정기관의 전략적 기획 및 품질행정 방침은 품질행정 목표를 설정하기
　위한 틀을 제공한다. 행정기관의 장은 성과를 이끌어 내는 목표를 수
　립해야 한다.
○목표는 효과적이고 효율적으로 검토될 수 있도록 측정가능해야 한다.
○품질행정목표 수립시 고려할 사항은 다음과 같다.
　●장기 비젼
　●품질행정 종합진단의 결과
　●현재의 행정서비스 수준
　●프로세스의 성과
　●이해관계자의 만족수준
　●자체 평가결과 등

품질행정시스템 구축·평가·심사 및 효과성 개선 관점

○품질방침을 측정 가능한 목표로 어떻게 변환시키는가?
○행정조직의 모든 부서에서 품질행정목표가 수립되는가?
○품질행정목표는 개선지향적인 목표를 가지고 있는가?
○품질행정목표 설정을 위한 현황조사 및 분석은 수행되었는가?
○부서간 연계성과 일관성은 있는가?
○행정서비스의 장·단기 품질목표가 수립·설정되어 있는가?
○행정서비스의 현재의 수준과 지향하고자 하는 수준이 설정되어 있는가?

○고객 불만의 정도를 파악하여 품질목표 개선에 반영하고 있는가?
○행정기관의 장과 최고경영자 그룹은 목표를 수행하기 위해 요구되는
  자원의 능력을 어떻게 보장하는가?
○품질방침을 측정 가능한 목표와 계획으로 조직 전반에 걸쳐 중요한 분
  야에 명확히 집중될 수 있도록 전환하는가?

5.4.2. 품질경영시스템 기획(Quality management systemplanning)

> 최고경영자는 다음사항을 보장하여야 한다.
> a) 품질경영시스템에 대한 기획은 품질목표를 달성하기 위한 것 뿐
>   만 아니라 4.1의 요구사항을 충족시키기 위하여 수행될 것.
> b) 품질경영시스템에 변경이 계획되고 실행될 때 품질경영시스템
>   의 완전성이 유지될 것.

품질행정시스템 적용 해설

○품질행정시스템을 구축시, 행정기관의 장은 이 규격의 요구사항(4.1항)
  을 충족할 것을 요구하고 있다.
○품질행정목표를 달성하기 위한 활동의 기술을 요구하고 있다.
○품질목표에 대한 달성수단, 추진일정 및 책임사항을 명확히 해야 한다.
○품질행정시스템의 변경은 관리되어야 한다.
  ●활동의 변경(수단, 일정, 담당자 등)은 권한자의 승인하에 이루어질 것.
  ●품질행정시스템이 변경될 경우에도 시스템의 완전성을 요구(요구사
   항 충족 등)

성과 개선 지침

○품질행정시스템 기획은 품질행정 추진계획서를 수립하고 계획서에 따

라 시스템을 구축하여 실행하는 것을 의미한다.

○기획은 조직의 전략, 품질행정목표, 요구사항을 충족시키는 데 필요한 프로세스를 정의하는 데 초점을 맞추어야 할 것이다. 즉 행정서비스의 제공 프로세스를 확립한다.

○품질행정시스템 기획은 다음 사항을 포함하여야 한다.
  ●행정기관의 전략, 정의된 행정조직의 목표
  ●고객 및 기타 이해관계자들의 정해진 욕구 및 기대
  ●법적 및 규제 요구사항
  ●행정서비스의 성과 데이터
  ●이전의 경험으로부터 얻은 교훈

품질행정시스템 구축·평가·심사 및 효과성 개선 관점

○품질목표 달성을 위한 품질행정기획이 문서화되어 있는가?

○신규발생 행정서비스의 품질행정 계획서가 작성·활용·관리되고 있는가?

○품질행정 계획서상의 품질행정목표는 고객을 만족시키는가?

○품질계획서의 내용은 구체적이며, 순서, 필요한 자원, 상호관계 등이 적정한가?

○행정서비스별로 계획서는 있는가?

○이전의 경험이 품질행정시스템의 효과성 개선에 기여할 수 있는 방법이 보장되는가?

5.5. 책임, 권한 및 의사소통

5.5.1. 책임 및 권한(Responsibility and authority)

> 최고경영자는 조직내에서 책임 및 권한이 규정되고 의사 소통됨을 보장하여야 한다.

○행정기관(자치단체의 경우)의 각 부서별 기능, 책임과 권한, 그리고 행
  정조직 구성원의 상호관계는 다음의 규정에 의하여 정해진다.
  ●시·군의 행정기구 설치조례, 사무위탁조례, 사무위임조례, 직제규
    칙, 전결규칙, 업무분장 등
  ●관계법규 및 이와 관련된 규정(행정권한의 위임 및 위탁에 관한 규
    정 등)
○행정조직내의 공무원에 대한 책임과 권한의 내용을 행정조직 내·외
  부에서 쉽게 알 수 있도록 조치한다.
  ●공무원 성명, 담당업무를 포함한 전화번호부 발간 활용
  ●공무원 사진, 담당업무를 기재한 좌석배치도 또는 직위표 작성 활용

성과 개선 지침

○행정서비스를 제공하는 공무원 모두가 적정한 책임과 권한을 분담한다.
○공무원의 책임과 권한은 행정서비스 제공 및 시스템 개선에 참여, 동
  기부여 및 실행을 보장할 수 있어야 한다.

품질행정시스템 구축·평가·심사 및 효과성 개선 관점

○품질에 영향을 미치는 업무를 관리·수행·검증하는 인원에 대하여 책
  임과 권한은 정해져 있는가?
○책임과 권한은 적절하게 문서화되어 있는가?
○행정서비스의 품질에 영향을 미치는 업무 상호간의 관계 및 역할은 정
  해져 있는가?
○품질행정대리인의 책임과 권한은 정해져 있으며, 역할은 적정한가?

5.5.2. 경영대리인(Management representative)

> 최고경영자는 다른 책임과는 무관하게, 다음 사항을 포함하는 책임 및 권한을 갖는 한 사람을 경영자 중에서 선임하여야 한다.
> a) 품질경영시스템에 필요한 프로세스가 수립되고 실행되며 유지됨을 보장
> b) 최고경영자에게 품질경영시스템의 성과 및 개선의 필요성에 대한 보고
> c) 조직 전체에 걸쳐서 고객 요구사항에 대한 인식의 증진을 보장
>
> 비고 : 경영대리인의 책임은 품질경영시스템과 관련한 사항에 대하여 외부 관계자와 창구역할을 포함할 수 있다.

품질행정시스템 적용 해설

○경영대리인은 품질행정대리인으로 적용한다.
○품질행정대리인은 다른 책임과 무관하게 행정기관의 장에 의해 지정되어야 한다.
○「다른 책임과는 무관하게」라는 의미는 원래 고유하게 맡은 업무가 있다면(예를 들면 「기획예산과 업무 총괄」) 그 맡은 업무와 관계 없이 별도로 품질경영대리인의 역할도 함께 담당하는 의미이다.
○품질행정대리인은 행정기관의 실국장 또는 실과장 중에서 한 사람을 선임하는 것이 좋다.
 ●시·군의 경우, 품질행정대리인은 보통 총무국장, 기획예산과장, 기획담당관, 총무과장이 겸임한다.
 ●품질행정대리인은 아웃소싱되어서는 안된다.
○품질행정대리인의 책임과 권한은 다음과 같다.
 ●품질행정 프로세스를 수립하고 유지
 ●품질행정의 성과와 개선이 요구되는 사항을 행정기관의 장에게 보고

- 고객요구사항을 전조직에 인식
- 외부조직과의 창구 역할

○ 품질행정대리인은 지정되었는가?
○ 품질행정대리인의 책임과 권한이 적정하고 문서화되어 있는가?
○ 품질행정대리인은 그 역할을 이해하고 수행하고 있는가?

5.5.3 내부 의사소통(Internal communication)

최고경영자는 조직내에 적절한 의사소통 프로세스가 수립되고, 품질경영시스템의 효과성에 대하여 의사소통이 이루어지고 있음을 보장하여야 한다.

○ 품질요구사항, 목표 및 성취에 대하여 의사소통 프로세스를 정하고 실행하여야 하며 이와 관련된 정보를 공무원들에게 제공함으로써 품질행정목표를 달성하는 데 공무원들의 참여 및 개선을 촉진한다.
- 공무원들이 이와 관련된 정보를 접했다는 것이 확인될 수 있을 것.
- 현장 심사시 심사원이 공무원을 인터뷰하는 것에 의해 확인할 수 있어야 함.
○ 행정기관의 내부 의사 소통의 도구로서 다음과 같은 것이 있다.
- 실과간의 관련된 업무에 대하여 조직의 목적달성을 위한 협조사항 (협조문, 문서 기안시는 사무처리규정에 의한 의견 첨부 등)
- 시·군의 조례규칙 심의회, 행정협의회, 인사위원회, 시·군정 조정위원회
- 월례 조회, 팀 브리핑, 회의 등
- 게시판, 유인물

●인터넷 LAN 망, 시청각 자료, 전자매체 등
○행정기관의 내부 의사 소통 방법으로 다음과 같은 것이 있다.
　●직장교육, 회의, 유무선 통신 등을 통한 대면 소통
　●제안제도, 의견조사, 게시, 공문 시행 등을 통한 간접 소통

성과 개선 지침

○행정기관의 장은 품질방침, 요구사항, 목표 및 실적을 전달하기 위하여 효과적이고 효율적인 프로세스를 정의하고 실행해야 할 것이다. 행정기관의 모든 계층에 전달하는 제공하는 그러한 정보는 행정기관의 성과개선에 도움이 될 수 있고 품질목표를 달성하는 데 구성원들이 직접 참여하게 한다.
○행정기관의 장은 의사소통의 매체에 공무원의 참여를 장려한다.

품질행정시스템 구축·평가·심사 및 효과성 개선 관점

○행정기관의 장은 공무원의 책임사항이 결정되고 인식됨을 어떻게 보장하는가?
○행정기관이 추구하는 성과의 개선에 기여하는 품질요구사항, 목표 및 성취가 어떻게 의사소통 되는가?
○공무원이 자신의 책임과 역할을 명확히 인식하고 있는가?
○내부의사소통의 내용은 개선의 정보로써 활용되는가?

5.6. 경영검토(Management review)

5.6.1. 일반사항

최고경영자는 품질경영시스템의 지속적인 적절성, 충족성 및 효과성을 보장하기 위하여, 계획된 주기로 조직의 품질경영시스템을 검토하여야 한다. 경영검토는 품질방침 및 품질목표를 포함하여,

품질경영시스템에 대한 개선 기회의 평가 및 변경에 대한 필요성
의 평가를 포함하여야 한다.
  경영검토에 관한 기록을 유지하여야 한다.(4.2.4 참조)

5.6.2. 검토입력

경영 검토의 입력사항에는 다음 정보가 포함되어야 한다.
  a) 심사결과
  b) 고객 피드백
  c) 프로세스 성과 및 제품 적합성
  d) 예방조치 및 시정조치의 상태
  e) 이전의 경영검토에 따른 후속조치
  f) 품질경영시스템에 영향을 줄 수 있는 계획된 변경
  g) 개선을 위한 제안

5.6.3. 검토 출력

  경영 검토의 출력에는 다음 사항과 관련된 결정사항 및 조치가 포
함되어야 한다.
  a) 품질경영시스템의 효과성 및 그 프로세스의 효과성 개선
  b) 고객 요구사항과 관련된 제품 개선
  c) 자원의 필요성

품질행정시스템 적용 해설

○경영검토는 「품질행정 종합진단」 또는 「행정진단」으로 전환하여
  적용한다.

○품질행정 종합진단은 기존의 자치단체(행정기관)에서 실시하고 있는 시·군 주요업무의 심사평가 및 조정에 관한 규칙(정부업무의 심사평가 및 조정에 관한 규정)을 참고하여 실시한다.

○이 경우, 유의할 점은 심사평가 또는 별도로 품질행정 종합진단을 실시하는 것보다는 심사 평가와 종합진단을 병행하여 실시하는 것이 효과적이며, 사무의 중복을 피할 수 있다.

■5.6.1 품질행정 종합진단의 일반사항(General)

○시스템의 지속적인 적절성, 적정성 및 효과성을 확보해야 한다.

○계획된 주기에 따라 실시하여야 한다.

○방침, 목표 및 시스템의 변경 필요성을 결정하여야 한다.

○품질행정 종합진단의 대상업무 및 방법은 다음을 따른다.

- ●심사분석, 성과급 제도, 자체 감사, 내부 심사 등
- ●종합진단은 별도로 시행하는 것보다는 위와 같은 업무에 상호 연관성을 갖도록 정하여 시행

■5.6.2 품질행정 종합진단의 검토입력(Review input) 사항

○품질행정 종합진단시 검토입력사항은 종합진단 계획수립과 진단을 실시하기 전에 다음 사항을 인식하고 시행하여야 한다.

- ●이전에 실시한 품질행정 종합진단 및 내부 심사결과(1. 2. 3자 심사 결과)
- ●고객의 의견 및 요구사항에 대한 만족도
- ●단위 업무의 성과 및 업무결과 요구사항에 대한 적합성
- ●프로세스 성과 및 행정서비스의 적합성
- ●시정 및 예방조치 상태
- ●앞서 실시한 품질행정 종합진단 등 결과에 따른 후속조치
- ●품질행정시스템에 영향을 초래할 수 있는 변경
- ●개선을 위한 제안 등

○상기 사항과 다음 사항도 고려하는 것이 좋다.

- 개선조치 현황 및 결과
- 자체 평가결과
- 타 행정기관의 벤치마킹 결과
- 공급자의 성과
- 개선을 위한 기회
- 행정서비스 성과에 대한 재정적 효과(비용효과)
- 관련법규 및 강제 요구사항에 대한 변화와 영향

■5.6.3 품질행정 종합 진단의 검토출력(Review output) 사항

○검토출력사항은 다음 사항을 포함하여야 한다.
- 품질행정시스템 및 관련 프로세스에 대한 개선에 필요한 사항
- 고객 요구사항과 관련된 행정서비스의 개선
- 위와 관련한 자원의 필요성

○검토기록은 기록으로 관리하여야 한다.

성과 개선 지침

○품질행정 종합진단은 품질행정시스템의 효율성을 평가하는 프로세스로 진전시켜야 한다.
○품질행정 종합진단의 빈도는 행정기관의 욕구에 따라 결정한다.
○품질행정 종합진단시 검토 입력사항은 품질행정시스템의 효과성과 효율성을 평가하기 위하여 고객 및 기타 이해관계자의 요구를 포함하여 고려하여야 한다.
○검토 출력사항은 품질행정시스템의 검증과 성과개선의 중요한 수단으로 활용한다.

품질행정시스템 구축·평가·심사 및 효과성 개선 관점

■5.6.1 일반사항

○품질행정 종합진단시 검토 대상 내용을 모두 다루고 있는가?

○행정서비스의 품질과 관련된 사항이 품질행정 종합진단에 반영되는가?
○프로세스의 유효성에 대한 사항이 품질행정 종합진단에 반영되어 있
  는가?
○지속적인 개선활동과 관련된 사항이 품질행정 종합진단에 반영되었는가?
○행정기관의 장은 품질행정 종합진단의 구체적인 대상과 방법을 결정
  하는가?

■5.6.2 검토 입력

○검토입력 사항을 적절히 반영하고 있는가?
○검토입력사항은 문서화되어 있는가?
○고객불만과 관련된 사항이 종합적으로 분석되고 그 결과가 입력되는가?

■5.6.3 검토 출력

○검토 결과는 기록으로 정리되어 있는가?
○고객 불만사항을 줄이기 위한 조치는 이행되는가?
○품질행정 종합진단의 결과가 조직의 프로세스 개선에 실제적으로 기
  여하고 있는지 여부가 객관적으로 검증되고 있는가?
○행정기관의 장이 검토 결과를 바탕으로 품질행정시스템의 개선에 적
  절한 조치를 지시하고 있는가?

6. 자원관리(Resource management)

6.1. 자원확보(Provision of resource)

> 　조직은 다음 사항을 위하여 필요한 자원을 결정하고 확보하여야
> 한다.
> 　a) 품질경영시스템의 실행 및 유지, 그리고 효과성에 대한 지속적
> 　　인 개선
> 　b) 고객 요구사항 충족에 의한 고객만족의 증진

○자원에는 다음과 같은 것이 있다. 행정기관의 목적달성을 위하여 이용 가능한 모든 것은 자원이 될 수 있다.

- ●인적 자원, 물적 자원, 재정적 자원
  - 시·군 정원조례는 인적 자원의 총 규모와 조직의 세부 인적 자원의 규모를 정해 놓은 것이다.
  - 국·공유 재산은 물적 자원의 대표적인 예이다.
  - 재정적 자원은 연간 필요한 예산을 확보한 것이다.
- ●구성원, 기반구조, 업무환경, 정보, 공급자 및 파트너, 천연자원 등

○자원은 다음사항을 위하여 결정 및 확보되어야 한다.

- ●품질행정시스템의 실행, 유지 그리고 효과성에 대한 지속적인 개선
- ●고객만족의 증진

○자원은 조직의 기능과 존립목직을 위히어 이용되며 효과성과 효율성의 개념을 내포하고 있다.

성과 개선 지침

○자원에는 고객과 기타 이해관계자들의 만족도 및 품질행정시스템의 운영과 개선을 위한 자원을 포함하여야 한다.

품질행정시스템 구축·평가·심사 및 효과성 개선 관점

○행정기관의 장은 자원을 적시에 활용하기 위하여 어떻게 계획하고 있는가?

○행정기관의 목표가 달성될 수 있도록 인원, 기반구조, 작업·업무환경, 정보, 공급자 및 파트너, 천연자원 및 재무자원에서 적절한 자원의 가용성이 보장되고 있는가?

○자격기준이 필요한 업무를 수행하는 인원에 대하여 자격 기준은 정해져 있는가?

6.2. 인적자원(Human resource)

6.2.1. 일반사항

> 제품 품질에 영향을 미치는 업무를 수행하는 인원은 적절한 학력, 교육훈련, 숙련도 및 경험에 근거하여 적격하여야 한다.

6.2.2. 적격성, 인식 및 교육훈련

> 조직은 다음 사항을 이행하여야 한다.
> a) 제품 품질에 영향을 미치는 업무를 수행하는 인원에 대해 필요한 적격성 결정
> b) 이러한 필요성을 충족시키기 위하여 교육훈련을 제공하거나 기타 조치
> c) 취해진 조치의 효과성을 평가
> d) 조직의 인원이 자신의 활동에 대한 관련성 및 중요성을 인식하고 있으며, 그들이 어떻게 품질목표의 달성에 기여하는지 인식함을 보장
> e) 학력, 교육훈련, 숙련도 및 경험에 대한 적절한 기록 유지(4.2.4 참조)

품질행정시스템 적용 해설

■6.2.1 일반사항
○공무원 임용 및 교육, 근무평정 등 관련 규정에 의하여 시행되고 있다.

■6.2.2 능력, 인식 및 교육훈련
○적격성에 관련된 사항은 다음과 같다.
●지방공무원법과 지방공무원임용령은 지방공무원의 임용과 시험에 대

해 규정하고 있으며 이와 같은 규정에 의거 공무원으로 임용된 인원
은 능력이 있음을 보장한다.
- 행정서비스의 품질에 영향을 미치는 업무를 수행하는 인원에 대한 필
  요 능력의 파악
- 직무를 수행하는 데 필요한 직원들의 능력 평가 및 기준설정
○ 교육훈련에 관련된 사항은 다음과 같다.
- 필요능력을 충족시키기 위한 조치 계획이나 교육훈련 계획 수립
- 필요능력을 충족시키기 위한 조치 실행이나 교육의 실시
○ 취해진 조치에 대한 효과 파악은 다음과 같이 실행된다.
- 지방공무원교육훈련법과 동법 시행령은 인원의 교육훈련에 관하여
  정함.
- 지방공무원 평정규칙에 따라 업무숙련도 및 경험을 평가
- 지방공무원의 경우 5급 이상 공무워에 대한 교육은 국가전문행정 연
  수원에서, 6급 이하 공무원에 대해서는 시도별 지방공무원교육원에
  서 연간 교육계획을 수립하여 교육을 실시
- 시·군별로 연간 자체교육 계획을 수립하여 실시하고 있으며, 직장
  교육 등 다양한 교육을 실시
- 품질행정시스템에 대한 성과 파악(교육훈련 실시 후 행정서비스의 품
  질, 생산성, 불만족 사례 추이 등)
○ 인식에 관련된 사항은 다음과 같다. 이러한 사항들은 흔히 현장 심사
  시 직원들에 대한 인터뷰 등을 통해 확인될 수 있다.
- 자신이 수행하고 있는 업무의 중요성에 대한 직원들의 인식
- 품질행정목표를 달성하기 위한 자신들의 기여방법
○ 교육, 훈련, 기능 및 경험에 대한 기록을 유지하여야 한다.
- 인사기록 카드 정리 및 공무원 평정 등−지방공무원임용령, 지방공무
  원 평정규칙, 지방공무원인사기록 및 인사사무처리규칙에 따라 이에
  대한 적절한 기록을 유지
- 교육훈련 계획서
- 경험, 자격, 교육훈련과 관련된 기록(인사기록카드 등)

○행정기관은 품질행정시스템의 효율성과 효과성을 개선하기 위하여 모든 인원에 대한 교육훈련 계획을 수립하고 교육효과를 파악하여야 한다.
○공무원에 대한 교육훈련은 행정기관의 목적과 고객만족의 달성에 초점을 맞추어야 한다.
○교육은 공무원을 위한 인성개발 교육훈련을 제공할 필요가 있다.

○품질에 영향을 미치는 인원에 대한 능력의 필요성이 파악되고 필요한 교육·훈련은 계획수립 및 실시가 되고 있는가?
○교육훈련에는 행정서비스의 품질, 품질개선, 고객만족을 위한 내용이 충분한가?
○공무원의 교육훈련 기록은 유지되는가?
○공무원의 효과성 및 효율성을 개선하기 위하여 인원의 교육·훈련을 어떻게 장려하는가?
○행정기관의 장은 모든 부서 내 공무원의 능력이 현재와 미래의 욕구를 충족할 수 있는 방법을 어떻게 보장하고 있는가?
○공무원이 역할, 책임 및 목표를 보다 잘 이해할 수 있고, 성과 개선목표를 달성하기 위해 모든 계층이 참여하고 있는가?(이 경우 공무원의 역할 인정 및 보상을 권장함.)

6.3. 기반구조(Infrastructure)

조직은 제품의 적합성을 달성하는 데 필요한 기반구조를 결정, 확보 및 유지하여야 한다. 기반구조는, 해당되는 경우, 다음 사항을 포함한다.

a) 건물, 업무 장소 및 관련된 유틸리티
b) 프로세스 장비(하드웨어 및 소프트웨어)
c) 지원서비스(운송 또는 통신)

6.4. 업무환경(Work environment)

조직은 제품 요구사항에 대한 적합성을 달성하기 위해 필요한 업무 환경을 결정하고 관리하여야 한다.

■6.3. 기반 구조
○행정서비스를 제공하기 위한 기반구조를 파악, 제공 및 유지해야 한다.
　●건물, 사무실, 작업장 및 관련 유틸리티
　●프로세스 장비, 하드웨어 및 소프트웨어(인터넷 홈페이지 운영 등)
○기반구조에는 다음과 같은 것이 있을 수 있다.
　●사무실, 창고 등
　●설비 및 장비
　●실험실
　●컴퓨터 네트웍 및 정보시스템
　●환경·안전시설 등

■6.4. 업무환경
○적합한 행정서비스를 제공하기 위한 업무환경 요소를 파악하고 관리하여야 한다.
○이러한 요인에는 다음과 같은 사안을 고려할 수 있다.

●인원들이 최대의 역량을 발휘할 수 있도록 할 수 있는 환경
●보호장비
●온도, 소음, 조명, 위생, 습도, 청결도, 진동, 오염, 공기흐름 등
○시·군의 공유재산관리조례 및 시행규칙, 물품관리조례는 기반구조(6.
  3)와 업무환경(6.4)에 대하여 규정하고 있다.

성과 개선 지침

○행정기관은 행정서비스 실현을 위하여 필요한 기반구조와 업무환경을
  파악 및 정의하여야 한다.
○기반구조는 업무설비, 사무실 등 작업장, 도구 및 장비, 지원서비스, 정
  보 및 통신기술, 운반시설과 같은 자원을 포함한다.
○업무환경은 조직의 성과를 향상하고 구성원의 동기부여, 만족도 및 성
  과에 긍정적인 영향을 줄 수 있어야 한다.

품질행정시스템 구축·평가·심사 및 효과성 개선 관점

■ 6.3 기반구조
○기반구조가 행정기관의 목표 달성에 적절한지 어떻게 보장하는가?
○기반구조에 환경문제가 연계됨을 어떻게 고려하는가?

■ 6.4 업무환경
○업무환경이 조직내 인원의 동기, 만족, 개발 및 성과를 장려함을 어떻
  게 보장하는가?
○적절한 정보가 사실에 기초한 의사결정에 용이하게 활용 가능하도록
  어떻게 보장하는가?
○아웃소싱한 업무의 목표를 달성하기 위하여 행정기관에서 취한 조치
  가 효과적인가?
○품질행정시스템의 추진을 위하여 필요한 자원이 어떻게 결정되고 사

용되는가?

○행정서비스 제공에 필요한 비용과 이익간의 관계가 파악됨을 어떻게 보장하는가?

7. 제품실현(Product realization)

7.1. 제품실현의 기획(Planning of product realization)

조직은 제품 실현에 필요한 프로세스를 계획하고 개발하여야 한다. 제품 실현의 기획은 품질경영시스템의 다른 프로세스 요구사항과 일관성이 있어야 한다.(4.1 참조)

조직은 제품 실현을 기획할 때, 해당되는 경우, 다음 사항을 결정하여야 한다.
a) 제품에 대한 품질목표 요구사항
b) 프로세스의 수립 및 문서화 필요성, 그리고 제품에 대한 특정 자원의 확보에 대한 필요성
c) 제품 및 제품 합격판정 기준에 대해 특정하게 요구되는 검증, 타당성 확인, 모니터링, 검사 및 시험 활동
d) 실현 프로세스 및 결과로 산출된 제품이 요구사항을 충족한다는 증거를 확보하는 데 필요한 기록(4.2.4 참조)

이러한 기획의 출력은 조직의 운영방식에 적절한 형태여야 한다.

비고 1. 특정 제품, 특정 프로젝트 또는 특정 계약에 적용시키기 위하여 품질경영시스템의 프로세스(제품 실현 프로세스 포함) 및 자원을 규정한 문서를 품질계획서라고 부를 수 있다.
비고 2. 조직은 7.3 의 요구사항을 제품실현 프로세스 개발에 적용할 수 있다.

○품질행정시스템에서 행정서비스가 제공되기 위해서는 다음과 같은 행정행위의 성립 요건이 필요하다.

●행정행위가 유효하게 성립하기 위해서는 주체·내용·절차·형식의 점에서 법정요건에 적합하고(적법), 또한 공익에 적합하여야 한다.

– 주체에 관한 요건 : 행정행위는 정당한 권한을 가진 자가 권한 내의 사항에 대하여(사항적·대인적·지역적 권한), 정상적인 의사에 기하여(의사능력/행위능력 및 흠없는 의사표시) 행한 행위라야 한다.

– 내용에 관한 요건 : 법률상, 사실상으로 실현 가능하고 명확해야 하며 법과 공익에 적합하여야 한다.

– 절차에 관한 요건 : 행정행위는 법이 정한 일련의 절차를 거쳐야 한다. 이러한 절차를 결여하면 위법성의 사유가 된다.

– 형식에 관한 요건 : 문서, 기타 법정형식을 갖추어야 한다.

●이러한 행정행위는 행정결정의 외부에 대한 표시행위이므로 행정내부의 결정이 있는 것만으로는 아직 행정 행위가 성립할 수 없고, 그것이 외부에 표시되어야 비로소 성립한다.(민사·형사 소송법, 우편법, 행정 절차법, 시군의 문서송달 규정 등)

●행정행위의 효력 발생 요건 : 고지, 공고(사무관리규정)

○본 항목은 PDCA 싸이클 중 D에 해당하는 부분이다.

○행정서비스 실현에 요구되는 프로세스를 계획하고 수립해야 하며, 행정서비스실현 프로세스의 기획은 행정조직의 품질행정시스템에 대한 다른 요구사항과 일관성이 있어야 한다.

○행정서비스 실현에 필요한 프로세스는 행정서비스 제공의 근거가 되는 법규의 절차를 따른다.

○법규에서 정한 절차는 사무관리규정 제90조 내지 제110조, 동 규정시행규칙 제110조에 의한 업무편람에 의하여 프로세스를 기술한다.

○법규에 근거가 없이 제공되는 행정서비스는 그 성격과 고객의 이해 관계에 따라 프로세스를 계획하고 실행한다. 이 경우 〈도표 3-4〉의 「행정서비스 제공의 기본 프로세스 모델」을 적용한다.

○행정행위는 법규, 정책 등에 의하여 각각의 사안마다 그 근거나 행위의
당위성을 가지고 있다.
○행정서비스의 생산을 위한 프로세스는 그 근거에 의하여 다음 사항을
충족하여야 한다.
●법적, 사회적 요구사항
●품질목표 및 행정서비스에 대한 요구사항
●프로세스의 수립 및 문서화 필요성, 그리고 행정서비스와 관련된 자
원의 필요성
●행정서비스에 요구되는 검증, 타당성 확인, 모니터링, 검사 및 시험
활동, 그리고 합격 판정기준 (행정기관에서 제공하는 행정서비스의 특
성이 물품을 생산하여 제공하는 조직과 특성이 다르다. 경우에 따라
검증, 타당성 확인, 모니터링 등 이 규격에서 각각의 요구사항으로 정
해진 활동들이 동시에 이루어질 수 있으며, 경우에 따라 해당이 없을
수도 있다.)
●프로세스 및 최종 서비스의 적합성을 확신하기 위한 필요 기록
●증거 제공을 위한 품질기록
○정당한 절차를 이행하여야 한다. 이러한 절차가 프로세스이다. 이러한
절차를 결여하면 위법성의 사유가 된다.
○행정기관에서 생산하는 대부분의 각종 사업계획서, 추진계획 등으로 행
정서비스를 제공하기 위하여 작성되는 문서는 품질행정 계획서에 해
당된다. 공공기관에서 제공되는 서비스의 종류가 다양하며 제공되는 각
각의 서비스마다 품질행정 계획서를 생산한다.
○이러한 행정서비스를 제공하는 기획의 결과물(각종 계획서 등)은 사업
적절한 형태(행정서비스)로 준비되어야 하며 적절한 형태란 다음과 같
은 방법을 포함하여 고려할 수 있다.
●프로세스 플로우 챠트
●시방서
○본 규격의 7.3항(설계 및 개발)이 행정서비스 실현 프로세스의 개발에
적용될 수 있다.

●행정서비스 실현 프로세스의 개발에 설계 및 개발 요구사항과 같은
방법을 적용하여 실시할 수 있음.
○행정서비스의 특성에 맞는 설계 및 개발이 필요하다.

○행정서비스 실현 프로세스를 파악하고 관리하여야 한다. 행정서비스
실현 프로세스를 관리하기 위하여 프로세스 기획에는 시방서 및 자원
과 같은 입력 및 입력사항, 프로세스 내에서의 활동, 프로세스에 대한
유효성확인, 행정서비스의 검증, 프로세스 분석, 시정조치, 개선기회,
변경관리 등을 포함한다.
○프로세스가 행정조직의 운영에 적합하도록 프로세스 성과를 주기적으
로 검토하고 개선하여 고객만족과 품질행정시스템의 효율성과 효과성
을 향상시켜야 한다.
○프로세스는 다음과 같은 요건을 갖추어야 한다.
　●프로세스의 신뢰성 및 반복성(일관성)
　●잠재적 부적합에 대한 파악 및 예방
　●설계 및 개발의 입력과 출력의 적정성
○행정기관은 행정서비스 실현 프로세스 이외에 관련되는 지원프로세스
(행정정보, 교육훈련, 기간시설 및 서비스, 안전 등)도 고려해야 한다.

○행정기관의 장은 행정서비스 실현의 효과적·효율적 운영을 보장하기
위하여 프로세스 접근방법을 어떻게 적용하고, 프로세스와 관련되는 프
로세스 네트워크를 어떻게 지원하는가?
○행정서비스 실현 프로세스는 명확하게 파악하고 문서화하였는가?
○프로세스별로 품질목표는 수립되어 있으며 측정가능한가?
○각 프로세스의 타당성에 대하여 검증가능한가?

○프로세스별 필요한 자원은 파악되고 확보되는가?
○프로세스 실현을 위한 교육훈련은 이루어지는가?
○각 프로세스의 문제점에 대한 시정조치는 이루어지는가?
○고객만족도 향상에 도움이 되는 성과측정을 하는가?
○프로세스의 효율성과 효과성 향상을 위한 조치는 있는가?

7.2. 고객 관련 프로세스(Customer-related processes)

7.2.1. 제품에 관련된 요구사항 결정(Determination of requirementrelated to the product)

> 조직은 다음 사항을 결정하여야 한다.
> a) 인도 및 인도 후 활동에 대한 요구사항을 포함한, 고객이 규정한 요구사항
> b) 고객이 명시하지 않았지만, 알려진 경우 규정되거나 의도된 사용에 필요사항 요구사항
> c) 제품과 관련된 법적 및 규제 요구사항
> d) 조직이 결정한 모든 추가 요구사항

품질행정시스템 적용 해설

○행정기관은 고객만족을 보장하기 위하여 행정서비스와 관련된 요구사항을 파악하여 결정하여야 한다.
○고객과 행정서비스에 관련된 요구사항을 파악하는 프로세스를 갖추고 이러한 프로세스에 따라 요구사항을 파악하고 관리하여야 한다.
○고객요구사항을 파악하고 결정하는 방법은 다양하다.(설문조사, 계약서, 관련도면, 시방서 등)
○행정서비스와 관련하여 기본적으로 다음 사항을 충족할 것을 요구하고 있다. 따라서 각각의 행정서비스에는 다음과 같은 요구사항이 결정되

어야 한다.
- ●고객의 요구사항
- ●행정이념
- ●법적, 사회적 요구사항을 충족
- ●행정기관이 제공하기로 한 행정서비스의 수준
○행정기관이 영조물이나 공공재 공급의 경우에 다음과 같은 사항을 고
려해야 한다.
- ●고객이나 행정서비스 제공목적에 의하여 규정된 요구사항
  - 정확한 서비스 또는 물품
  - 확정된 기한
  - 필요한 장소
  - 공정한 가격
- ●행정서비스와 관련된 강제 요구사항이나 법적 요구사항
- ●행정기관 자체적으로 만든 추가 요구된 사항

성과 개선 지침

○행정서비스는 행정행위의 특성인 법적 요건 및 공익에 적합하여야 한다.
○행정서비스를 전달하는 과정에 참여하는 인원의 성실성, 친절 등은 행
정서비스의 품질에 포함된다.
○행정서비스에 대한 고객의 만족을 높이기 위해 행정서비스의 생산과정
에 고객 및 이해관계자의 참여를 보장하는 프로세스를 수립하여 운영
한다.
○행정서비스 생산과정에는 서비스의 품질 수준을 향상하기 위한 벤치마
킹 등 적절한 프로세스를 포함한다.

품질행정시스템 구축·평가·심사 및 효과성 개선 관점

○행정서비스와 관련된 고객의 요구사항을 조사하는 방법이 정해져 있
는가?

○고객의 요구사항을 조사하는 단계에서 고객이 참여하는가?
○행정서비스에 적용되는 법적 사회적 규제요구사항이 적절한가?
○행정서비스의 품질을 높이기 위하여 어떤 방법과 프로세스를 수행하고 있는가?
○행정서비스의 품질을 높이기 위하여 행정서비스에 부가적으로 제공되는 서비스를 파악하고 실행하는가?

7.2.2. 제품에 관련된 요구사항 검토(Review of requirements related to the product)

조직은 제품에 관련된 요구사항을 검토하여야 한다. 이 검토는 고객에게 제품을 공급한다고 조직이 약속(예 : 입찰서의 제출, 계약 또는 주문의 수락, 계약 또는 주문에 대한 변경의 수락)하기 전에 수행되어야 하며, 다음 사항을 보장하여야 한다.
  a) 제품 요구사항이 정하여질 것.
  b) 이전에 제시한 것과 다른 계약 또는 주문 요구사항이 해결될 것.
  c) 조직이 정해진 요구사항을 충족시킬 능력을 가지고 있을 것.

검토 및 검토에 수반되는 조치에 대한 결과의 기록은 유지되어야 한다.(4.2.4 참조)
고객이 요구사항을 문서화하여 제시하지 않는 경우, 조직은 수락 전에 고객요구사항을 확인하여야 한다.
제품 요구사항이 변경되는 경우, 조직은 관련된 문서가 수정됨을 보장하여야 하고, 관련 인원이 변경된 요구사항을 인식하고 있음을 보장하여야 한다.

비고 : 인터넷 판매와 같은 상황에서는 각각의 주문에 대한 공식적인 검토가 비현실적이다. 이러한 경우 카탈로그, 홍보물과 같은 관련된 제품정보를 검토하는 것으로 대신할 수 있다.

○7.2.1항에서 파악하고 결정된 행정서비스의 요구사항에 대하여 검토하여야 한다.

○행정서비스 공급여부를 결정하기 전에 요구사항에 대한 검토가 수행되어야 하며 다음 사항을 보장하여야 한다.

 ●행정서비스의 요구사항이 결정됨을 보장

 ●행정서비스의 일관성, 형평성 등

 ●요구사항을 충족할 수 있는 행정기관의 능력 확보 여부

○검토 결과 및 후속조치사항을 기록하고 관리하여야 한다.

 ●기존의 행정서비스 제공에 필요한 요구사항의 경우 서류검토, 현장 확인, 적법성 및 실행가능 여부 등 검토

 ●신규로 제공되는 행정서비스의 경우 고객요구사항의 조사 또는 기존에 접수된 요구사항을 포함하여 검토

○서면으로 요청되지 않는 요구사항의 경우에는 수락 전에 그 내용을 확인하여야 한다.

○행정서비스의 요구사항이 변경된 경우 관련문서를 수정하고 변경된 제품요구사항을 관련 인원에게 인식(Awareness)시켜야 한다.

성과 개선 지침

-7.2.1항 참조 -

품질행정시스템 구축·평가·심사 및 효과성 개선 관점

- 7.2.1항 참조-

7.2.3. 고객과의 의사소통(Customer communication)

> 조직은 다음 사항과 관련된 고객과의 의사소통을 위한 효과적인 방법을 결정하고 실행하여야 한다.

a) 제품 정보

b) 변경을 포함하여 문의, 계약 또는 주문의 취급

c) 고객 불평을 포함한 고객 피드백

품질행정시스템 적용 해설

○고객과의 의사소통 대상으로 다음과 같은 사항을 파악하고 실행하여야 한다.
- 행정서비스와 관련한 정보
- 문의, 행정서비스 제공의 변경 등
- 고객 피드백 및 불만사항

○행정기관은 고객과의 의사소통을 위한 다음의 다양한 방법 중에 효과적인 방법을 결정하고 실행한다.
- 행정업무와 관련된 이해관계자의 의견 수렴
- 옴부즈맨, 행정모니터 등
- 관련 업무의 전문가 또는 전문가 집단(위원회 등)
- 고객의 설문조사, 계약 등
- 고객에 의해 구체화된 프로세스 또는 활동
- 여론조사
- 인근 행정기관의 서비스 분석
- 벤치마킹
- 법규 및 강제 요구사항에 따른 프로세스

○고객은 공공기관의 정보공개에 관한 법률 또는 시군의 행정정보공개에 관한 조례를 통하여 행정정보 공개를 요구할 수 있으며, 행정기관의 장은 정기간행물(시·군 소식지 등), 언론, 방송, 고객과 상담을 통하여 행정서비스와 관련된 정보를 제공한다.(주민의 알 권리 충족)

○시·군의 민원사무처리조례 또는 규정이나 인터넷을 통한 제언 등은 고객과의 의사소통을 위한 방법의 하나이다.

○고객에게 제공되는 행정서비스의 정보를 어떻게 제공하는가? 또한 정보 제공방법이 효과적인가?

○고객욕구를 고려하는 것을 보장하기 위해 고객과 관련 있는 프로세스를 어떻게 정하고 있는가? 또한 수행되고 있는가?

○이해관계자의 욕구 및 기대사항을 고려하기 위하여 기타 이해관계자와 관련되는 프로세스를 어떻게 정하고 있는가?

○고객과의 의사소통 내용이 행정기관장, 중간관리자 모두가 공유하는가?

○고객의 불만사항이 결정되고 행정서비스 제공 프로세스에 어떻게 반영되는가?

7.3. 설계 및 개발(Design and development)

7.3.1. 설계 및 개발 기획(Design and development planning)

조직은 제품에 대한 설계 및 개발을 계획하고 관리하여야 한다.

설계 및 개발 기획 기간 동안 조직은 다음 사항을 결정하여야 한다.
a) 설계 및 개발 단계
b) 설계 및 개발 단계에 적절한 검토, 검증 및 타당성 확인
c) 설계 및 개발에 대한 책임 및 권한

조직은 효과적인 의사소통 및 책임의 명확한 부여를 보장하기 위하여, 설계 및 개발에 참여하는 서로 다른 그룹간의 연계성을 관리하여야 한다.

기획 출력은, 해당되는 경우, 설계 및 개발의 진행에 따라 갱신되어야 한다.

○이 규격에서 설계 및 개발의 관한 의미는 행정서비스의 생산에 따라 「설계」또는 「개발」이라는 단어를 선택하여 사용할 수 있다. 경우에 따라서 설계의 의미가 더 적합할 수 있고, 어떤 경우는 개발의 의미가 더 적합할 수 있다.

○품질행정에 있어서 설계 및 개발의 대상은 다음과 같다.
- ●행정기관의 각종 사업계획(계획 수립시 적용)
- ●새로운 행정서비스가 발생하여 이에 대한 행정서비스를 제공하기 위한 프로세스를 개발할 경우.
- ●기존의 행정서비스 실현 및 제공의 프로세스에 개선이 필요한 경우.
- ●기타 고객 등 이해관계자의 요구에 의하여 행정서비스 실현 및 제공의 프로세스에 변경이 불가피한 경우.

○이 규격에서 요구하는 설계 및 개발은 품질행정에서는 「행정행위의 세획 수립과 시행」과 같은 의미이다. 영조물이나 수도물과 같은 제품의 제공에도 병용하여도 의미상에 차이가 없다. (예 : 조직은 제품에 대한 설계 및 개발을 계획하고 관리하여야 한다. 시장·군수는 공공서비스 제공을 위한 계획을 수립하고 시행하여야 한다.)

○계획의 수립과 집행 과정에서 다음 사항을 결정하여야 한다.
- ●계획의 수립과 집행의 프로세스 단계
- ●각 단계에 적절한 검토, 검증 및 타당성 확인과 확인 방법을 포함(7.3.6항)
- ●계획의 수립과 집행에 대한 책임과 권한

○각종 계획의 수립과 집행시에는 관련부서, 관련자의 협조 및 의견교환, 위원회 심의 등을 받는 것은 이 규격에서 요구하는 「그룹간의 연계성」에 해당된다.

○행정행위의 계획 수립과 집행에 대한 변경요인이 발생할 경우 계획의 수정과 변경이 뒤따른다.

○설계계획서는 굳이 관리문서로 관리할 필요는 없으며 최신 자료로 유

지·관리하는 것으로도 충분하다. (관리문서의 간소화)

○각 단계에 적절한 검토, 검증 및 타당성 확인과 확인 방법은 다음의 적절한 방법을 따른다.

●현장확인, 서류확인, 제3자의 심사

●위원회, 명예감시관, 옴부즈맨 등의 의견 수렴 및 결정 등

○일몰제 사무 대상의 경우에는 한시적인 설계 및 개발 기획의 한 가지 방법으로 볼 수 있다.

○고객과 이해관계자의 욕구 및 기대에 효과적이고 효율적으로 대응하기 위하여 행정서비스 및 행정서비스 실현 프로세스의 설계(개발) 기획 및 실행하여야 한다.

○설계 및 개발 기획은 단계별로 구분되고 구체화되어 있는가?

○검토, 검증 및 유효성 확인의 단계별로 주요 활동 내용, 참여자, 책임자는 정해져 있는가?

○검증 및 유효성 확인의 결과가 설계에 반영되는가?

7.3.2. 설계 및 개발 입력(Design and development input)

제품 요구사항에 관련된 입력을 결정하고 기록을 유지하여야 한다.(4.2.4 참조). 이 입력은 다음 사항을 포함하여야 한다.

a) 기능 및 성능·성과 요구사항

b) 적용되는 법적 및 규제요구사항

c) 적용 가능한 경우, 이전의 유사한 설계로부터 도출된 정보

d) 설계 및 개발에 필수적인 기타 요구사항

> 이러한 입력에 대한 충족성을 검토하여야 한다. 요구사항은 완전하고 모호하지 않아야 하며, 다른 요구사항과 상충되지 않아야 한다.

○행정행위의 계획 수립과 집행시에는 다음과 같은 입력사항이 포함되어야 한다.
- 공공재의 기능과 성과 요구사항
- 법적, 사회적 요구사항
- 이전의 경험
- 행정행위의 계획 수립과 집행에 포함될 필수적인 요구사항

○계획의 수립과 집행시 포함되는 사항에 대한 적정성을 검토한다. 요구사항은 완전해야 하고, 불명확하거나 다른 요구사항과 상충되지 않아야 한다.

○계획과 집행의 입력사항으로 다음 사항을 고려할 수 있다.
- 행정행위의 성립 요소(7.1항의 품질행정 적용 해설 참조)
- 내부요소 : 품질방침, 기술적 요구사항, 신뢰성, 이전의 경험에 대한 문서와 기록 등
- 외부요소 : 고객의 요구사항, 이해관계자의 요구사항, 관련법규나 국제 규약
- 안전 및 기타 요소 : 운영, 설치 및 적용에 관련된 사항, 보관, 취급 유지 및 인도, 물리적 변수 및 환경과 관련된 사항, 처분과 관련된 요구사항

○고객과 이해관계자의 욕구 및 기대를 행정기관내의 욕구 및 기대와 결부시켜 설계 및 개발 프로세스를 위해 입력 요구사항으로 적절히 전환

되어야 할 것이다.
○외부 입력 요구사항의 예는 다음과 같다.
  ●고객, 이해관계자 그리고 지역사회의 욕구 및 기대
  ●공급자의 기여
  ●법적 및 규제 요구사항에 의한 변경
  ●국가 또는 국제 표준 규격
○내부 입력 요구사항의 예는 다음과 같다.
  ●품질행정방침 및 목표
  ●행정기관 내부 인원의 욕구 및 기대
  ●기술
  ●과거의 피드백 정보
  ●현재의 프로세스 및 행정서비스의 기록과 자료
  ●다른 프로세스로부터 출력

품질행정시스템 구축·평가·심사 및 효과성 개선 관점

○행정서비스별 설계입력 요구사항이 규정되고 문서화되었는가?
○행정서비스별 설계입력 요구사항별 정보 수집, 파악의 책임이 분명한가?
○설계입력 요구사항은 규격의 모든 요구사항을 포함하였는가?
○설계입력 요구사항의 적정성 검토 책임은 누구이며 그 활동 내용은 적정한가?

7.3.3. 설계 및 개발 출력(Design and development output)

　설계 및 개발 출력은 설계 및 개발에 대하여 검증이 가능할 수 있는 형태로 제공되고, 배포전에 승인되어야 한다.

　설계 및 개발 출력은 다음과 같아야 한다.
　a) 설계 및 개발에 대한 입력에 대한 요구사항을 충족시킬 것.

> b) 구매, 생산 및 서비스 제공을 위한 적절한 정보를 제공할 것.
> c) 제품 합격판정 기준을 포함하거나 인용할 것.
> d) 안전하고도 올바른 사용에 필수적인 제품의 특성을 규정할 것.

품질행정시스템 적용 해설

○행정행위의 계획 수립과 집행은 권한이 있는 자(위임전결권자 포함)의 결재, 의결 또는 승인 등으로 결정된다.

○계획수립시 요구사항과 비교하여 검증이 가능하여야 한다.

○일반적으로 문서로써 결정된다.

○공공서비스 제공을 위한 계획과 집행의 결과는 다음의 사항을 충족하여야 한다.

- 계획 수립시 요구사항(7.3.2항)을 충족할 것
- 집행에 관한 절차와 적절한 정보를 제공할 것
- 행정행위가 적법할 것
- 행정행위의 이행에 관한 필수적인 특성을 정할 것

성과 개선 지침

○설계 및 개발 출력은 입력사항을 검토하여 프로세스 및 행정서비스에 대한 요구사항을 효과적이고 효율적으로 충족시키는 데 객관적 증거를 제공하여야 한다.

품질행정시스템 구축·평가·심사 및 효과성 개선 관점

○고객에게 제공할 행정서비스가 입력요구사항을 충족하고 있는가?

7.3.4. 설계 및 개발 검토(Design and development review)

> 적절한 단계에서, 설계 및 개발에 대한 체계적인 검토는 계획된 결정사항(7.3.1참조)에 따라 다음 목적을 위하여 수행되어야 한다.
> a) 요구사항을 충족시키기 위한 설계 및 개발의 결과에 대한 능력의 평가
> b) 모든 문제점 파악 및 필요한 조치의 제시
>
> 그러한 검토에 참여하는 인원에는, 검토가 진행되고 있는 설계 및 개발 단계에 관련된 기능을 대표하는 인원이 포함되어야 한다. 검토 결과 및 모든 필요한 조치에 대한 기록은 유지되어야 한다.(4.2.4 참조)

품질행정시스템 적용 해설

○행정행위의 계획 수립과 집행은 다음 목적을 위하여 관련이 있는 부서나 인원과 협의(검토)가 이루어져야 한다.
  ●요구사항의 충족 가능성
  ●문제점 파악 및 필요한 조치의 제시
○협의(검토)시 다음 사항을 고려할 수 있다.
  ●제공되는 행정서비스의 타당성
  ●제공되는 행정서비스의 잠재적인 위험성과 부정적 영향
  ●제공되는 행정서비스와 관련된 데이터의 분석결과 반영 등
○적절한 단계란 절차에 따르는 경우와 절차와 관계없는 경우를 포함한다.
○검토와 관련된 사항은 기록으로 유지되어야 한다.(예 : 문서 작성시 기안문의 의견첨부 등)

7.3.5. 설계 및 개발 검증(Design and development verification)

> 검증은 설계 및 개발 출력이 설계 및 개발 입력 요구사항을 충족시키는 것을 보장하기 위하여 계획된 결정사항(7.3.1 참조)에 따라 수행되어야 한다. 검증 결과 및 모든 필요한 조치의 결과에 대한 기록은 유지되어야 한다.(4.2.4 참조)

품질행정시스템 적용 해설

○행정행위의 계획 수립 및 집행 결과가 제반 요구사항(7.3.2항)을 충족한다는 것을 보장하기 위하여 행정서비스에 대한 검증을 수행하여야 한다.
○검증방법은 다음의 하나 또는 그 이상을 선택할 수 있다.
- 현장확인
- 서류확인
- 제3자의 심사
- 타 행정기관의 행정서비스 수준과 비교 등
- 벤치마킹
- 시뮬레이션
- 시범 운영 등
○검증과 관련된 요구사항은 기록되어야 한다.(준공검사, 출장결과보고서, 검토결과보고서, 용역결과보고서 등)

7.3.6. 설계 및 개발 타당성 확인(Design and development validation)

> 설계 및 개발 타당성 확인은 결과로 나타난 제품이 알려진 경우, 규정된 적용 또는 의도된 사용에 대한 요구사항을 충족시킬 수 있는지를 보장하기 위하여 계획된 결정사항(7.3.1 참조)에 따

라 수행되어야 한다. 실행 가능한 경우, 타당성 확인은 제품의 인도 또는 실행 전에 완료되어야 한다. 타당성 확인 결과 및 모든 필요한 조치에 대한 기록은 유지되어야 한다.(4.2.4 참조)

○행정행위의 계획 및 집행 결과가 의도된 요구사항(7.3.2항, 7.3.3항)을 충족하는지 확인하기 위하여, 다음과 같은 계획된 방법(7.3.1항)에 따라 타당성 확인을 실시하여야 한다.
  ●공공재 제공의 경우 : 계획서 검토, 설계서 확인(설계감리 등), 결재 등
  ●법률행위적·준법률행위적·침해 행정행위(허가·수리·과태료 부과 등) : (권한이 있는 자의) 결재
  ●지방의회의 의결·동의, 위원회 심의 등 규정된 절차
○행정서비스는 가능한 고객에게 제공되기 전에 타당성 확인을 실시한다.
○타당성 확인과 관련된 기록은 유지되어야 한다.

7.3.7. 설계 및 개발 변경관리(Control of design and development change)

  설계 및 개발의 변경은 파악되고 그 기록은 유지되어야 한다. 변경사항은 해당되는 경우, 검토, 검증 및 타당성 확인이 되어야 하며 실행 전에 승인되어야 하다. 설계 및 개발 변경의 검토에는 구성되는 부품 및 이미 인도된 제품에 대한 변경의 영향 평가가 포함되어야 한다.

  변경에 대한 검토 결과 및 모든 필요한 조치에 대한 기록은 유지되어야 한다.(4.2.4 참조)

○행정행위 계획과 집행 중에 목표, 수준, 방법 등에 변경이 있는 경우, (프로세스의 어느 단계에서 상관없이 검증 및 타당성 확인 필요) 실행 전에 승인하여야 한다.(7.3.5항, 7.3.6항의 검증 및 타당성 확인 방법 참조)

○잠재적인 문제가 발생될 것으로 예상될 경우, 예방조치 등 필요한 조치를 취하여야 한다.

○변경 및 필요한 조치에 대한 검토결과 기록은 유지되어야 한다.

성과 개선 지침

○품질행정의 경우 설계 및 개발의 각 단계가 동시에 이루어지는 특성이 있으므로 각 단계에서 요구하는 사항이 누락되지 않아야 할 것이다.

품질행정시스템 구축·평가·심사 및 효과성 개선 관점

○행정기관의 장은 고객과 이해관계자의 욕구 및 기대사항에 응답하기 위하여 설계 및 개발 프로세스를 어떻게 정하고 실행하는가?

○행정서비스를 제공하기 위한 설계 및 개발 프로세스의 출력물이 요구사항을 입력하기 위한 조치가 어떻게 보장되어 있는가?

○설계 검토, 검증, 타당성 확인과 같은 활동이 설계 및 개발 프로세스에 어떻게 고려되는가?

7.4. 구매(Purchasing)

7.4.1. 구매 프로세스(Purchasing process)

조직은 구매한 제품이 규정된 구매 요구사항에 적합함을 보장하여야 한다. 공급자 및 구매한 제품에 적용되는 관리의 방식 및

정도는 구매한 제품이 후속되는 제품 실현이나 최종 제품에 미치
는 영향에 따라 달라져야 한다.

　조직은 조직의 요구사항에 따라 제품을 공급할 수 있는 능력을
근거로 공급자를 평가하고 선정하여야 한다. 선정, 평가 및 재평
가에 대한 기준은 수립되어야 한다. 평가의 결과 및 평가로 발생
된 모든 필요한 조치에 대한 기록은 유지되어야 한다.(4.2.4 참조)

품질행정시스템 적용 해설

○구매와 관련된 대상은 다음과 같다.
- ●구매한 제품
  - 물품(조달품 포함)
  - 물품의 제조, 구매 및 용역 등의 입찰에 의하여 공급자로부터 제공받은 제품(지방재정법시행령 제70조, 국가를 당사자로 하는 계약에 관한 법률시행령)
  - 공사 입찰에 의한 공급자의 시공 제품, 즉 공급자가 시공한 건축물, 도로 등 영조물(지방재정법시행령 제70조, 국가를 당사자로 하는 계약에 관한 법률시행령)
  - 기타 공급자가 제공한 용역결과물, 서비스 등
- ●공급자의 평가 및 선정
  - 지방재정법, 국가를 당사자로 하는 계약에 관한 법률에 의한 낙찰자, 수의계약자 등에 의하여 공급자 선정
- ●공급자의 평가 및 관리(이에 관한 기록유지 포함)의 방식
- ●지방재정법, 국가를 당사자로 하는 계약에 관한 법률, 건설기술법 등에 의한 부정당업자의 제재와 관련된 프로세스
○구매 제품의 적용범위는 행정행위의 결과인 제품에 영향을 미치는 제품에 한한다.

※ 사무용품(복사지, 필기구 등)은 행정기관이 고객에게 제공하는 공공서비
　스에 직접적인 영향을 미치지 않으므로 구매 제품에 해당되지 않으며, 또
　한 이와 같은 제품을 행정기관에 제공하는 공급자도 관리대상이 아니다.
○계약의 특성에 따라 지방재정법, 국가를 당사자로 하는 계약에 관한 법
　률에 의거 회계연도 개시전에 계약의 체결, 물가변동 등에 의한 계약
　금액 조정, 단가계약 체결, 낙찰자 선정 등 단위사무 프로세스는 이미
　사무 관리규정에 의한 업무편람으로 작성되어 시행되고 있다.
○구매 프로세스에 고려할 사항은 다음과 같다.
　●구입한 제품이 행정행위의 요구사항을 만족할 수 있을 것
　●제품의 성과, 가격 및 납기를 고려한 비용
　●부적합 제품의 처리
　●구매품과 관련한 위험성 평가
　●요구사항의 파악
　●성과, 가격 및 납기를 고려한 비용
　●질문서, 견적서, 그리고 입찰서
　●주문서
　●구매품의 검증
　●공급자의 선정
　●구매정보의 파악
　●계약관리
　●부적합품
　●공급자 관리 및 공급자 개발
　●구매품과 관련된 위험성 평가
○수의계약에 의하여 제품을 구매할 경우 다음과 같은 방법을 고려하여
　공급자의 능력에 따라 공급자를 평가하고 선정할 수 있다.
　●관계법규에 의한 선정
　●과거 실적평가
　●품질, 가격, 납기 및 문제점에 대한 대응능력
　●공급자의 관리시스템 평가 및 잠재능력

●고객 만족 자료의 검토
●재정상태
●서비스 및 지원인력
●물류 능력 등

7.4.2. 구매정보(Purchasing information)

구매정보에는, 해당되는 경우, 다음 사항을 포함하여 구매할 제품을 기술하여야 한다.
a) 제품, 절차, 프로세스 및 장비의 승인에 대한 요구사항
b) 인원의 자격인정에 대한 요구사항
c) 품질경영시스템 요구사항

조직은 공급자와 의사소통하기 전에, 규정된 구매 요구사항의 적정성을 보장하여야 한다.

품질행정시스템 적용 해설

○구매정보의 예
●물품구입, 공사계약 등 : 물품 사용설명서, 전문 간행물(예 : 물가정보 등), 기존의 사례 등
●용역, 서비스 등 : 의뢰시 작업이나 조사 내용 등을 제시
○구매정보에는 다음과 같은 사항이 포함되어야 한다.
●제품규격, 절차, 프로세스, 장비 및 인원의 승인에 대한 요구사항
●자격부여에 대한 요구사항
●품질에 대한 요구사항
●기타 행정서비스에 미치는 영향을 고려한 사항
○지방재정법, 국가를 당사자로 하는 계약에 관한 법률, 조달사업에 관

한 법률에 근거 및 관련 절차를 이행한다.
○구매문서는 발행전에 정해진 절차에 따라 검토 및 승인이 되어야 한다.
(결재권자의 결재 이행)

7.4.3. 구매한 제품의 검증(Verification of purchased product)

> 조직은 구매한 제품이 규정된 구매 요구사항을 충족시킨다는 것을 보장하는 데 필요한 검사 또는 기타 활동을 수립하고 실행하여야 한다.
> 조직 또는 조직의 고객이 공급자 현장에서 검증 수행을 하고자 하는 경우, 조직은 의도한 검증 계획 및 제품의 출하 방법을 구매 정보에 명시하여야 한다.

품질행정시스템 적용 해설

○지방재정법 63조, 국가를 당사자로 하는 계약에 관한 법률 제14조에 의거 검사, 하자검사 등을 사무관리규정에 의한 업무편람의 절차에 따라 검사 시행한다.
- 물품검수
- 준공검사
- 기타 필요한 검증(자격요건, 시험성적서, 인증서 등)
○구매 시방서(사업설명서 포함)에는 구매 내용과 이를 실행하기 위한 절차, 검수방법, 검사방법 등이 포함되어야 한다.

품질행정시스템 구축·평가·심사 및 효과성 개선 관점

○행정기관의 장은 조직의 목표를 효과적으로 달성하기 위하여 구매 프로세스를 어떻게 정하는가?
○구매 프로세스는 어떻게 관리하는가?
○구매 제품의 적합성을 보장하기 위하여 구매 사양서와 수락서가 프로

세스의 입력사항으로 관리되고 있는가?

7.5. 생산 및 서비스 제공(Production and service provision)

7.5.1. 생산 및 서비스 제공의 관리(Control of production and service provision)

> 조직은 생산 및 서비스 제공을 관리 조건하에서 계획하고 수행하여야 한다. 해당되는 경우, 다음 사항을 포함하여야 한다.
> a) 제품의 특성이 기술된 정보의 가용성
> b) 필요에 따른 업무지침서의 가용성
> c) 적절한 장비의 사용
> d) 모니터링 장치 및 측정 장치의 가용성 및 사용
> e) 모니터링 및 측정의 실행
> f) 불출, 인도 및 인도후 활동의 실행

품질행정시스템 적용 해설

○「생산 및 서비스 제공 관리」는 「행정서비스의 생산 및 제공 관리」로 전환하여 적용할 수 있다.
○7.5항에서 관리라는 의미는 행정서비스를 생산하고 제공하는데 다음과 같은 사항을 포함한다.
●행정서비스 제공 프로세스의 계획 및 실행
●조직원의 통제 및 지휘 감독
●행정서비스의 유지 및 개선
●담당자의 적정한 업무처리 등
○관리는 다음과 같이 수행되어야 하지만 서비스의 특성에 따라 유연성을 가질 수 있다.

- 행정서비스의 특성을 규정한 정보의 가용성(의도된 용도, 요구사항 등)
- 필요시 서비스 제공을 위한 업무 지침서의 가용성(제반 법규, 시방서 등)
- 생산과 서비스 확보를 위한 적합한 장비의 사용과 유지(제반 시설 관리 등)
- 측정 및 감시장비의 가용성과 사용
- 감시활동의 실행
- 서비스 제공 이후의 활동에 대하여 규정한 프로세스의 실행

성과 개선 지침

○ 행정기관의 장은 요구사항을 준수하고, 이해관계자에게 보다 나은 행정서비스를 제공하기 위하여 행정서비스 실현 프로세스 관리를 철저히 하여야 한다.
○ 행정서비스 실현 프로세스의 효과성과 효율성을 개선하기 위하여 다음과 같은 지원 프로세스를 개선해야 한다.
- 낭비 감소
- 직원의 훈련
- 의사소통과 정보의 기록
- 공급자 능력 개발
- 기반구조 개선
- 문제예방
- 프로세스 방법
- 모니터링 방법

품질행정시스템 구축·평가·심사 및 효과성 개선 관점

○ 행정서비스 실현 프로세스 입력이 고객과 그 밖의 이해관계자의 욕구를 고려하는가?
○ 행정서비스를 실현하기 위한 표준 프로세스는 마련되어 있는가?

○제품, 부품 도면, 시방서 등은 현장에 유효본이 관리되는가?
○행정서비스 제공 프로세스에 변경이 있는 경우, 그 내용은 신속·정확하게 전달되는가?
○행정서비스 제공 프로세스와 관련된 문서가 적정하게 관리되는가?
○행정서비스 실현에 필요한 작업지도서 등이 작업자가 활용하기 쉽게 관리되는가?
○제조설비에 대한 보전절차가 수립되어 있는가?
○제조설비에 대한 점검상태가 양호하며 관리기록이 있는가?
○교정이 필요한 계측기기는 식별되고 교정되어 있는가?
○제조설비 및 계측기기의 점검 기록은 관리되는가?
○생산 및 서비스 운용 인원에 대한 교육·훈련은 충분하고 교육훈련이 계획에 따라 실행되는가
○교육계획에는 서비스의 품질 개선활동이 포함되어 있는가?
○환경조건 및 안전관리에 대한 관리기준이 있고 준수되는가?

7.5.2. 생산 및 서비스 제공에 대한 프로세스의 타당성 확인(Validation of processes for Production and service provision)

조직은 결과로 나타난 출력이 후속되는 모니터링 또는 측정에 의하여 검증될 수 없는 경우, 생산 및 서비스 제공에 대한 모든 프로세스에 대하여 타당성 확인을 하여야 한다. 이는 제품을 사용한 후 또는 서비스가 인도된 후에만 불일치가 나타나는 모든 프로세스를 포함한다.

타당성 확인은 계획된 결과를 달성하기 위하여 그 프로세스의 능력을 실증하여야 한다.

조직은 적용이 가능한 다음 사항을 포함하여 그 프로세스에 대한 결정을 수립하여야 한다.

a) 프로세스의 검토 및 승인에 대해 정해진 기준
b) 장비의 승인 및 인원의 자격인정
c) 특정 방법 및 절차의 사용
d) 기록에 대한 요구사항(4.2.4 참조)
e) 타당성 재확인

품질행정시스템 적용 해설

○프로세스의 출력이 후속 되는 감시, 검사 및 시험에 의해 쉽게 또는 경제적으로 검증될 수 없는 프로세스(「특별 프로세스」라 칭함)는 결정되어야 하고 타당성이 확인되어야 한다. 즉, 행정서비스의 제공 목적과는 다른 부정적 영향을 초래한 행정서비스의 프로세스에 대하여 타당성 확인이 필요하다. 이 경우, 특별프로세스에 해당하는지 결성하여야 한다.
○행정서비스의 경우, 특별프로세스는 행정서비스의 특성이 인도된 후에만 나타나거나 반복되지 않은 경우이다.
○타당성 확인이 필요한 특별 프로세스의 예를 들면 다음과 같다.
 ●행정서비스의 특성이 다음 프로세스로 갈 때까지 나타나지 않는 경우
 ●측정 방법이 없어 제품을 파괴하여 측정하는 경우
 ●프로세스 결과를 후속되는 검사나 시험으로 측정할 수 없는 경우
 ●타당성 확인 결과 부적합이 반복되는 경우
 ●업무편람 등 규정된 프로세스를 준수하여 시행하여도 행정서비스가 요구사항과 다르게 나오는 프로세스
○특별 프로세스는 행정서비스 제공 후, 제공 목적과 다른 부정적 효과가 나타난 경우이다. 이는 이전의 경험과 사례를 근거로 특별 프로세스로 결정할 수 있다.
 ●차선을 변경하고 난 후 교통사고가 더 많이 발생하는 경우
 ●예를 들면, 하천복개공사의 경우 초기에는 주민편익 위주의 목적으

로 시행되어 복개되었으나 중장기적으로 하천이 하수도 기능으로 전
환되어 편익보다는 자연환경에 훨씬 더 많은 부정적 영향을 미치는 경우
○특별 프로세스의 타당성 확인을 위한 방법은 정해져야 하고, 해당되는
경우, 최소한 다음의 사항은 고려되어야 한다.
●프로세스의 검토와 승인에 대한 기준을 정의
●장비 및 인원에 대한 승인
●규정된 방법 및 절차의 사용
●기록에 대한 요구사항
●타당성 재확인

○타당성을 확인하여야 할 프로세스는 정해져 있는가?
○해당 프로세스에 대한 관리·운영절차는 있는가?
○해당 프로세스에 대한 타당성 확인과정에 고객이 참여할 수 있는가?

7.5.3. 식별 및 추적성(Identification and traceability)

조직은 제품 실현의 모든 단계에서, 해당되는 경우, 적절한 수
단으로 제품을 식별하여야 한다.

조직은 모니터링 및 측정 요구사항과 관련하여 제품상태를 식
별하여야 한다.

추적성이 요구사항인 경우, 조직은 제품의 고유한 식별을 관리
하고 기록하여야 한다.(4.2.4 참조)

비고 : 어떤 산업분야에서는 컨피규레이션 관리가 식별 및 추적
　　　성을 유지하는 수단이다.

■식별

○행정서비스 및 공공재 제공 실현의 모든 단계에서 적절한 수단으로 행정서비스 및 공공재를 식별하여야 한다.

○식별은 해당되는 경우에만 적용한다. 즉 해당되지 않는 경우에는 식별을 생략할 수 있다.

○식별의 대상과 적용 방법은 다음과 같은 것이 있을 수 있다.

- 공공재 생산의 모든 단계 : 작업 과정의 업무편람에 식별조치를 포함하여 시행

- 행정서비스 제공 프로세스의 경우, 별도의 식별을 위한 조치는 필요 없음.

  민원 행정은 민원사무처리에 관한 법률에 의한 민원사무처리기준표로 처리 및 식별

  – 문서의 경우 공문서 분류 및 보전에 관한 규칙에 의하여 문서를 분류한다.

  – 기타 서비스 행정은 각각의 서비스마다 사무처리규정에 의한 결재 등으로 이루어짐.(조직별로 업무 추진, 문서 등록 등)

■추적성

○추적성이 요구사항인 경우에만 해당되며, 추적성의 대상은 고유한 식별을 관리하고 기록하여야 한다.

○추적성의 대상은 다음과 같은 것이 있다.

- 공공서비스 또는 물품
- 관련 법적, 규제 요구사항일 경우
- 위험물
- 기타 규정된 요구사항인 경우

○추적성의 적용 방법은 다음과 같은 것이 있다.

- 파악 및 관리
- 필요한 경우, 적절한 조치(영조물의 경우 관리 및 보수 등)

성과 개선 지침

○행정기관의 개선을 위하여 사용될 수 있는 데이터를 수집하기 위해 요구사항을 초과한 식별 및 추적성에 대한 프로세스를 수립할 수 있다.

○식별 및 추적성에 대한 필요성은 다음의 항목으로부터 제기된다.

- ●행정서비스 제공 후 사후 관리의 필요성이 있는 경우
- ●프로세스의 상태 및 능력의 확인
- ●법적 규제적 요구사항인 경우
- ●파악된 위험의 완화 등

품질행정시스템 구축·평가·심사 및 효과성 개선 관점

○행정서비스 식별 업무의 절차가 문서화되어 있는가?
○행정서비스 식별 방법은 정해져 있고 적정한가?

7.5.4. 고객 재산(Customer property)

조직은 조직의 관리하에 있거나 조직에 의하여 사용 중에 있는 고객 재산에 대하여 주의를 기울여야 한다. 조직은 제품으로 사용토록 제공되거나 제품화하기 위하여 제공된 고객 재산을 식별, 검증, 보호 및 안전하게 유지하여야 한다. 고객 재산이 분실, 손상 또는 사용하기에 부적절한 것으로 판명된 경우, 이를 고객에게 보고하고 기록을 유지하여야 한다.(4.2.4 참조)

비고 : 고객 재산은 지적 소유권을 포함할 수 있다.

○고객 재산은 행정서비스 또는 제품으로 사용하기 위하여 고객이 제공
한 경우에만 해당된다. 즉, 완성된 행정서비스나 제품의 원가에 반영
되며, 완성된 제품의 일부분에 구성 또는 완성된 제품의 제작방법 등
으로 사용되어진다.
○행정기관에서는 고객 재산의 예는 다음과 같은 것을 고려할 수 있다.
  ●지적 재산권
  ●기부채납에 의한 물품(사용목적을 기증자가 제시한 경우에 한함)
  ●구호품 등
  ●주민의 신상정보(주민등록 등)
○관계법령에 의하여 관리한다.(저작권법, 영조물 규칙, 주민등록법 등)
○행정기관의 관리하에 있거나 행정기관이 사용중인 고객 재산을 관리
  (식별, 검증, 보호 및 유지)하여야 한다.

성과 개선 지침

○행정기관은 재산가치를 보호하기 위하여 행정기관의 관리상태에 있는
고객 또는 기타 이해관계자의 소유된 재산과 다른 재산에 대한 책임을
파악하고 있어야 한다.

품질행정시스템 구축·평가·심사 및 효과성 개선 관점

○고객 재산으로 분류되는 것은 있는가?
○고객 재산의 관리 절차 및 책임과 권한은 문서화되어 있는가?
○고객 재산에 대한 보안 관리는 충분한가?

7.5.5. 제품의 보존(Preservation of product)

> 조직은 내부 프로세스 진행 중에는 물론 지정된 목적지로 제품을 인도할 때까지, 제품의 적합성을 보존하여야 한다. 이는 식별, 취급, 포장, 보관 및 보호를 포함하여야 한다.
> 보존은 제품을 구성하는 부품에도 적용하여야 한다.

품질행정시스템 적용 해설

○행정기관에서 적용할 대상과 보존 방법은 다음과 같은 것이 있다.
- ●무형의 행정서비스 : 일관성과 형평성을 유지하도록 제공 인원에 대한 교육 또는 적절한 조치
- ●영조물 : 관리 및 유지
- ●수도물 등 물품 : 적합한 수준으로 제공 및 유지

성과 개선 지침

○행정기관은 행정서비스의 손상 및 오용을 방지하기 위하여 행정서비스에 대한 보존 및 인도 프로세스를 정하고 실행하여야 한다.

품질행정시스템 구축·평가·심사 및 효과성 개선 관점

○공공재와 공공시설과 같은 행정서비스가 고객에게 전달될 때까지 적합하게 요구사항을 만족하고 있는가?

7. 6. 모니터링장치 및 측정장치의 관리(Control of monitoring and measuring devices)

　조직은 수행하여야 할 모니터링 및 측정을 결정하고, 결정된 요구사항(7.2.1 참조)에 대한 제품적합성의 증거제공에 필요한 모니터링 장치 및 측정장치를 결정하여야 한다.

　조직은 모니터링 및 측정이 모니터링 및 측정 요구사항에 일치하는 방법으로 수행될 수 있고, 수행되도록 보장하는 프로세스를 수립하여야 한다.

　유효한 결과를 보장하기 위해 필요한 경우, 측정 장치는 다음과 같아야 한다.
　a) 규정된 주기 또는 사용 전에 국제표준 또는 국가표준에 소급 가능한 측정표준으로 교정 또는 검증할 것. 그러한 표준이 없는 경우, 교정 또는 검증에 사용된 근거를 기록할 것.
　b) 조정 또는 필요에 따라 재조정할 것.
　c) 교정 상태가 결정될 수 있도록 식별할 것.
　d) 측정 결과를 무효화시킬 수 있는 조정으로부터 보호할 것.
　e) 취급, 유지보전 및 보관하는 동안 손상이나 열화로부터 보호할 것.

　또한 조직은 장비가 요구사항에 적합하지 않는 것으로 판명된 경우, 이전의 측정 결과에 대하여 유효성을 평가하고 기록하여야 한다. 조직은 그 장비 및 영향을 받은 모든 제품에 대하여 적절한 조치를 취하여야 한다. 교정 및 검증 결과에 대한 기록은 유지되어야 한다.(4.2.4 참조)

　컴퓨터 소프트웨어가 규정된 요구사항의 모니터링 및 측정에 사용될 경우 의도된 적용을 만족시키기 위하여 컴퓨터 소프트웨어의 능력이 확인되어야 한다. 이는 최초 사용전에 실시되어야 하며, 필요에 따라 재확인되어야 한다.

　비고 : KS A 10012-1 및 KS A 10012-2 참조

○용어 정의
  ●모니터링(Monitoring)
   목표를 달성하기 위한 프로세스의 진행 과정을 감시·관찰하여 그 결과를 바탕으로 필요한 정보를 얻거나 창출하는 일련의 지속적인 활동(일이 계획된 효과를 만족해 나가고 있는가에 대한 관점)
  ●측정(Measurement)
   일정한 시점에서 계획된 성과를 달성하였는지 검사 또는 시험하는 활동 (일이 계획된 효과를 만족하였는지에 대한 관점)
○모니터링 및 측정 장치의 관리 대상은 다음과 같다.
  ● 상·하수 수질, 환경관련 시험 및 검사장비
  ●기타, 행정기관에서 물품 생산에 필요한 검사 및 시험장비
  ●영조물 설치 과정 중에 필요한 검사장비(위탁한 경우에는 장치의 적합성을 검증)
○해당되는 경우, 업무를 외주처리 또는 위탁한 프로세스에 대한 모니터링 및 측정장치를 파악하여 결정한다.
○위와 같은 장비의 모니터링 및 측정장치의 관리는 관련 법규와 업무편람에 정하여 관리된다.
○조직이 수행하여야 할 모니터링 및 측정대상을 결정하고, 이에 따른 모니터링 및 측정장치를 결정한다. 모니터링 및 측정의 대상, 그리고 사용될 장치는 조직이 결정하고 프로세스를 수립하여 실행한다.
○장치의 관리방법은 다음과 같다.
  ●규정된 주기 또는 사용 전에 국제표준 또는 국가 표준에 소급 가능한 측정표준으로 교정 또는 검증할 것. 이러한 표준이 없는 경우, 교정 또는 검증에 사용한 근거를 기록할 것.
  ●필요한 경우 조정이나 재조정할 것.
  ●교정상태를 결정할 수 있도록 식별할 것.
  ●측정결과를 무효화시킬 수 있는 조정으로부터 보호할 것.

●취급, 유지보전 및 보관하는 동안 손상이나 열화로부터 보호할 것.
○측정기기가 측정기기의 요구사항을 벗어난 것으로 판명된 경우, 이전의 측정결과에 대한 유효성을 평가하고 기록하여야 한다.
○규정된 요건에 의해 측정 및 모니터링을 위해 사용된 컴퓨터 소프트웨어의 경우 최초 사용 전에 타당성 확인이 실시되어야 하고, 필요시 주기적인 재확인을 실시하여야 한다.

성과 개선 지침

○행정기관은 고객 및 이해관계자의 만족을 보장하기 위하여 행정서비스와 프로세스의 검증과 타당성확인 방법과 장치를 포함하는 효과적이고 효율적인 측정 및 모니터링 프로세스를 정하고 이행하여야 할 것이다. 이러한 방법에는 모의실험, 측정 및 모니터링 활동이 포함될 수 있다.
○데이터의 신뢰성을 확보하기 위해 측정 및 모니터링 프로세스는 적절한 정확도와 수용된 표준에 적합하도록 유지되고 사용의 적합한 장비의 확인을 포함해야 함은 물론 장치의 상태를 식별할 수 있는 수단이 포함되어야 할 것이다.

품질행정시스템 구축·평가·심사 및 효과성 개선 관점

○정확한 데이터를 취득하고 이용되도록 보장하기 위하여 측정 및 모니터링 장치를 어떻게 관리하고 있는가?(여기에서 장치는 기계와 같은 물리적 장치뿐만 아니라 인원도 포함된다)
●측정 및 모니터링 장비의 관리절차는 있으며 문서화되어 있는가?
●측정 및 모니터링 장비는 파악되어 있는가?
●측정 및 모니터링 장비의 정확도·정밀도·용량 등은 충분한가?
●측정 및 모니터링 장비의 교정계획은 수립되고 관리되는가?
○교정 여부를 무효화할 수 있는 장비가 있는 경우, 보호방법은 적정하

게 준수되고 있는가?
○교정기준을 벗어나 측정 및 모니터링 장비가 있는가?
○측정 및 모니터링 장비의 취급·유지·보관·점검 등 관리활동이 적정하
  게 규정되고 준수되는가?

8. 측정, 분석 및 개선(Measurement, analysis and improvment)

8.1. 일반사항(General)

> 조직은 다음 사항에 필요한 모니터링, 측정, 분석 및 지속적 개
> 선 프로세스를 계획하고 실행하여야 한다.
>   a) 제품의 적합성 입증
>   b) 품질경영시스템의 적합성 보장
>   c) 품질경영시스템의 효과성을 지속적으로 개선
>
> 이는 통계적 기법을 포함한 적용 가능한 방법 및 사용범위에 대
> 한 결정을 포함하여야 한다.

○행정행위의 결과에 대한 적합성을 입증하기 위하여 시·군의 주요업
  무의 심사평가 및 조정에 관한 규칙 등을 관계 규정을 시행할 경우, 품
  질행정절차서에서 요구하는 주요 업무에 대한 평가를 실시한다.
○품질행정시스템의 적합성 보장하기 위하여 품질행정 내부심사, 행정
  조직진단, 행정기구의 사무배분, 행정기구설치 및 조정, 주요업무 심사
  분석 등을 관계 규정에 따라 실시한다.
○품질행정시스템의 효과성을 지속적으로 개선하기 위하여 품질행정 내
  부심사 실시하고 필요에 따라 위원회 또는 개선팀을 설치 운영할 수 있

다.(위원회, 개선팀을 운영할 경우 효과성이 담보되지 않으면 굳이 설
치 운영할 필요가 없다.)
○모니터링 및 측정방법은 다음 사항을 고려할 수 있다.
  ●행정서비스의 모니터링 및 측정
  ●프로세스의 모니터링 및 해당되는 경우 측정
  ●고객 만족도의 모니터링
  ●내부심사
  ●자체평가
  ●재정평가 등

성과 개선 지침

○의사결정은 각종 데이터의 분석 결과를 바탕으로 이루어져야 한다.
○행정서비스를 제공하기 위하여 효과적이고 효율적인 측정, 데이터의 수
  집 및 데이터의 타당성 확인을 보장하여야 한다.
○행정기관의 프로세스에 대한 성과 측정은 다음과 같은 보기를 포함
  한다.
  ●행정서비스의 측정 및 평가
  ●프로세스의 능력
  ●고객 및 기타 이해관계자의 만족
○품질행정시스템 성과개선을 위한 분야를 파악하기 위해 고객 및 기타
  이해관계자 만족도 조사, 내부심사, 자체평가를 실행한다.

품질행정시스템 구축·평가·심사 및 효과성 개선 관점

○행정서비스가 고객과 이해관계자를 만족시키는 것을 보장하기 위하여
  측정, 분석 및 개선활동의 중요성을 조직원에게 어떻게 장려하는가?
○품질행정시스템 개선을 위한 데이터의 효과적이고 효율적인 측정, 수
  집 및 타당성 확인이 보장되고 있는가?

8.2. 모니터링 및 측정(Monitoring and measurement)

8.2.1. 고객 만족(Customer satisfaction)

> 조직은 품질경영시스템 성과 측정의 하나로 조직이 고객 요구사항(7.2.1 참조)을 충족시키는지에 대해 고객의 인식과 관련된 정보를 모니터링하여야 한다. 이 정보의 획득 및 활용에 대한 방법을 결정하여야 한다.

품질행정시스템 적용 해설

○품질행정시스템에 대한 성과측정의 한 방법으로 결정된 요구사항을 충족시켰는지에 대한 고객 인지사항과 관련된 정보를 모니터링 하여야 한다.
○이러한 정보의 획득 및 이용방법을 결정하여야 한다.
  ●단기적 과제 : 개선 과제로 선정하여 해결
  ●중·장기적 과제 : 품질목표, 중장기 사업계획 등으로 반영
○고객만족에 대한 모니터링 및 측정의 대표적인 방법은 고객만족도 조사이다.
○고객만족도 조사는 다음과 같은 다양한 방법의 장단점을 고려하여 적용한다.
  ●관찰법
  ●면접법
  ●질문지법(가장 광범위하게 사용되는 방법이며 대인면접법, 전화면접법, 우편조사법, 집단조사법, 배포조사법, 인터넷 설문조사 등이 있다.)
○고객만족도 조사결과 취득한 정보는 행정시스템의 개선의 피드백 자료로 활용한다.
○고객관련 정보는 다음과 같은 것을 고려할 수 있다.
  ●행정서비스에 대한 피드백

- ●고객 요구사항에 관련된 정보
- ●사회적 요구사항
- ●서비스 인도 데이터
- ●인근 행정기관의 서비스 제공 실태

○고객 만족 또는 불만족에 대한 정보는 다음의 자료에서 획득할 수 있다.
- ●고객 불만 접수
- ●고객과 직접적인 의사소통
- ●질문서
- ●고객조직의 보고서
- ●매체 등

○법규에 의해 또는 일시적으로 구성한 각종 「위원회」는 행정행위에 이해관계자의 의견을 취합, 분석, 검토 등의 역할을 담당하고 있다.

○필요에 따리 옴부즈맨 제도를 적용할 수 있다.

성과 개선 지침

○행정기관의 성과를 개선하기 위하여 다음과 같은 정보를 수집, 분석 및 활용하여야 한다.
- ●고객 및 사용자 조사
- ●행정서비스의 피드백
- ●고객 요구사항
- ●사회적 요구사항

○행정기관은 다음과 같은 고객 만족 정보의 출처를 정하고 활용하여야 하며, 미래의 요구를 예측하기 위하여 고객과 협력하여야 한다.
- ●고객불평
- ●고객과의 직접적인 의사소통
- ●설문 및 조사
- ●외부용역에 의한 데이터의 수집 및 분석
- ●행정서비스의 직접제공 대상

●고객단체(NGO, 시민단체 등)의 보고서
●다양한 매체의 보고서
●분야별, 산업별 조사

○고객 만족 모니터링를 위한 계획 및 절차가 수립되고 실행되는가?
○고객불만은 정확히 접수, 기록, 파악되고 있는가?
○고객불만족 사항을 개선하기 위한 계획 및 절차가 수립되고 실행되는가?
○고객만족의 모니터링 방법은 적정한가?

8.2.2. 내부심사(Internal audit)

다음 사항을 결정하기 위하여, 조직은 계획된 주기로 내부심사를 수행하여야 한다.

a) 품질경영시스템이 계획된 결정사항(7.1), 이 규격의 요구사항, 그리고 조직이 수립한 품질경영시스템 요구사항에 적합한지 여부

b) 품질경영시스템이 효과적으로 실행되고 유지되는지 여부

심사프로그램은 이전 심사의 결과뿐 아니라 심사대상 프로세스 및 분야의 상태와 중요성을 고려하여 계획되어야 한다. 심사기준, 범위, 주기 및 방법을 정하여야 한다. 심사원 선정 및 심사수행에는 심사 프로세스의 객관성 및 공정성이 보장되어야 한다. 심사원은 자신의 업무에 대하여 심사를 수행하여서는 안 된다.

심사의 계획, 수행, 심사의 독립성 보장, 결과의 보고 및 기록유지(4.2.4 참조)에 대한 책임과 요구사항은 문서화된 절차에 규정되어야 한다.

    심사대상 업무에 책임을 지는 경영자는 발견된 부적합 및 원인
을 제거하기 위한 조치가 적시에 취해질 수 있도록 보장하여야 한
다. 후속조치는 취해진 조치의 검증 및 검증 결과의 보고를 포함
하여야 한다.(8.5.2 참조)

    비고 : KS A 10011-1, KS A 10011-2 및 KS A 10011-3 참조

○별도로 문서화된 프로세스를 구축하여야 한다.
○다음 사항을 충족시키기 위하여 계획된 주기로 내부심사를 실시한다.
  ●품질행정시스템이 품질행정헌장, 행성서비스헌장 그리고 행정행위
    의 결과에 대한 요구사항을 만족하는지 여부
  ●ISO 9001:2000의 요구사항에 대한 적합성 여부
  ●품질행정시스템이 효과적으로 실행되고 유지되는지 여부
○내부심사의 일반적인 프로세스는 다음과 같다.
  ●내부심사 계획의 수립 및 승인 →내부심사원의 구성 및 승인 →내부
    심사일정, 점검표 준비 →내부심사 수행 및 심사결과 기록 → 부적
    합사항에 대한 시정조치 요구 → 시정 및 시정조치의 실시 및 보고 →
    시정조치 결과의 유효성 검증 → 심사보고서의 작성 및 보고 → 품질
    행정총합진단에 심사결과 반영 → 품질행정 종합진단 결과 후속조치
○내부심사의 실시시기와 방법 등 다음과 같이 실행한다.
  ●심사활동 및 분양의 상태와 중요성뿐만 아니라 이전 심사의 결과를
    고려하여 심사 프로그램을 수립한다.
  ●심사기준, 범위, 주기 및 방법을 결정한다.
  ●심사자 선정 및 심사 수행에는 심사 프로세스의 객관성 및 공정성이
    보장되어야 한다.

●심사자는 자신의 업무에 대하여 심사를 수행하여서는 안 된다.
○심사결과에 대하여, 필요한 경우, 시정조치하여야 한다.
○심사결과는 경영 검토의 입력사항(5.6항)으로 활용되어야 한다.
○후속조치에는 시정조치의 실행에 대한 검증사항이 포함되어야 하며 검
  증결과는 보고되어야 한다.

○행정기관은 품질행정시스템의 강점과 약점을 평가하기 위한 효과적이
  고 효율적인 내부심사 프로세스를 수립하고 실행하여야 한다.
○내부심사 프로세스는 지정된 프로세스 또는 활동의 독립적인 평가를
  위해 활용된다.
○내부심사는 다음과 같은 사항을 고려하여야 하며 그 결과는 개선활동
  으로 이어져야 한다.
  ●프로세스의 효과적이고 효율적인 실행
  ●지속적 개선을 위한 기회
  ●프로세스의 능력
  ●통계적 기법의 효과적이고 효율적인 활용
  ●정보기술의 활용
  ●행정서비스의 품질비용 데이터의 분석
  ●자원의 효과적이고 효율적인 활용
  ●프로세스 성과 및 행정서비스 성과에 대한 결과 및 기대
  ●성과 측정의 충족성 및 정확성
  ●개선활동
  ●이해관계자와의 관계 등

○내부심사 절차서는 문서화되어 있는가?

○내부심사 절차에는 심사 계획, 실행, 보고 및 후속조치가 구체적으로 규정되어 있는가?
○내부심사 계획은 적정하게 구성되어 있는가?
○내부심사원의 자격기준은 정해지고 지켜지는가?
○내부심사 결과 부적합사항에 대한 시정조치는 이루어지는가?
○시정조치에 대한 유효성 검증은 적정하게 이루어지는가?
○내부심사 결과는 행정기관의 장에게 보고되는가?
○내부심사 결과는 품질행정종합진단에 반영되는가?
○내부심사의 결과 주요 문제점에 대한 지속적인 개선활동은 수행되는가?

8.2.3. 프로세스의 모니터링 및 측정(Monitoring and measurement of process)

> 조직은 품질경영시스템 프로세스에 대한 모니터링 및 해당되는 경우, 프로세스에 대한 측정을 위하여 적절한 방법을 적용하여야 한다. 이 방법은 계획된 결과를 달성하기 위한 프로세스의 능력을 실증하여야 한다. 계획된 결과가 달성되지 못하였을 때, 해당되는 경우, 제품의 적합성이 보장될 수 있도록 시정 및 시정조치를 취하여야 한다.

품질행정시스템 적용 해설

○각각의 프로세스는 법규에 규정된 것에 의한 법정 절차와 사무관리규정에 의한 업무편람이 적정한지 검토한다.
○다음과 같이 고객요구사항을 충족시키는 데 필요한 모든 프로세스는 모니터링 하여야 하며, 측정 가능한 프로세스는 측정하여야 한다.
  ●모니터링과 측정은 「품질행정 내부심사」, 「시·군 자체감사」, 「업무 심사분석」과 같은 업무 추진시 병행한다.
  ●프로세스의 측정은 적용 가능한 경우에 적절한 방법을 적용하여 측

정한다.
○프로세스가 부적합한 것으로 결정되면 시정 및 시정조치하여야 한다.

○행정기관은 프로세스의 측정방법을 파악하고 프로세스 성과를 평가하기 위한 측정을 수행하여야 한다.
○프로세스 성과의 측정은 이해관계자의 욕구 및 기대를 균형 있게 다루어야 한다.
  ●능력
  ●대응시간
  ●사이클 타임 또는 업무 처리량
  ●측정가능한 신인성 측면
  ●업무 수행의 효과성 및 효율성
  ●기술의 활용
  ●낭비 절감

○행정서비스 실현 프로세스별로 성과 평가를 위한 방법이 파악되고 실행되는가?
○각 프로세스의 성과는 측정할 수 있도록 계량화되어 있는가?
○성과 평가 결과는 만족스러운 추세인가?
○성과 평가 결과 개선이 필요한 경우, 개선되는가?
○개선이 이루어진 경우 객관적으로 비교되는가?
○성과 평가 결과는 고객 만족에 직접적인 연관성이 충분한가?

8.2.4. 제품의 모니터링 및 측정((Monitoring and measurement of product)

조직은 제품요구사항이 충족되었다는 것을 검증하기 위하여, 제품의 특성을 모니터링하고 측정하여야 한다. 이는 계획된 결정사항(7.1 참조)에 따라 제품 실현 프로세스의 적절한 단계에서 수행되어야 한다.

합격판정 기준에 적합하다는 증거가 유지되어야 한다. 기록에는 제품의 불출을 승인하는 인원(들)이 나타나야 한다.(4.2.4 참조)

관련된 권한을 가진 자가 승인하거나, 해당되는 경우, 고객인 승인한 경우를 세외히고는, 제품 불출 및 서비스 인도는 계획된 결정사항(7.1 참조)이 만족스럽게 완료되기 전에 신행되어서는 아니된다.

품질행정시스템 적용 해설

○행정서비스가 요구사항에 충족된다는 것을 검증하기 위해 행정서비스의 특성을 측정하고 모니터링하여야 한다.
○수행될 모니터링 및 측정기준이 수립되어 있어야 하며 행정서비스 실현 프로세스의 적절한 단계에서 실시되어야 한다.
○제공하는 행정서비스는 다음과 같은 모니터링 및 측정 방법을 적용할 수 있다.
  ●인허가와 같이 문서의 수단으로 표시되는 행정행위의 결과는 「사무관리규정」에 의하여 관련 부서의 의견과 최종 결재에 따라 결정된다.
  ●행정서비스의 인도과정에서는 공무원의 자세(친절, 상세한 설명, 복장 등)가 행정서비스의 품질에 결정적인 역할을 미친다.
  ●영조물의 제공은 준공검사와 같은 방법으로 결정된다.

●물품의 제공은 제공받는 자의 수령의 방법으로 결정된다.
●기타 행정행위의 결과가 완료된 후에는 고객 등 이해관계자의 불만
  사항접수, 주민감사청구제도, 자체 심사결과에 의하여 결정된다.
○행정행위 결과에 대한 합격판정기준 및 적합성에 관한 기록을 유지하
  여야 한다.
●정책실명제 실시
●관련된 문서의 유지 관리 등

○행정서비스가 요구사항에 적합하다는 검증하기 위하여 다음과 같은 사
  항을 고려하여야 한다.
●측정의 형태, 적절한 측정 수단, 요구되는 정확도 및 필요한 숙련도
  를 결정하는 행정서비스의 특성
●요구되는 장비, 소프트웨어 및 도구
●실현 프로세스의 순차적 단계에서 적절한 측정 포인트의 위치
●각 포인트에서 측정될 특성, 그리고 문서화 및 사용될 합격판정기준
●선정된 행정서비스 특성에 대해 고객이 설정한 입회점 또는 검증점
●법적 및 규제 기관이 입회하거나 수행하는 것이 요구되는 검사 또는
  시험
●제3자의 검증(형식 시험 등)
●최종 검사
●행정서비스 측정 결과 기록

○행정서비스의 측정 및 모니터링을 위한 관리방법이 문서화되어 있
  는가?
○행정서비스의 측정 및 모니터링 방법이 적절한가?

○ 행정서비스의 측정 및 모니터링 결과는 주기적으로 분석, 정리되는가?
○ 행정서비스의 측정 및 모니터링 결과는 만족스러운 수준, 추세인가?

8.3. 부적합 제품의 관리(Control of nonconforming product)

조직은 의도하지 않는 사용 또는 인도를 방지하기 위하여, 제품 요구사항에 적합하지 않는 제품이 식별되고 관리됨을 보장하여야 한다. 부적합 제품의 처리에 대한 관리와 관련된 책임 및 권한은 문서화된 절차에 규정되어야 한다.

조직은 부적합 제품을 다음의 하나 또는 그 이상의 방법으로 처리하여야 한다.
  a) 발견된 부적합의 제거를 위한 조치 실시
  b) 관련된 권한을 가진 자 및 해당되는 경우 고객에 의한 특채 하에 사용, 불출 또는 수락을 승인
  c) 본래 의도된 용도 또는 적용을 배제하는 조치의 실시

부적합의 상태와 승인된 특채를 포함한 취해진 모든 후속조치에 대한 기록은 유지되어야 한다.(4.2.4 참조)

부적합 제품은 시정될 경우 요구사항에 따른 적합성을 실증하기 위하여 재검증되어야 한다.

부적합 제품이 인도 후 또는 사용이 시작된 후 발견되면, 조직은 부적합의 영향 또는 잠재적 영향에 대해 적절한 조치를 취하여야 한다.

품질행정시스템 적용 해설

○ 행정행위에 있어 부적합 제품의 대상은 다음과 같다.

- ●진정, 이의신청, 탄원, 청원, 제안과 같이 고객이 시장·군수에게 시정, 정정 또는 특정한 요구사항으로 적법하거나 타당한 것으로써 시·군의 조직에 접수되거나 공무원이 인지한 「고객불만사항」
- ●법규 및 규정된 사항에 저촉되는 「위법, 부당한 행정행위」
- ●상급기관, 의회에서 위법, 부당하다고 지적된 「지적사항」
- ●품질행정시스템을 위반하거나 부적합한 「위반사항」
- ●기타 요구사항을 충족하지 못한 「행정행위의 결과」 등

○부적합한 행정행위는 관련규정에 의하여 문서화하여야 한다. 단, 그 내용이 경미하다고 인정한 부적합 사항에 대하여는 문서화를 생략할 수 있다.

○부적합한 행정행위는 다음의 하나 또는 그 이상의 방법으로 처리하여야 한다.

- ●발견된 부적합의 제거 또는 규정된 요구사항을 만족할 수 있도록 조치
- ●해당되는 경우, 부적합한 행정행위에 대한 고객의 인정
- ●부적합한 행정행위의 원래 의도된 사용 혹은 적용을 위한 조치

○부적합의 원래 상태와 특채를 포함한 후속조치는 기록되어야 한다.

○부적합 제품은 정정후 적합하다는 것을 증명하기 위해 재검증되어야 한다.

○부적합 제품이 인도후 또는 사용후 발견된 경우 부적합의 중대성을 고려한 적절한 조치를 취하여야 한다.

- ●시정 및 시정조치
- ●행정행위의 철회
- ●원상 회복 조치 등

성과 개선 지침

○행정기관은 파악된 부적합을 검토 및 처분하기 위한 효과적이고 효율적인 프로세스를 수립하여야 한다.

○부적합한 행정서비스의 대상은 정하였는가?

○부적합한 행정서비스의 개선을 위하여 부적합을 어떻게 분석하고 있는가?

○부적합한 행정서비스의 발생에 대한 분석이 이루어지고 예방을 위한 조치는 시행되는가?

○부적합한 행정서비스의 추이는 만족스러운가?

8.4. 데이터의 분석(Analysis of data)

조직은 품질경영시스템의 적절성과 효과성을 실증하고, 품질경영시스템의 효과성을 지속적으로 개선할 수 있는지를 평가하기 위하여, 적절한 데이터를 결정, 수집 및 분석하여야 한다. 이는 모니터링 및 측정의 결과로 생성된 데이터 및 다른 관련 출처로부터 생성된 데이터를 포함한다.

다음에 관한 정보를 제공하기 위하여 데이터를 분석하여야 한다.
   a) 고객 만족(8.2.1 참조)
   b) 제품 요구사항에 대한 적합성(7.2.1 참조)
   c) 예방조치에 대한 기회를 포함한 프로세스 및 제품의 특성과 경향
   d) 공급자

○데이터 수집은 고객 요구사항과 만족도 조사시 병행할 수 있다.
○품질행정시스템에 적합성과 효과성을 결정하고, 품질행정시스템을 지속적으로 개선하기 위하여 다음 사항과 관련된 적절한 정보를 수집 및 분석하여야 한다.
   ●고객만족
   ●품질행정행위와 관련된 요구사항의 적합성
   ●예방조치를 위한 프로세스 및 행정행위 결과의 특성과 경향
   ●품질행정에 제품을 제공하는 공급자(계약자)
○측정 및 감시활동이나 기타 관련 출처로부터 생성된 데이터를 기초로 한다.
○가능한 경우, 정보의 분석결과는 다음 사항을 결정하는 데 이용할 수 있다.
   ●품질행정의 경향
   ●품질행정 운영성과
   ●고객만족 또는 불만족
   ●품질행정시스템의 효과성 또는 효율성
   ●공급자(계약자)의 기여도
   ●행정활동에 필요한 재정 및 경제성
○분석되지 않는 데이터는 전략적 가치가 없다.
   ●분석되지 않은 데이터는 적합성 검증 용도로만 사용된다.
   ●데이터는 분석이 되어야만 정보로서 가치를 지닌다.
   ●관리도와 같이 이용하기 편하면서도 많은 정보를 얻을 수 있는 기법이 바람직하다.

성과 개선 지침

○의사결정에 필요한 데이터를 분석하기 위하여 다음과 같은 방법을 실

행한다.
- ●유효한 분석 방법
- ●적절한 통계적 기법
- ●균형이 잡힌 경험 및 직관으로, 논리적 분석 결과에 근거한 의사결
  정 및 조치 실행
○데이터의 분석은 현재 또는 잠재적인 문제의 근본원인을 결정하는데
  도움을 줄 수 있고, 그 결과로써 개선을 위해 필요한 시정조치 및 예방
  조치를 결정할 수 있다.
○분석결과는 다음 사항을 결정하는 데 활용할 수 있다.
- ●추세
- ●고객 및 기타 이해관계자의 만족
- ●프로세스의 효과성 및 효율성
- ●공급자 기여도
- ●성과개선 목표 성취
- ●품질, 재정 및 시장과 관련된 성과의 경제성
- ●성과의 벤치마킹
- ●경쟁력

품질행정시스템 구축·평가·심사 및 효과성 개선 관점

○개선을 위한 분야를 파악하고 그 성과를 평가하기 위한 데이터를 어떻
  게 분석하는가?
○고객 만족과 관련된 데이터의 수집 및 분석이 이루어지는가?
○분석에는 통계적 기법이 적용되는가?
○분석결과는 만족스러운 수준인가?
○분석결과를 바탕으로 한 개선의 목표는 정해지는가?

8.5. 개선(Improvement)

8.5.1. 지속적 개선(Continual improvement)

조직은 품질방침, 품질목표, 심사 결과, 데이터 분석, 시정조치 및 예방조치, 그리고 경영검토의 활용을 통하여, 품질경영시스템의 효과성을 지속적으로 개선하여야 한다.

품질행정시스템 적용 해설

○품질행정방침, 행정서비스헌장, 품질행정시스템의 심사결과, 정보분석, 시정조치 및 예방조치, 심사분석 등의 활용을 통하여, 품질행정시스템의 효과성을 지속적으로 개선하여야 한다. 개선은 지속적인 프로세스이기 때문이다.
○시스템 개선 내용이 다음과 같은 방법으로 객관적으로 검증되어야 한다.
  ●고객만족도 조사(고객만족도 조사방법은 일관성을 유지)
  ●시스템에 대한 분석 및 통계
  ●제3자 심사 등
○품질행정시스템의 지속적인 개선을 위하여 품질행정기구와 필요한 조직을 설치를 고려할 수 있다. (업무를 위한 업무의 신설과 같은 효과가 발생할 수 있으므로 가급적 별도의 조직을 설치 운영하는 것은 바람직하지 않다.)
○개선은 내부적으로 효과성과 효율성을 개선시키고 외부적으로는 고객이나 기타 이해관계자의 만족을 도모하는 것이다.
○개선 프로세스에 대한 입력사항으로는 다음 사항을 고려할 수 있다.
  ●타당성 확인 데이터
  ●시험데이터
  ●고객 피드백

- 재정적 데이터(원가절감, 이익증대, 매출액 증대 등)
- 생산성 데이터
- 서비스 데이터

○품질목표의 달성 및 목표의 지속적 상향 조정에 의해 지속적 개선을 달성할 수도 있다.

○개선의 방법에는 다음과 같이 두 가지 카테고리를 고려하여야 한다.
- 혁신적 개선(산포의 중심 변경)-전략적 결정
- 일상 운영에 의한 일상 개선(변동의 감소)-운영개선

성과 개선 지침

○행정기관은 문제발생에 의해 개선 기회가 나타날 때까지 기다리기보다는 프로세스의 효과성 및 효율성의 개선을 지속적으로 추구하여야 한다.

○개선은 점진적으로 진행 중인 지속적 개선으로부터 혁신적인 프로젝트까지 범위로 할 수 있다.

○행정조직은 개선활동을 파악하고 관리할 수 있는 프로세스를 가지고 있어야 한다. 이러한 개선은 행정서비스 또는 프로세스뿐만 아니라 품질행정시스템 또는 행정조직의 변경까지 이룰 수 있다.

품질행정시스템 구축·평가·심사 및 효과성 개선 관점

○개선활동을 지속적으로 전개하는 문서화된 절차가 있으며 실행되는가?

○개선 전과 후의 성과는 비교되는가?

○개선과 관련된 교육, 훈련은 실행하는가?

○개선 목표를 수립하는 과정에서 충분한 정보를 활용하는가?

○개선 목표의 달성정도는 파악되며 차이는 분석되는가?

8.5.2. 시정조치(Corrective action)

> 조직은 부적합의 재발 방지를 목적으로 부적합의 원인을 제거하기 위한 조치를 취하여야 한다. 시정조치는 당면한 부적합의 영향에 대하여 적절하여야 한다.
>
> 문서화된 절차에는 다음 요구사항을 규정하여야 한다.
> a) 부적합의 검토(고객불평 포함)
> b) 부적합 원인의 결정
> c) 부적합이 재발하지 않음을 보장하기 위한 조치의 필요성에 대한 평가
> d) 필요한 조치의 결정 및 실행
> e) 취해진 조치의 결과 기록(4.2.4 참조)
> f) 취해진 시정조치의 검토

품질행정시스템 적용 해설

○시정조치에 대한 문서화된 절차를 수립하고 유지하여야 한다.
○부적합의 재발 방지를 목적으로 부적합의 원인을 제거하기 위한 시정조치를 취하여야 한다.
○해당되는 경우, 부적합 보고서, 고객불만 및 기타 적절한 품질행정시스템 기록이 시정조치 프로세스의 입력사항으로 사용되어야 한다.
○운영비용, 부적합으로 인한 손실비용, 성과, 신뢰성, 안전 및 고객만족도 등에 영향 미치는 관점에서 문제의 중요성을 평가하여 판단하여야 한다.
○시정조치의 절차에는 다음과 같은 사항을 시행해야 한다. 필요에 따라 취해진 시정조치의 효과를 검증하여 비효과적인 것으로 판명될 경우 후속대책이 있어야 한다.

●부적합의 검토(고객불만 포함)
●부적합 원인의 결정
●부적합이 재발하지 않도록 조치의 필요성 검토
●부적합의 제거를 위한 조치의 결정 및 실행
●유사한 부적합의 존재 유무 검토 및 재발방지를 위한 조치 실행
●취해진 시정조치의 유효성 검토
○시정조치는 품질행정 종합진단(5.6항)에 포함되어야 한다.
○행정기관은 제품 및 또는 서비스가 이미 인도된 후에 부적합한 것으로 판명된 경우에 대한 시정조치를 실행하여야 한다. 가능한 경우 고객에게 통보하여야 한다

성과 개선 지침

○시정조치는 개선을 위한 도구로 활용되어야 한다.
○적절히 훈련된 인원이 시정조치 프로세스에 참여하여야 한다.
○조치가 취해질 때에는 프로세스의 효과성 및 효율성이 강조되어야 하며 시정조치의 목표를 달성하여야 한다.
○시정조치는 경영검토에 포함되어야 한다.
○시정조치는 재발을 방지하기 위한 부적합의 원인을 제거하는 데 초점이 맞추어져야 한다.

품질행정시스템 구축·평가·심사 및 효과성 개선 관점

○시정조치의 절차가 있으며 문서화되어 있는가?
○시정조치의 대상별 조치내용, 활동, 순서, 기준 등이 구체적인가?
○시정조치의 책임과 권한은 정해져 있는가?
○시정조치 결과는 기록되고 보고되는가?
○시정조치 결과는 유효성이 검증되는가?
○시정조치 상태는 만족스럽게 수행되는가?
○시정조치 상태는 품질행정 종합진단에 반영되는가?

○시정조치를 취한 후 동일하거나 유사한 부적합의 발생은 없는가?

8.5.3. 예방조치(Preventive action)

> 　조직은 부적합의 발생 방지를 위하여 잠재적 부적합의 원인을 제거하기 위한 조치를 결정하여야 한다. 예방조치는 잠재적인 문제의 영향에 대하여 적절하여야 한다.
>
> 　문서화된 절차에는 다음 요구사항이 규정되어야 한다.
> a) 잠재적 부적합 및 그 원인 결정
> b) 부적합의 발생을 방지하기 위한 조치의 필요성에 대한 평가
> c) 필요한 조치의 결정 및 실행
> d) 취해진 조치의 결과 기록(4.2.3 참조)
> e) 취해진 예방조치의 검토

품질행정시스템 적용 해설

○예방조치에 대한 문서화된 절차를 수립하고 유지하여야 한다.
○행정기관은 부적합 발생을 예방하는 부적합의 잠재원인 제거를 위한 프로세스를 수립하고 있어야 한다.
○해당되는 경우, 품질행정시스템 기록과 데이터 분석 결과가 예방조치에 대한 입력사항으로 사용되어야 한다. 행정기관은 고객 만족도의 조사결과, 내부심사 결과, 기록을 검토하고 해당되는 경우 시의적절한 예방조치를 실행할 것을 요구하고 있다.
○부적합의 발생방지를 위하여 잠재적인 부적합의 원인을 제거하기 위한 예방조치를 실행하여야 하며, 예방조치의 절차에는 다음과 같은 사항을 시행하여야 한다.
　●잠재적 부적합 및 그 원인을 결정

●부적합 발생을 방지하기 위한 조치의 필요성 검토
●필요한 조치의 결정 및 실행
●취해진 예방조치의 유효성 검토

○예방조치를 취할 때에는 데이터 분석 출력물, 만족도 측정결과, 프로세스 측정결과, 자체평가 결과 등 데이터에 근거하여야 한다.
○예방조치는 개선 프로세스의 입력으로 활용되어야 한다.

○행정서비스에 예견되는 문제점을 제거하기 위한 예방조치를 어떻게 하고 있는가?
○예방조치에 필요한 문서화된 절차가 있는가?
○예방조치의 책임과 권한은 정해져 있는가?
○예방조치 상태는 기록되며 경영검토에 반영되는가?
○예방 및 개선의 초점이 분석되어진 경향에 근거하고 있는가?

제 4 편

품질행정시스템 구축

제1장. 품질행정시스템 문서화 이론과 실무

제1절. 품질행정 문서화 이론

1. 문서화의 개념

ISO 9001:2000판의 영문인 Documentation은 KS A 9001:2001에서 「문서화」로 해석되었다. 「문서화」란 「시방서 및 기록과 같은 문서의 집합」이다.[23]

품질행정시스템의 문서화의 정도는 조직의 규모 및 형태, 프로세스의 복잡성 및 그 상호작용, 인원의 적격성에 따라 다를 수 있다.[24]

문서화의 의미에는 품질매뉴얼, 품질방침 등의 단어를 조직의 특성에 맞게 달리 정할 수 있음을 포함한다. 또한 행정기관이 품질행정시스템을 문서화하는 데 유연한 방식을 채택할 수 있도록 허용하고 있다. 따라서 품질행정시스템에서는 품질매뉴얼은 품질행정매뉴얼로, 품질방침은 품질행정방침, 경영검토는 품질행정 종합진단 등으로 바꾸어 사용하고 있다.

문서화는 문서화를 통한 가치창출 활동이 전제되어야 한다. 단순히 문서를 생산하는 것으로 그쳐서는 안 된다. 또한 품질행정시스템의 실행 및 개선을 실증하는 데 필요한 문서는 최소한으로 구축한다.

문서화는 대규모 조직 및 중간규모의 조직뿐만 아니라 소규모 조직에

---

23) ISO 9000:2000/KS A 9000:2001 3.7.2 비고2 참고
24) ISO 9001:2000/KS A 9001:2001 4.2.1 비고2 참조

관계없이 조직에 적절한 형태이어야 하므로 행정조직의 규모에 맞게 문서화를 다양하게 할 수 있고, 요구되는 문서화의 양과 세부내용은 행정서비스 제공의 프로세스 활동 결과에 더욱 밀접하여야 한다.

문서화는 어떠한 매체의 형태나 형식이 될 수 있다. 따라서 반드시 서류만을 이용할 필요는 없으며, 컴퓨터상의 파일, 설계서, 그림 등으로 유지 관리할 수 있다.

2. 문서화의 가치

○품질행정활동의 목적을 일관성 있게 달성하기 위하여 실행과 유지에 필요한 지침을 제공함으로써 관련자의 인식을 한 데 모은다.
○고객 요구사항의 정확한 파악 및 지속적인 품질개선을 달성하는 데 필요한 정보를 제공하고 평가하는 수단이 된다.
○문서화함으로써 업무의 반복적 실행 및 추적성을 갖게 한다.
○업무 수행에 필요한 인원에 대한 교육과 훈련의 수단이 된다.
○품질행정활동의 기록을 남김으로써 객관적 증거로 사용될 수 있다.
○품질행정시스템의 효과성 및 적절성을 평가하고 수행성과를 파악하는 데 객관적인 자료로 사용될 수 있다.

3. ISO 9001:2000의 문서화 요구사항

ISO 9001:2000 품질경영시스템 -요구사항을 바탕으로 품질행정시스템에는 다음과 같은 문서가 필요하다.
○품질행정방침 및 품질행정목표의 문서화된 결과
○품질매뉴얼
○이 규격이 요구하는 문서화된 절차.
※「문서화된 절차」는 절차의 수립, 문서화, 실행 및 유지를 포함하는 의미이다. 해당되는 항목은 4.2.3 문서관리, 4.2.4 품질기록의 관리, 8.2.2 내부심사. 8.3 부적합제품의 관리, 8.5.2 시정조치, 8.5.3 예방조

치 등 6개 항목이다.
○프로세스의 효과적인 기획, 운영 및 관리를 보장하기 위하여 조직이 필
요로 하는 문서.
※해당되는 항목은 7.1.b 프로세스 수립 및 문서화 필요성이다.
○이 규격이 요구하는 품질기록.
※ISO 9001:2000/KS A 9001:2001의 적합성을 실증하기 위해서 행정
기관은 반드시 품질행정시스템을 실행한 객관적 증거를 제시할 수 있어
야 한다. 이에 해당되는 항목은 21개 항목이다. 단, 제외사항이 있을 경우
해당되는 항목은 달라진다. 해당항목은 5.6.1. 6.2.2.e), 7.1.d), 7.2.2, 7.
3.2, 7.3.4, 7.3.5, 7.3.6, 7.3.7, 7.4.1, 7.5.2, 7.5.3, 7.5.4, 7.6.a), 7.
6(2개), 8.2.2, 8.2.4, 8.3, 8.5.2, 8.5.3, 기타 조직이 정한 기록이다. 이
와 같은 기록을 유지관리하기 위해서 행정기관이 이미 개발하여 실행중
인 문서화된 절차를 폐지할 필요는 없다.

4. 문서 구조

4.1. 일반 구조

품질행정시스템 문서의 일반적인 구조는 다음의 도표에 근거하고 있다.

〈도표 4-1〉 품질시스템의 문서화 구조[25]

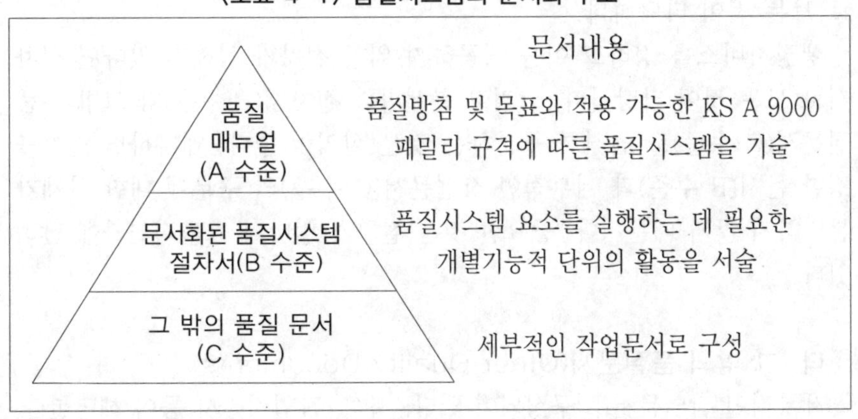

25) ISO 10013:1995/KS A 10013:1999 부속서 1 참고

가. 품질매뉴얼(Quality Manual)

품질행정매뉴얼에 해당한다. 품질행정 추진에 있어 최상위에 있는 문서이다. 품질행정 방침 및 품질행정 목표를 명시하고 품질행정시스템 관련 문서화된 절차를 포함 또는 인용하여 프로세스의 상호작용에 대하여 기술한 문서이다.

나. 문서화된 품질시스템 절차서(Document QMS procedure)

품질행정시스템의 요소를 실행하는 데 필요한 개별 기능적 단위의 활동을 서술한 문서이다. ISO 9001:2000의 4.2.1 c)에 해당하는 문서인 문서관리절차서, 품질기록관리절차서, 내부심사절차서, 부적합 관리절차서, 시정조치절차서, 예방조치절차서 6종이 해당된다. 여기에서 언급되는 문서화된 절차서는 품질행정시스템을 운영 및 개선하는 데 필요한 절차를 말한다

행정서비스의 특성을 고려할 경우, 절차서로 볼 수 있는 것이 헌법, 법률, 명령, 부령과 이를 시행하기 위한 구체적인 절차와 방법을 정한 부령, 규칙(자치단체), 규정, 예규, 지침 등이다. 법규는 고객에게 제공하여야 할 행정서비스의 이름과 내용(행정서비스 제공 대상·시기·방법 등)을 정하고, 부령, 규칙(자치단체), 규정, 예규, 지침 등은 이와 같은 법규를 시행하기 위하여 구체적인 절차와 방법을 정한 특성을 고려한다면 절차서로 보는 것이 타당하다.

행정서비스를 정하고 이를 제공하기 위한 절차가 정해져 있다면 절차서로 보는 것이 타당하다. 그리고 문서마다 절차서(B 수준)와 그밖의 품질문서(C 수준)로 엄격히 구분하는 것은 실익이 없다. 왜냐하면 절차를 정한 문서(B 수준)과 세부적인 작업문서(C 수준)의 구분에 대한 한계가 분명하지 않기 때문이다. 중요한 것은 절차가 얼마나 효율적인가에 달려 있다.

다. 그 밖의 품질문서(Other Quality Documents)

세부적인 작업문서로 구성되어 있다. 서식, 작업지침서 등이 해당한다. 행정서비스 제공에 관한 절차를 세부적으로 규정한 모든 문서가 여기에

해당된다. 보통 대외적으로 공표되지 않고 내부적인 행정행위의 실행을 구속하는 것이 보통이다. 경우에 따라서는 이와 같은 내부적인 규정이 실질적으로 행정서비스를 제공하는 데 결정적인 역할을 한다.

행정기관에서 작성한 업무편람[26]은 행정서비스를 제공하기 위하여 각종 법규의 실행절차(기준 등을 포함)를 알기 쉽게 표현한 그림으로서, 세부적인 작업문서 또는 문서화된 절차서로 간주될 수 있다.

품질행정시스템의 문서를 3단계로 구분하는데 기준은 다음과 같다.[27]

〈도표 4-2〉 품질행정시스템 문서의 단계 구분 기준

구 분	기	준
A 수준	품질행정매뉴얼	최상위 단계로 매뉴얼 한가지만 존재한다.
B 수준	문서화된 절차서 6종. 법령, 조례, 부령, 시행규칙, 예규, 지침 등	행정서비스의 기능적 단위가 된다. (행정서비스 제공 목적, 근거, 절차 등)
C 수준	업무편람, 서식 등	행정서비스 제공에 필요한 세부적인 작업 순서를 기술한 문서이다.

4.2. 관리

품질행정매뉴얼은 제·개정과 같은 관리의 문제가 뒤따른다. 품질행정매뉴얼이나 절차서와 같은 문서는 행정기관장의 훈령[28] 또는 예규[29]로 관리하는 것이 바람직하다. 그럴 경우 해결해야 할 문제를 열거하여 본다.

가. 품질행정매뉴얼과 품질행정절차서의 상·하위 개념상 문제가 뒤따른다.

매뉴얼은 최상위 단계이지만 절차서는 중간단계이다.

---

26) 사무관리규정 제91조에 의한 업무편람으로 직무편람과 행정편람으로 구분됨.
27) 문서화의 구조를 단계적으로 적용하여 분류한 것임.
28) 상급기관이 하급기관에 대하여 상당한 장기간에 걸쳐 그 권한의 행사를 일반적으로 지시하기 위하여 발하는 명령
29) 행정사무의 통일을 기하기 위하여 반복적 행정사무의 처리기준을 제시하는 법규문서 외의 문서

나. 개정의 빈도를 고려하여야 한다.

개정이 빈번할 것으로 예상되는 절차서는 가급적이면 매뉴얼과 분리하여 관리하는 것이 바람직하고, 관리의 측면에서도 효율적이다.

다. 작성, 검토, 승인권자를 고려하여야 한다.

매뉴얼의 제·개정은 행정기관의 장이 결정할 사항이지만 단순히 절차의 변동에 대한 절차서의 개정은 품질행정대리인의 승인으로 처리하는 것이 효율적이다.

이와 같은 관리상의 문제점들을 살펴볼 때 품질행정매뉴얼과 품질행정절차서는 별도로 제·개정하여 관리하는 것이 바람직하다.

관리에 있어 제·개정, 검토, 승인의 처리권자는 다음과 같이 정하는 것이 바람직하다.

〈도표 4-3〉 문서화의 제·개정, 검토, 승인의 처리권자 기준

구 분	작성(제·개정)	검 토	승인권자	비 고
품질행정매뉴얼	품질행정대리인 (총무과장)	부서장 (실·국장)	행정기관장 (시장/군수)	
품질행정절차서	단위부서장 (실·과장)	부서장 (실·국장)	품질행정대리인 (총무국장)	
업무편람	단위부서장 (실·과장)	관련 단위부서장 (타 실·과장)	부서장 (실·국장)	

※( )안은 시·군 자치단체의 경우, 책임과 권한이 있는 직위를 기술하였다.

5. 문서화의 적합성 증명

품질행정시스템에 필요하여 작성된 제반 문서는 ISO 9001:2000/KS A 9001:2001의 요구사항을 수용함으로써 요구사항에 적합하다는 것을 객관적으로 증명하여야 한다. 그 밖의 명확히 요구사항으로 정해진 문서 이외에는 별도로 생산하거나 관리할 필요가 없다. 그리고 경우에 따라서는 문서가 아닌 활동이나 현상으로도 적합성을 증명할 수 있다.

행정기관에서 적합성을 실증할 수 있는 객관적 증거를 제시하기 위해 해당되는 문서는 업무계획, 행정 활동의 결과보고 등 행정서비스 제공과 제공 결과와 관련된 기록 등 종류와 서식에 관계없이 해당될 수 있다.

적합성에 대한 객관적인 증거를 제시하기 위하여 행정기관은 다른 종류의 문서를 개발할 수 있다.

제2절. 품질행정매뉴얼 작성 요령

1. 품질행정매뉴얼에 대한 요구사항

품질행정매뉴얼은 품질행정시스템을 수행하기 위한 최상위 문서이다. ISO 9001.2000/KS A 9001:2001의 4.2.1 b)항과 4.2.2항은 품질매뉴얼에 대한 요구사항을 규정하고 있다.

품질행정시스템 추진시 품질행정매뉴얼은 문서화의 가장 중요한 요구사항으로서 반드시 문서화하고 유지하여야 한다.

품질행정매뉴얼에는 다음 사항을 포함하여야 한다.

○ISO 9001:2000/KS A 9001:2001의 요구사항 중에 적용에서 제외할 항목과 이에 대한 정당성을 명시하여야 한다.

○품질행정매뉴얼에는 품질행정시스템에 해당하는 문서화된 절차서를 포함하거나 인용함을 명시하여야 한다.

○품질행정시스템의 프로세스 상호작용에 대하여 기술되어야 한다.

2. 품질행정매뉴얼의 개념

「품질매뉴얼(quality manual)」은 조직의 품질경영시스템을 규정한 문서로서 개별 조직의 규모 및 복잡성에 맞도록 세부사항 및 형식이 달라질 수 있다. 일반적으로 행정기관에서 품질행정을 추진하기 위한 품질매뉴얼을 품질행정매뉴얼로 부른다.

품질행정매뉴얼이란 즉 ISO 9001/KS A 9001 규격의 요건을 만족시키기 위하여 품질행정활동에 관한 방침, 목표를 정하고 책임, 권한, 업무수행의 자원과 절차 등 품질행정에 관한 시스템을 기술한 문서이다.

품질행정매뉴얼은 품질행정을 추진하는 문서 중에 최상위의 문서로서, 행정기관의 품질행정시스템의 실행·유지 및 개선에 사용된다.

품질행정매뉴얼에 반드시 포함되어야 할 사항은 다음과 같다.

○품질행정시스템의 범위(제외 가능한 요구사항 고려)

○문서화된 절차서 혹은 관련 기준

○프로세스 및 프로세스의 상호관계

○본 국제규격의 요구사항

ISO 9001/KS A 9001 품질경영시스템의 규격에 따라 인증을 획득하려는 행정기관은 먼저 품질행정매뉴얼을 작성하여야 한다.

품질행정시스템의 인증등록 심사에서 예비심사 또는 문서심사시 우선적으로 신청기관의 품질행정매뉴얼이 ISO 9001/KS A 9001의 요구사항을 충족하고 있는지 심사를 한다.

현장심사에서는 행정기관의 활동이 품질행정매뉴얼과 관련 절차서에 규정된 대로 행해지고 있는지를 심사하게 된다.

3. 품질행정매뉴얼의 사용 목적

품질행정매뉴얼은 사용 목적은 일반적으로 다음과 같다.

○행정기관의 품질방침, 품질목표 및 ISO 9001/KS A 9001 요건의
　적용에 대한 공유

○프로세스의 지속적 개선을 위한 지원 매체

○품질행정시스템의 인증 및 내부심사 수행의 기본 요건을 제공

○품질행정시스템에 대한 교육 및 훈련 매체

○품질행정시스템의 대외적 공표

4. 품질행정매뉴얼 작성 방침

품질행정매뉴얼을 작성할 경우 방침이 되는 사항은 다음과 같다.
○업무에 실질적으로 적용할 수 있어야 한다. 즉 품질행정매뉴얼에 규
정된 내용이 실행가능하고 실제 업무에 활용되어야 한다.
○기존의 업무와 상충되거나 유리(遊離)되지 않아야 한다. 행정기관
의 사무 실행 프로세스와 품질행정매뉴얼상의 사무 실행 프로세스가
동일하게 진행되어야 한다. 품질행정을 위한 사무가 기존의 사무와
따로따로 추진되는 것을 막아야 한다.
○가급적 기존의 행정시스템과 프로세스를 인용하여 인증을 위하여 불
필요한 업무를 새로 만들지 않아야 한다. 품질행정을 도입하는 행정
기관에서는 일부 품질행정에 관한 신규업무의 신설이 불가피하다. 그
러나 인증을 위한 목적으로 새로운 업무를 만들어 낼 경우 조직원들
의 거부감과 저항이 발생하게 된다.
○ISO 9001/KS A 9001의 요구사항을 누락하지 않아야 한다. 일부 요
구사항의 누락이 누적될 경우에는 시스템에 붕괴를 가져오게 되며,
특히 행정서비스 제공에 핵심이 되는 사항은 구체적으로 기술하여야
한다.

5. 품질행정매뉴얼의 작성 관점

품질행정매뉴얼의 구성과 내용은 ISO 9001/KS A 9001요구사항의 순
서대로 기술하여야 ISO 9001/KS A 9001 규격과 비교하기 쉽다. 또한
ISO 9001/KS A 9001의 요구사항을 포함하고 적합하게 작성되어야 한
다. 즉 품질행정매뉴얼의 내용이 ISO 9001/KS A 9001의 요구사항을 누
락하거나 상충되지 않아야 하며, 상호 모순이 없어야 한다.
ISO 9001/KS A 9001 요구사항에 해당되지 않더라도 품질행정에 꼭
필요한 사항이 있으면 품질행정매뉴얼에 삽입하는 것이 바람직하다. 품
질행정매뉴얼에 있는 내용은 ISO 9001/KS A 9001의 요구사항이 아니

더라도 인증심사의 대상이 된다.

품질매뉴얼에 어떤 요구사항이 있더라도 해당되지 않으면 실적이 없더라도 상관없다. 예를 들면 고객자산의 경우 품질행정매뉴얼에 언급할 수 있으나 해당사항이 없다면 실적이 없더라도 인증심사에는 상관없다. 이러한 경우는 적용 제외 대상에 해당하므로 품질행정매뉴얼에 포함하지 않는 것이 바람직하다.[30] 품질행정매뉴얼 세부내용을 작성시 다음과 같은 사항에 유의한다.

○품질행정매뉴얼은 품질행정시스템의 최상위 문서로 규정한다.

○ISO 9001:2000/KS A 9001:2001의 요구사항 전부를 품질행정시스템에 실현할 방법을 기술한다.(적용제외 항목은 제외)

○일련의 절차를 매뉴얼에 다 기술하기 어려우면 별도의 절차서를 만들고 절차서의 명칭만 인용한다.

○일개의 사무 전체를 기술할 경우에는 해당되는 규정이나 사무 절차의 명칭을 인용한다.

○매뉴얼의 구성은 ISO 9001/KS A 9001의 요구사항의 순서와 배열에 맞춘다.

○자주 개정하지 않도록 한다.

○간결하고 쉬운 문체로 작성하되 현재형(~한다)으로 작성한다.

6. 품질행정매뉴얼의 작성 순서

6.1. 1단계 -ISO 9001/KS A 9001 품질경영시스템-요구사항을 충분히 이해

품질행정매뉴얼을 작성하기에 앞서 우선 ISO 9001/KS A 9001의 요구사항에 대한 세부적인 분석과 충분한 이해가 있어야 하여야 한다. 또한 ISO 9000과 ISO 9004의 규격을 이해하여 ISO 9001/KS A 9001의

---

30) ISO 9001:2000/KS A 9001:2001 규격의 요구사항 1.2항 참조

요구사항을 적용하는 데 착오가 없어야 한다.

ISO 9001/KS A 9001은 제품을 만드는 제조업체뿐만 아니라 서비스 제공업체 등 모든 산업에 광범위하게 사용할 수 있는 규격이므로 용어가 포괄적인 의미로 많이 사용되고 있다. 예를 들면 「명확히 한다」, 「보장하여야 한다」, 「적절한」, 「효과적인」 등과 같은 단어를 행정기관의 업무에 어떻게 적용할 수 있는가에 대해서도 충분히 이해하여야 한다.

또한, 품질행정매뉴얼도 품질문서이므로 ISO 9001/KS A 9001 요구사항 4.2.3항인 문서관리에 따라 관리되어야 한다.

6.2. 2단계 -ISO 9001/KS A 9001 요구사항을 현행 행정시스템과 대비하여 적용할 사항을 구체화

ISO 9001/KS A 9001이 요구사항을 충분히 파악하여 행정기관의 업무와 대비하여 행정시스템에 적용할 요구사항의 내용을 구체화한다. 이는 요구사항 항목마다 행정시스템에 적용할 항목을 대비하여 대비표를 작성한다. 이와 같은 대비표는 ISO 9001/KS A 9001의 요구사항과 행정시스템에 도입할 사항을 파악하는 데 도움을 준다.

다음의 서식 〈도표 4-4〉은 대비표를 작성하는데 유용하고 매뉴얼을 작성하는 데 큰 도움이 된다.

〈도표4-4〉 ISO 9001/KS A 9001 요구사항별 품질행정시스템 적용 대비표

구 분	내　　　　　　　　용
①항목 번호 및 제목	5.1 품질방침
②요구 내용	최고 경영자는 품질방침이 다음과 같음을 보장하여야 한다. a) 조직의 목적에 적절할 것. b) 요구사항을 충족시키고자 하는 실행의지 및 품질경영시스템의 효과성을 지속적으로 개선하고자 하는 실행의지를 포함할 것. c) 품질 목표를 수립 및 검토를 위한 틀을 제공할 것. d) 조직 내에서 의사소통 되고 이해될 것. e) 지속적인 적절성을 위하여 검토될 것

③행정 시스템에 적용할 사항	1. 품질행정방침을 정하여야 한다. 2. 각종 요구사항(ISO 9001/KS A 9001, 법적·사회적 요구사항, 공약 사항 등)을 이행하려는 의지를 담고 있어야 한다. 3. 행정시스템을 지속적으로 개선할 의지를 담고 있어야 한다. 4. 품질방침을 달성하기 위하여 품질목표를 설정하고 달성계획을 작성하 는 데 기초가 되어야 한다. 5. 품질방침은 조직의 모든 인원이 공감하고 실행할 의지를 가지고 있어 야 한다. 6. 품질방침은 품질행정시스템의 적절성을 판단하는 데 기본적인 개념을 제공하여야 한다.
④현행 시스템	1. 시정(또는 군정)방침을 기치로 삼고 행정활동을 추진하고 있다. 2. 행정서비스헌장을 수립하여 공표하고 이를 이행하고 있다.
⑤매뉴얼 작성 관점	※ 원칙 : 조직의 목적과 행정기관장의 고객에 대한 이념이 연계되어야 한다. 1. 시정(군정) 방침을 품질행정방침으로 인용할 수 있다. 2. 별도로 품질행정방침을 정할 수 있지만 품질행정방침, 시정(군정)방침 과 한 개 시(군)에 명칭을 달리한 방침이 두 개 이상 있어 운영상 혼란 의 소지가 있다.
⑥품질행정 매뉴얼「안」	5.1 품질행정 방침 5.1.1 시장(군수)는 「시정(군정) 방침」을 품질행정방침으로 한다. 5.1.2 품질행정방침을 이행하기 위하여 시민에게 공개하고 전직원에게 교육시킨다. 5.1.3 품질행정방침은 주민의 요구와 시(군) 환경의 변화에 따라 지속적 으로 개정하고 관리한다.

※ 작성요령 : 항목 1개에 1장씩 작성하는 것이 효율적임.
① ISO 9001/KS A 9001 품질경영시스템의 요구사항의 항목 및 제목
  －1.1항부터 8.5.3항까지 세부 항별로 대비하여 파악하는 것이 좋음
② 요구사항의 내용을 기입(주요 핵심내용만 기술할 수도 있음)
③ 요구사항을 적용할 품질행정시스템을 기술
④ 현재의 행정시스템 중 품질행정시스템에 적용할 수 있는 내용을 기입
⑤ 매뉴얼 항목 작성시 유의사항 등을 기술
⑥ 매뉴얼에 기술할 핵심내용을 정리

6.3. 3단계 －품질행정매뉴얼의 구조를 결정

법규형식이나 행정기관에서 작성하는 예규나 지침형식을 혼합하여 작
성하는 방법도 유용하다.[31]

품질매뉴얼에 기본적으로 포함될 구조는 다음과 같은 사항을 포함(KS A 10013:1999 7항)하며, 목차의 순서는 ISO 9001의 요구사항과 같이 배열하는 것이 바람직하다.

① 제목, 적용범위 및 적용분야
② 목차
③ 관련조직 및 매뉴얼 그 자체에 대한 서론
④ 품질방침 및 목표
⑤ 조직 구조, 책임과 권한의 서술
⑥ 품질시스템 요소의 명시 및 모든 문서화된 품질시스템 절차의 적용
⑦ 해당되면, 용어의 장(Section)
⑧ 해당되면, 품질매뉴얼에 대한 안내
⑨ 해당되면, 보충자료에 관한 부속서

6.4. 4단계 –품질매뉴얼 내용을 기술 (초안 작성)

가. 내용의 기술 요령

매뉴얼의 내용은 기본적으로 「구체성」「간결성」「가능성」이 담보되어야 한다. 이는 일반적인 단어와 쉬운 문장으로 작성하여 읽는 사람이 의문을 갖을 수 있는 내용이나 전문적인 용어를 사용하지 않아야 한다.

문장표현에는 다음과 같은 관용어 표현에 유의하여야 한다.

○별도의 규정이나 절차서를 인용할 경우에는 「~에 따른다」로 표현한다.

○ISO 9001/KS A 9001의 요구사항에서 「~하여야 한다」로 표현된 의무적인 요구사항은 매뉴얼에 적용시 「~한다」(현재형)로 표현한다.

○시간을 표시할 때는 「~내」로 표현한다.(예 : 기간 내에)

○지역이나 범위를 표현할 때는 「~안」으로 표현한다.(예 : 범위 안에서)

---

31) KS A 10013:1999은 품질매뉴얼 개발지침으로서 행정기관의 품질매뉴얼 개발시 참고가 됨.

○기준 수량을 포함하면 「이상, 이하」로, 기준 수량을 포함하지 않으면 「초과, 미만」으로 표현한다.

○기준 시점을 포함할 때는 「이전, 이후」로, 포함하지 않으면 「전, 후」로 표현한다.

○일정한 시점, 시간을 가리킬 때에는 「~때에는」으로 표현한다.

○가정적 조건을 가리키는 경우에는 「~경우에는」으로 표현한다.

○할 수 있다는 뜻 또는 미래의 경우에는 「~할 때」로, 하여야 한다는 뜻 또는 과거의 경우에는 「~한 때」로 표현한다.

○일반적인 다른 것에도 적용하고자 할 경우에는 「예에 의한다」로 표현한다.

○다음 각 호의 모든 요건을 갖추어야 할 경우에는 「다음 각 호에 해당하는 ~」으로 표현한다.

○다음 각 호 중 하나의 요건만을 갖추면 되는 경우에는 「다음 각 호 1에 해당하는~」으로 표현한다.

○2 이상의 것 중에서 선택적으로 필요한 경우에는 「또는」으로, 2 이상을 모두 필요로 하는 경우에는 「및」으로 표현한다.

나. 문장 작성 요령

○현재 운영하고 있는 규정이나 문서를 인용한다.

  예) 1. 품질기록의 보존 및 보관은 사무관리규정에 따른다.(O)

      1. 행정서비스 제공은 업무별로 작성된 업무편람에 따른다.(O)

○문서화 및 기록은 자유롭게 작성할 수 있어야 한다. 매뉴얼에 제반 서식을 규정하여 놓은 것은 개정의 빈도와 관리의 효율적 측면에서 장애 요인이 된다.

  예) 1. 측정장비의 점검 검과는 별지 3의 점검표에 따른다.(X)

      2. ... 이에 관한 기록은 별지 5호 서식에 의한다.(X)

      1. 측정장비는 점검 후 결과를 기록한다.(O)

        (중요한 사항이 기술된다면, 자유롭게 기록할 수 있다.)

      2. 이에 관하여 기록한다.(O)

(기록물만 남기면 된다. 중요한 것을 기록했다는 사실이 아니라 행위를 하였다는 점검사실이다. 다만 점검했다는 사실을 기록으로 유지하기만 하면 된다. 정해진 서식이나 기록을 남기는 절차는 ISO 9001/KS A 9001에서도 요구하지 않는다.)
○절차를 단순화시킨다.
  예) 1. 검토자는 필요한 사항이 적정한지 검토하고 검토 결과를 검토의견서에 기록하고 서명한다.(X)
     1. 검토자는 검토 후 검토의견서에 서명한다.(O)

다. 항목의 형식 기술 요령

　내용의 항목을 기술할 경우에는 법규형식과 일련번호 순서로 작성하는 방법이 있다. 위의 2단계에서 작성한　ISO 9001/KS A 9001 요구사항별 품질행정시스템 적용 대비표를 참고하여 매뉴얼에 기술한다.
　법규형식의 작성은 다음의 예에 따른다.

<도표4-5> 법규형식의 매뉴얼 작성 예시

> 　제1조(적용범위)　이 장은 00시(군)의 품질행정시스템을 구축하여 운영하는 부서를 정한다.
>
> 　제5조(관련문서) ① 문서관리는 문서관리 절차서에 따른다.
> ② 기록관리는 사무관리 규정에 따른다.

　일련번호 형식은 다음의 예에 따른다.

<도표4-6> 일련번호 형식의 매뉴얼 작성 예시

> 　1. 적용범위
> 　이 장은 00시(군)의 품질행정시스템을 구축하여 운영하는 부서를

정한다.

5. 관련문서
① 문서관리는 문서관리 절차서에 따른다.
② 기록관리는 사무관리 규정에 따른다.

※ 일련번호 순서는 사무관리규정에 의한 항목구분 방법을 선택하거나 다른 체계를 선택
할 수 있다.
　예1) 1. 2. 3...
　　　가. 나. 다...
　　　　(1), (2), (3)...
　　　　　(가), (나), (다)...
　예2) 1, 1.1, 1.1.2,
　예3) 1, 1-1, 1-1-2, 등

6.5. 5단계 -품질행정매뉴얼의 검토

가. 품질행정매뉴얼의 초안 검토

품질행정매뉴얼의 초안이 작성되면 우선 최종적으로 매뉴얼의 서식, 내용의 적정성 및 타당성, 요구사항의 누락사항 등을 검토한다. 이때 검토방법은 〈도표 4-4 〉 ISO 9001/KS A 9001 요구사항별 품질행정시스템 적용 대비표를 비교하여 점검하는 것이 효과적이다.

초안 검토는 구성된 품질행정 추진팀, 매뉴얼 초안작성에 참여한 인원, 외부전문가, 행정기관의 기획 부서의 인원 등 다수가 참여하여 검토하는 것이 바람직하다. 필요한 경우 전문지도기관(Consultant)의 자문을 받는 것도 좋다.

검토 결과 보완할 사항을 정리하여 초안을 마무리한다.

나. 품질행정매뉴얼 초안에 대한 업무 추진 부서의 적용성 검토

품질행정매뉴얼의 초안 검토가 마치고 나면, 품질행정매뉴얼을 품질행정을 추진하고자 하는 관련된 부서에서 적용가능성, 적용시 예상되는 문

제점 등을 검토한다.

필요하다면 매뉴얼의 최안에 대한 모의실험(시뮬레이션) 결과를 바탕
으로 매뉴얼의 내용을 실제 업무에 적용할 수 있도록 변경한다.

매뉴얼 등 문서 검토에는 많은 시간이 걸리지 않으나 실제 적용에는 많
은 시간이 걸릴 수 있다. 행정업무의 특성상 업무의 주기가 1년이 되는 업
무가 많다. 따라서 적용가능성을 문서상 우선 검토한 다음 6개월 내지 1
년 이상 시험 운영을 거쳐서 별다른 문제점이 없으면 매뉴얼로 확정한다.

6.6. 6단계 –품질행정매뉴얼의 확정 및 배부

가. 품질행정매뉴얼의 확정

일반적으로 기업의 경우 품질매뉴얼은 최고 경영자의 서명으로 확정된
다. 품질행성내뉴얼도 일종의 문서이므로 사무관리규정에 의한 기관장의
결재가 있어야 한다. 그러나 품질행정매뉴얼의 집행력 확보를 위하여 일
반적으로 행정기관의 훈령 또는 예규의 성격으로 관리하게 된다.

행정기관의 훈령 또는 예규는 자치단체의 경우 작성, 승인, 개정 등이
시군 법제사무처리규정에 의하여 관리된다. 즉 시·군의 규정 입법절차
에 따라 성립하고 시행된다.

따라서 자치단체의 경우에는 품질행정매뉴얼이 시·군 법제사무처리
규정에 의하여 시장·군수의 결재를 거친 후 공포된 후 시행된다.

나. 품질행정매뉴얼의 배부 및 관리

품질행정매뉴얼도 ISO 9001/KS A 9001 요구사항 4.2.3항 문서관리
에 의하여 관리되어야 한다. 따라서 품질행정시스템을 적용하는 모든 부
서에서는 해당본이 사용 가능한 장소에서 이용할 수 있도록 모든 부서에
배부한다. 품질행정매뉴얼이 꼭 문서로만 관리될 필요는 없다. 행정기관
의 업무환경을 고려하여 컴퓨터로 이용할 수 있는 파일이나 컴퓨터 디스
켓 또는 인터넷 홈페이지로도 관리할 수 있다.

제2장. 품질행정매뉴얼 작성 실무

제1절. 표지 및 목차

1. 표지

표지의 구성 요소와 내용은 다음과 같다.
○제목
  일반적으로 「행정기관명 + 품질행정매뉴얼」로 명칭한다.(예 : 안
  양시 품질행정매뉴얼)
  제목의 경우 행정기관명과 품질행정매뉴얼을 붙여쓰는 경우가 있으
  나 법규형식을 따르지 않은 항목별 작성의 경우 띄어쓰기를 하는 것
  이 한눈에 알아보기 쉽다.
○제정일
  품질행정매뉴얼을 제정한 일자를 적는다.(예 : 1999년 9월 13일)
○개정번호
  제정 이후 개정한 순서를 숫자로 적는다.(예 : 2)
○개정일자
  최종적으로 개정한 일자를 적는다.(예 : 2001년 4월 9일)
○관리본/비관리본의 표시
  품질행정매뉴얼을 관리할 대상인지 여부를 표시한다. 배부된 품질행
  정매뉴얼이 총괄부서와 사용부서에서 관리본인 경우에 관리본으로 표
  시한다.

○관리부서
  관리부서 명칭을 적는다.
○기관명
  행정기관의 명칭을 적는다.

2. 목차

목차는 품질행정매뉴얼의 편리한 검색 기능과 매뉴얼 내용을 한눈에 알아 볼 수 있게 파악하는 기능을 가지고 있다. 또한 매뉴얼에 대한 예비지식을 제공하고 매뉴얼의 구조 및 전개 순서를 명시한다. 보통 1쪽에 내용을 모두 포함하여야 하나 필요에 따라 2쪽 이상을 차지하기도 한다.

장 번호는 ISO 9001/KS A 9001의 품질경영시스템 –요구사항과 품질행정매뉴얼을 대비할 수 있도록 일치시키는 것이 좋다.

구성요소는 목차, 항목번호, 항목명, 개정번호, 개정일자, 페이지이다.

제2절. 내용

1. 적용목적 및 범위(일반사항)

이 장에서는 ISO 9001/KS A 9001의 적용목적과 행정기관에서 품질행정시스템을 도입하여 운영할 조직의 범위를 정한다.

○적용목적

고객 만족과 효율적인 행정서비스 제공은 ISO 9001/KS A 9001 운영의 기본 목적이다. 민간기업에서는 주로 물품을 생산하지만 행정기관에서는 행정서비스(즉, 공공서비스)를 생산한다.

행정기관은 고객이 만족하는 행정서비스를 생산·제공함으로써 고객의 신뢰를 얻게 된다. 이를 위하여 품질행정방침, 품질행정목표 등 실행

가능한 수단을 설정하여 운영한다.

○적용범위

적용범위는 행정기관에서 ISO 9001/KS A 9001의 적용 도입 대상 조직이나 업무를 정한다. 일반적으로 행정기관의 모든 조직과 업무에 대해서 ISO 9001/KS A 9001의 요구사항을 적용한다. 그러나 일부 하부기관이나 행정기관의 일부를 제외하고 인증을 받을 수 있다.

가령 품질행정시스템을 도입하고자 하는 시에서 본청·구청·동사무소의 모든 조직과 업무에 대해서 인증을 추진하되 일부 하부기관인 사업소, 연구소 등에 대해서는 적용범위에서 제외할 수 있다.

이와는 반대로 행정기관의 특정업무에 한하여 인증을 받을 수 있다. 가령 관광업무가 비중이 큰 행정기관에서는 관광산업에 한하여 인증을 받을 수 있다.

2. 인용 규격

품질행정시스템 추진의 기본 요건이 되는 규격을 기술한다. 즉 국제표준화기구(ISO)에서 제정한 ISO 9001:2000(KS A 9001:2001)이 인용규격이 된다.

이 장에서 유의할 사항은 인용규격의 요구사항 전체를 적용할 것인지 아니면 행정기관의 업무와 관련이 없는 일부 요구사항의 적용을 제외할 것인지를 기술한다.

ISO 9001/KS A 9001의 요구사항 중 특히 자치단체와 같은 행정기관에서 적용이 가능한 요구사항은 7항에 한하여 가능하며 7.5.4항(고객자산)과 7.6항(모니터링 및 측정장치의 관리)이 적용에서 제외될 수 있다.

이 장에서 품질행정매뉴얼의 구성과 내용이 ISO 9001:2000/KS A 9001:2001 품질경영시스템-요구사항에서 규정한 요구사항을 모두 포함하고 있다는 것을 대비표를 작성하여 보여 줄 필요가 있다.

〈도표 4-7〉 ISO 9001 요구사항과 품질행정매뉴얼 대비표

ISO 9001 요구사항		⇒	품질행정매뉴얼	
0. 서문				
1. 적용범위	1.1 일반사항 1.2 적용		제1장 일반사항	
2. 인용규격			제2장 인용규격	
3. 용어의 정의			제3장 용어 및 정의	
4. 품질경영 시스템	4.1 일반 요구사항 4.2 문서화 요구사항		제4장 품질 행정시스템 일반사항	1. 품질행정시스템의 기반 프 프로세스 2. 문서화 요구사항
5. 경영책임	5.1 경영의지 5.2 고객중심 5.3 품질방침 5.4 기획 6.5 채임, 권한 및 의사소통 5.6 경영검토		제5장 품질행정 운영책임	1. 품질행정의 의지 2. 고객요구사항과 고객만족 3. 품질행정헌장의 수립 및 시행 4. 품질행정목표 5. 책임, 권한 및 의사소통 6. 품실행정 풍힙진단
6. 자원관리	6.1 자원확보 6.2 인적자원 6.3 기반구조 6.4 업무환경	⇒	제6장 자원관리	1. 자원확보 2. 인적자원 3. 기반구조 및 업무환경
7. 제품실현	7.1 제품실현의 기획 7.2 고객관련 프로세스 7.3 설계 및 개발 7.4 구매 7.5 생산 및 서비스 제공 7.6 모니터링 및 　　측정장치의 관리		제7장 행정서비스 제공	1. 행정서비스 실현의 기획 2. 고객관련 프로세스 3. 설계 및 개발 4. 구매 5. 행정서비스 제공 6. 모니터링 및 　　측정장치의 관리
8. 측정, 분석 및 개선	8.1 일반사항 8.2 모니터링 및 측정 8.3 부적합 제품의 관리 8.4 데이터의 분석 8.5 개선		제8장 측정, 분석 및 개선	1. 일반사항 2. 모니터링 및 측정 3. 부적합한 행정서비스 관리 4. 정보의 분석 5. 개선

3. 용어의 정의

이 장에서는 품질행정매뉴얼에 사용된 용어를 정의하여 기술함으로써 매뉴얼 내용에 대한 개념의 혼란을 없애고, 읽는 사람으로 하여금 정확한 이해를 도모한다.

문서화의 의미에는 ISO 9000:2000에서 규정한 품질매뉴얼, 품질방침 등의 단어를 행정서비스의 특성에 맞게 달리 정할 수 있음을 포함한다.

일반적으로 이해되는 용어일지라도 매뉴얼에서 그 뜻은 명확히 적용하는 데 도움이 된다면 매뉴얼에 기술하는 것이 바람직하다. 다만 필요 이상으로 용어를 기술하는 것은 지양하는 것이 좋다. 용어의 배열 순서는 가나다 순서 또는 매뉴얼에서 용어가 나오는 순서를 택할 수 있다.

품질행정시스템에 사용될 수 있도록 개발된 용어는 따로 정의하였다.[32]

4. 품질행정시스템

4.1. 품질행정시스템 일반 사항

ISO 9001/KS A 9001의 직접적인 요구사항의 시작이다. 품질행정매뉴얼을 작성하는 일반적인 사항을 기술한다. 기술방법은 ISO 9001/KS A 9001 4.1항의 요구사항을 품질행정시스템에 맞게 전환하여 기술한다.

ISO 9001/KS A 9001 규격의 4.1항은 일반 요구사항으로서 그 내용은 품질경영시스템의 가장 기본적인 사항과 각 장의 골격을 기술하고 있다.

이 장에서는 품질행정매뉴얼의 각 장에서 구체적으로 적용될 사항은 세부적으로 다룰 필요가 없고 다른 장에서 기술하기에 적합치 않는 일반적인 사항을 기술한다.

품질행정시스템의 프로세스 적용 모델은 이 장에서 다루어 주는 것이 바람직하다. 품질행정매뉴얼의 4.1항의 요구사항에 기본적으로 기술할 사

---

32) 이 책 제2편 제2장 참조

항은 다음과 같다.

○품질행정시스템에 필요한 프로세스를 파악, 조직 전반에 걸쳐 적용 (1.
 2항 참조)

- ●법규(조례, 규칙까지 포함), 훈령 및 예규(상급 기관의 훈령 및 행정
  기관장의 규정 등을 포함), 지침, 업무편람에 의하여 정해진 근거 또
  는 절차에 따라 행정서비스 제공한다.
- ●「조직 전반에 걸쳐 적용할 범위」는 「행정기관 내에서 품질행정을
  추진할 조직」이다.

○이들 프로세스의 순서와 상호 작용을 결정

- ●행정서비스의 제공은 업무편람에 프로세스의 순서와 상호작용을 기
  술하고 있다.
- ●프로세스가 법규 등에 의하여 정해지지 않는 행정서비스는 사무관리
  규정에 의한 의사결정과정에 따라 프로세스가 결정된다.

○프로세스에 대한 운영 및 관리가 모두 효과적임을 보장하는 데 필요한
 기준 및 방법의 결정

- ●이에 대하여 필요한 기준은 행정행위의 근거가 되는 각종 법규 등의
  합법성, 합목적성, 공익성, 능률성, 효과성, 공평성, 민주성, 생산성 등
  행정 이념이 된다.
- ●이에 대하여 필요한 방법은 「사무관리규정」에 의한 「업무편람」
  을 작성하여 실행한다. 업무편람의 작성, 검토, 실행에 대하여는 관
  련 규정(사무관리 규정, 필요에 따라 업무편람 작성 규정을 제정)에
  따른다.
- ●기타 정해지지 않은 프로세스는 「사무관리규정」에 준한다.

○프로세스의 운영과 모니터링을 지원하는 데 필요한 정보와 자원의 가
 용성을 보장

- ●행정서비스 제공에 필요한 프로세스에는 행정기관의 인적, 물적 자
  원 등은 「법규의 절차에 따라 예산의 편성과 재원의 확보」, 「시·
  군 행정기구설치조례」, 「시·군 지방공무원정원조례」등 관계법규
  에 의해 보장된다.[33]

○프로세스의 모니터링, 측정 및 분석
  ●프로세스의 모니터링, 측정 및 분석은 관계법규나 정해진 절차에 정
   해진 것 외에는 「품질행정매뉴얼규정」에 따른다.[34]
○프로세스에 대한 계획된 결과와 지속적 개선을 달성하는 데 필요한 조
  치의 실행
  ●프로세스를 기반으로 하는 품질행정시스템[35]을 기술한다.

4.2. 문서화 요구사항

　이 장은 품질행정시스템의 구축과 운영에 필요한 문서의 생산, 관리,
이관, 폐기에 관한 요구사항을 정리한다. ISO 9001/KS A 9001의 4.2.
1항은 일반사항으로 매뉴얼의 다른 장이나 별도의 품질행정문서(절차서
등)에서 기술되지 못하는 사항만 기술하면 된다.
○문서화하여 표명된 품질방침 및 품질 목표
○품질매뉴얼
  ●품질행정매뉴얼에 관한 사항으로서 「품질행정매뉴얼규정」이나 별
   도의 문서관리 절차서를 작성하여 세부적으로 기술할 수 있다.
  ●시·군의 법제사무처리규정의 절차에 의하여 제정 및 관리된다.
○이 규격이 요구하는 문서화된 절차
  ●해당되는 절차서는 6가지로서 문서의 관리, 품질기록의 관리, 내부심
   사, 부적합 제품관리, 시정조치, 예방조치에 해당된다.
  ●6가지 절차서는 별도로 작성하여야 한다. 다만, 절차서가 간단하여 매
   뉴얼에 기술할 수 있으면 매뉴얼에 기술한다. 그리고 나머지 절차서
   는 별도로 작성하여야 한다.
  ●문서의 관리절차서와 품질기록의 관리에 관한 절차서는 사무관리 규
   정, 공문서분류 및 보존에 관한 규칙을 그대로 활용할 수 있다.

---

33) 이 책 품질행정매뉴얼 작성 예시 제6장 참조
34) 이 책 품질행정매뉴얼 작성 예시 제8장 참조
35) 이 책 제2편 제1장 〈도표2-1〉 프로세스를 기반으로 한 품질행정시스템 그림 참조

●이 장의 매뉴얼에는 별도로 기술할 필요가 없다. 다른 장에서 실행하는 내용이 기술되기 때문이다.

○프로세스의 효과적인 기획, 운영 및 관리를 보장하기 위하여 필요한 문서

●품질행정매뉴얼과 절차서를 제외한 문서를 말한다. 업무편람, 품질행정매뉴얼을 실행하기 위한 별도의 규정 등이 이에 해당된다.

●별도의 품질행정과 관련된 규정이나 절차서에 의하여 실행된다.

○이 규격이 요구하는 기록(4.2.4항 참조)

●해당되는 항목은 19항목이며 21종 및 기타의 품질기록에 해당한다.

●별도의 절차서 또는 규정으로 관리하는 것이 바람직하기 때문에 이 장의 매뉴얼에서는 별도로 관리하는 것으로 기술한다.

　※4.2.2힝은 품질매뉴얼, 4.2.3항은 문서관리, 4.2.4항은 기록관리에 관한 사항이다. 이는 별도의 절차서 또는 규성을 만들어 운영하는 것이 바람직하다. 따라서 이 장에서는 별도의 규정이나 문서에 따르는 것으로 기술한다.

5. 품질행정 운영책임

5.1. 품질행정 의지

　ISO 9001/KS A 9001 5.1항인 경영의지를 품질행정시스템에 적용하기 위하여 「품질행정의 의지」로 적용한다. 이 장의 주요 요구사항은 품질행정시스템을 실행하는 데 있어 행정기관장의 책임을 요구하고 있다. 품질행정시스템의 개발 및 실행 그리고 품질행정시스템의 효과성을 지속적으로 개선하기 위하여 실행하여야 할 사항을 요구하고 있다.

○법적 및 규제 요구사항뿐 아니라 고객 요구사항 충족의 중요성을 조직과 의사소통

●법적·규제 요구사항, 공약사항과 같은 행정기관의 장이 고객에게 공표한 약속, 고객의 요구사항을 단순히 행정기관장의 의지를 표명하는 것보다는 모든 공무원이 함께 이행하도록 요구하고 있다.

●매뉴얼에는 별도로 기술할 필요가 없다.
●품질행정서비스는 법규와 규정의 범위내에서 고객이 만족할 수 있도록 책임과 권한이 있는 자에 의하여 실행된다.
●내부의사소통에 필요한 수단과 방법을 매뉴얼에 기술한다.
○품질행정방침의 수립
○품질행정목표 수립의 보장
○품질행정 종합진단의 수행
○자원의 가용성 보장

5.2. 고객중심

고객 중심은 고객의 요구사항을 파악하여 결정하고, 고객만족 목표를 정하여 고객의 요구사항을 충족시켜야 한다.
○고객 요구사항은 법규 등에 근거하여 각종 제도 및 업무 추진시 고객의 요구사항을 조사하고 그동안 축적된 고객의 의견을 종합하여 제도 및 업무 추진시 이를 반영하는 것이다.
○이 매뉴얼에는 별도로 고객의 요구사항을 조사하는 절차를 정하거나 절차서로 작성한다.

5.3. 품질행정방침

품질방침은 「품질행정방침」으로 전환하여 적용한다. 품질행정방침은 현재 운영중인 두 가지 방법중에 하나를 인용할 수·있다.
첫 번째는 시·군정방침과 같은 행정기관의 방침이다.
이는 간단하고 명료하며, 이미 공표된 사실로서 일관성이 있으나 너무 추상적일 수 있다. 또한 품질방침의 요건을 모두 충족한다고 보기에는 무리이다.
두 번째는 대통령 훈령 제70호 (1998.6.30 발령) 행정서비스헌장[36] 제

---

36) 행정서비스 헌장제는 '90년대 초부터 선진국에서 서비스의 질적 향상 및 정부개혁 정책수단으로 도입한 제도임('91 영국, '93 미국, '92 프랑스, '90 캐나다)

정지침에 의한 시·군의 행정서비스헌장이나 이와 관련한 선언문을 품질
행정방침으로 할 수 있다. 필요한 경우 시군정방침과 연관성이 있도록 수
정하여 품질행정방침으로 결정하는 방법이 있다.
　　○품질행정방침의 요건
　　　●행정기관의 존립 목적에 적절할 것
　　　●요구사항을 준수한다는 의지와 품질행정시스템의 효과성을 지속적
　　　　으로 개선한다는 의지를 포함할 것
　　　●품질행정목표를 수립 및 검토를 위한 틀을 제공할 것
　　　●행정기관 내에서 의사 소통되고 이해될 것.
　　　●지속적인 적절성을 검토할 것
　　○이 장에서는 위의 두 가지 중에 한 가지를 선택하여 기술한다.

5.4. 품질행정목표

품질목표는 「품질행정목표」로 전환하여 적용한다. 품질행정목표는
대통령 훈령 제70호 (1998.6.30 발령) 행정서비스헌장 제정지침에 의하
여 각 부서별로 정한 헌장의 서비스 기준(이행 표준)을 적용할 수 있다. 이
경우 행정서비스 기준을 품질행정 목표의 요건에 충실해지도록 개선할 필
요가 있다.

품질행정목표는 각 부서별로 작성한다. 시·군청의 경우 각 실·과·
소마다 작성한다.
　　○품질행정 목표의 요건
　　　●부서에서 달성하고자 하는 기능 및 목표를 제시할 것
　　　●측정 가능할 것
　　　●품질행정방침과 일관성이 있을 것

5.5. 품질행정의 책임, 권한 및 의사소통

행정기관의 최고경영자는 행정기관의 장이다. 시·군 자치단체의 경우
시장·군수이다.

시·군청의 모든 업무는 「시·군 사무위임조례」, 「시·군 위임전결
규정」, 「시·군 사무위탁조례」에 기능별 계층별로 업무의 책임과 권
한이 정해져 있다.

경영대리인은 「품질행정대리인」으로 전환하여 적용한다. 일반적으
로 실·국이 설치된 시의 경우 총무국장이. 실·국이 없는 경우 기획담
당관이 담당하는 것이 무난하다.

○품질행정대리인의 권한
  ●품질행정시스템에 필요한 프로세스가 수립되고 실행되며 유지됨을
    보장
  ●시장·군수에게 품질경영시스템의 성과 및 개선의 필요성에 대한 보고
  ●행정기관 전체에 걸쳐서 고객 요구사항에 대한 인식의 증진을 보장
  의사소통의 방법으로 회의, 월례조회, 시·군 인터넷 홈페이지, 게시판,
자체 컴퓨터 LAN망 등 다양하게 구축되어 있다.

이 항은 품질행정매뉴얼에 별도로 규정을 신설할 필요가 없이 현재 구
축되어 운영중인 방법을 활용하는 것으로 기술한다.

5.6. 경영검토

경영검토는 「품질행정 종합진단」으로 전환하여 적용한다. 품질행정
종합진단은 절차서에 기술하여 실행하는 것이 바람직하다.
  ○일반사항
    ●품질행정 종합진단은 품질행정시스템의 지속적인 적절성, 충족성
      및 효과성을 보장하기 위하여 계획된 주기로 실시한다.
    ●계획된 주기는 보통 년 1회 정도로 볼 수 있다. 일반적으로 행정서
      비스의 주기는 월, 분기, 반기, 1년이다. 따라서 1년에 1회 정도 품
      질행정 종합진단을 실시한다.
    ●품질행정종합진단 시기는 사후관리심사 또는 갱신심사에 앞서 실
      시하는 것이 바람직하다. 사후관리나 갱신심사에 대비하여 실시함
      으로써 심사시 부적합사항의 발생을 미연에 방지한다.

●품질행정 종합진단의 총괄 책임자는 품질행정대리인이다.
●품질행정 종합진단의 주관부서는 품질행정대리인이 관할하는 주
  무부서에서 실시하거나 별도로 팀을 구성하여 실시할 수도 있다.
  이 경우 종합진단결과의 기록관리와 일관성이 있어야 한다.
●품질행정 방침, 품질행정 목표를 포함하여 품질행정시스템에 대한
  개선기회의 평가 및 변경에 대한 필요성의 평가를 포함한다.
●품질행정 종합진단에 관한 기록을 유지한다.
○품질행정 종합진단시 검토할 사항
  ●목적
  ●기간
  ●대상 업무 및 부서
  ●실시자
  ●결과의 조치 계획
  ●내용
    - 품질행정 목표 달성 및 개선활동의 현황 및 결과
    - 품질행정 종합진단의 항목의 현황
    - 내부심사, 외부심사 결과 및 전년도 자체 평가사항
    - 고객의 요구사항 및 불만사항 분석 및 조치결과
    - 개별적 행정서비스 제공 프로세스 및 행정서비스의 적합성
    - 이전의 품질행정 종합진단 결과에 따른 후속조치
    - 품질행정시스템의 개선에 영향을 줄 수 있는 사항
    - 개선을 위한 제안
    - 기타 품질행정시스템의 개선에 필요하다고 인정되는 사항
○품질행정 종합진단 결과에서 결정할 사항
  ●품질행정시스템의 효과성 개선에 필요한 사항 결정
  ●행정서비스 제공에 필요한 프로세스의 효과성 개선에 필요한 사항
    결정
  ●자원의 필요성 결정

6. 품질행정 자원 관리

6.1. 자원확보

자원확보의 목적은 품질행정시스템의 실행·유지·효과성에 대한 지속적인 개선과 고객만족의 증진에 있다.

자원은 인적자원, 물적자원, 재정적자원으로 나눌 수 있다. 행정기관의 특성상 자원은 법규에 의하여 확보하게 되어 있다. 자치단체의 경우에도 각종 법규에 의하여 자원을 확보하게 되어 있다. 인적자원은 지방공무원법, 시·군의 정원조례에 의하여 결정된다. 물적자원과 재정적자원은 지방세법, 지방교부세법, 지방양여금법, 시군의 지방세 조례 등에 의하여 확보할 수 있는 법적 근거에 의하여 자원을 확보한다.

6.2. 인적자원의 관리

적격성, 인식 및 교육훈련은 「인적자원의 관리」로 전환하여 적용한다. 요구사항별로 실행방법은 다음과 같다.
○행정서비스 제공에 영향을 미치는 업무를 수행하는 인원에 대해 필요한 적격성 결정 및 교육훈련 등
  ●공무원은 지방공무원법에 의한 임용, 지방공무원 교육훈련법에 의한 교육훈련을 실시하여 인원에 대한 적격성을 판단한다.
  ●공무원임용령·지방공무원임용령·지방공무원평정규칙 등에 관련 법규에 의하여 근무성적을 평정하여 적재적소에 배치한다.
○취해진 조치의 효과성을 평가
  ●근무성적 평정, 교육훈련 평가 등을 고려하여 근무부서 배치 등을 고려할 수 있다.
○조직의 인원이 자신의 활동에 대한 관련성 및 중요성을 인식하고 있으며, 품질목표를 어떻게 달성하는지 인식함을 보장
  ●각종 교육 및 회의, 월례조회, 게시판, 인터넷 홈페이지 활용하여

실행한다.
○학력, 교육훈련, 숙련도 및 경험에 대한 적절한 기록 유지
  ●학력, 교육훈련, 숙련도에 관한 사항은 공무원 인사기록 및 인사사무처리규칙에 의하여 인사기록카드에 기록한다.
  ●경험에 대한 기록을 유지하기 위하여 인터넷게시를 통한 공개와 각종사업추진 결과보고시 기록유지 등 업무의 추진상 기록을 유지한다.[37]

6.3. 기반구조 및 6.4. 업무환경

기반구조는 행정서비스를 제공하기 위하여 필요한 건물, 업무공간, 프로세스 장비(하드웨어 및 소프트웨어), 지원서비스의 지원 체계 및 시설을 말한다.

자치단체의 경우 시·군 공유재산 관리조례에 필요한 사무공간의 기준을 규정해 놓고 있으며, 사무기기 등 장비에 대해서는 행정자치부에서 정한 「지방자치단체 물품관리지침」에 따라 중요 물품에 대해서는 관리지침을 만들어 활용하고 있다.

지원서비스에 해당하는 것으로 운송, 통신 등은 업무 추진에 필요한 만큼 구축되어 있는 것이 현실이다.

7. 행정서비스 실현

행정서비스를 실현하기 위해서는 하나의 기본적인 프로세스가 공통적으로 적용된다. 이는 「행정서비스 제공의 기본프로세스 모델」[38]로서 ISO 9001/KS A 9001의 기본적인 요구사항을 충족한다. 그러나 각각의 행정서비스마다 개개의 규정된 프로세스가 존재하는 것이 일반적이다.

---

37) 경기도청의 경우 전자시스템을 구축하여 「지식마일리지」「지식경영」「업무 노하우」등을 게시하여 공개하는 시책을 추진하고 있음.
38) 이 책 제3편 제1장 〈도표 3-4〉 행정서비스 제공의 기본 프로세스 모델 및 해설 참조

이와 같이 규정된 프로세스는 사무관리규정에 의하여 작성된 업무편람에 기술되어지는 것이 원칙이다.

업무편람에서 보여주고 있는 대부분의 행정서비스 제공 또는 생산 절차는 「행정서비스 제공의 기본 프로세스모델」을 적용할 수 있다. 또한 새로 발생되는 행정서비스를 제공하기 위해서도 이를 적용할 수 있다.

7.1. 행정서비스 제공의 기획

제품실현은 「행정서비스 제공」으로 전환하여 적용한다. 품질행정에 있어 제품은 행정서비스를 말하며, 실현은 행정서비스를 생산하여 제공하는 의미를 포함한다.

ISO 9001 요구사항에서 행정기관은 행정서비스 실현에 필요한 프로세스를 개발하여야 한다고 요구하고 있다. 그러나 행정서비스는 법규 등 관련규정과 사회적 요구사항을 판단하여 사회적 정의에 입각하여 행정서비스를 생산 및 제공하고 있다. 따라서 별도의 프로세스를 신규로 개발하여 적용하는 것보다는 법규 등에서 정해진 절차에 의하여 행정서비스를 생산하여 제공한다. 또한 신규로 시책을 개발할 경우 법규 등에 위반되지 않는 범위 내에서 기획 및 실행한다.

행정서비스 실현을 기획할 때 다음 사항을 결정하도록 요구하고 있다.
○행정서비스에 대한 품질 목표 및 요구사항
  ●행정서비스의 기대수준 등 목표를 설정하여야 한다.
  ●고객 및 법규, 사회적 요구사항을 결정하여야 한다.
○프로세스의 수립 및 문서화에 필요성, 그리고 행정서비스에 대한 특정자원의 확보에 대한 필요성
  ●모든 행정행위는 문서로써 전달된다. 보완적으로 구두, 또는 공고, 고시의 방법을 채택한다.
  ●특정자원이란 각각의 행정서비스를 실현하는 데 필요한 자원을 말한다. 가령 특정지역에 교량을 건설할 경우 교량 건설비를 말한다.
○제품 및 제품합격 판정기준에 대해 특정하게 요구되는 검증, 타당성

확인, 모니터링, 검사 및 시험활동
- ●행정서비스 제공과정 및 결과가 타당하고 적법하여야 한다.
- ●행정서비스는 물품의 제조와는 달리 행정행위의 결과가 적법한 범위내에서 권한이 있는 자(사무관리규정 제5조, 제23조 제4항)의 기안에 의하여 결재권자의 승인이 있고 당사자에게 전달 또는 공표가 시행된다면 행정서비스가 적합한 절차를 거쳐 제공된 것이다.
- ●행정서비스 중 공공시설, 공공용물, 공공재 등의 공급에 있어서는 일반 물품의 제조와 같은 합격판정 기준에 대한 검증, 타당성 확인, 모니터링, 검사 및 시험활동이 수반되어야 한다.

○실현프로세스 및 결과로 산출된 제품이 요구사항을 충족한다는 증거를 확보하는 데 필요한 기록
- ●행정행위의 결과는 사무관리규정 등에 의하여 기록이 보존된다.
- ●문서의 보존, 이관, 폐기의 절차를 거친다.

7.2. 고객관련 프로세스

7.2.1. 행정서비스와 관련된 요구사항의 결정

○인도 및 인도 후 활동에 대한 요구사항을 포함한, 고객이 규정한 요구사항
○고객이 명시하지는 않았지만, 알려진 경우 규정되거나 의도된 사용에 필요한 요구사항
- ●행정서비스 제공과 관련된 법규내에서 정해진다.
- ●고객이 규정한 요구사항이란 인허가 신청 등에서 고객이 요구한 내용이 대표적이다.

○제품과 관련된 법적 규제적 요구사항
○행정기관이 결정하여 추가한 프로세스
- ●품질행정헌장 및 행정서비스헌장에서 제시한 사항
- ●행정서비스 제공을 위하여 일종의 절차와 기준을 정하여 행정서비

스 제공의 일관성을 유지하고 있다. (훈령, 예규, 지침)

7.2.2. 행정서비스에 관련된 요구사항 검토

이 항은 행정서비스 실현시 7.2.1항의 이전에 검토되거나 동시에 검토되는 것이 일반적이다. 다만 행정행위의 의사결정과정 중에 별도로 검토하는 경우에는 내부적인 검토서로서 행정서비스 제공시 반영된다.
○제품의 요구사항이 정하여질 것.
○이전에 제시한 것과 다른 계약 또는 주문 요구사항이 해결될 것.
○조직이 정해진 요구사항을 충족시킬 능력을 가지고 있을 것.
  ●요구사항을 충족시킬 능력이란 행정서비스 제공에 필요한 자원과 기반구조(6항)를 가지고 있을 것을 말한다.
  ●행정기관에서 제공하는 서비스는 자원과 기반구조가 미리 정해져 있다.
○검토 및 검토에 수반되는 조치에 대한 결과의 기록은 유지되어야 한다.
○제품 요구사항이 변경되는 경우, 조직은 관련 문서가 수정됨을 보장하여야 하고, 관련 인원이 변경된 요구사항을 인식하고 있음을 보장하여야 한다.
  ●행정조직의 업무 특성상 사업계획 수립이나 변경이 있을 경우 관련된 부서와 인원에게 통보하고 의사를 확인한다.

7.2.3. 고객과의 의사소통

고객과의 의사소통을 위한 방법을 구축한다.
○행정서비스 정보
  ●시·군 소식지, 반상회보, 필요시 제작하는 지상 홍보물, 시·군 인터넷 홈페이지, 공청회, 토론회, 반상회를 통하여 제공된다.
○변경을 포함하여 문의, 계약 또는 주문의 취급
  ●각종 시책, 사업계획 등 제공되는 행정서비스는 이해관계자에게 공

표한다.
- 언론 매체, 지면, 유선 등을 이용하여 공표한다.
- 관보, 도보 등을 통하여 고시, 공고, 입법 예고 등으로 공표한다.
- 자체적으로 지면, 게시, 인터넷 등을 통하여 공표한다.
○ 고객 불평을 포함한 고객 피드백
- 7.2.1, 7.2.2항과 행정서비스 제공시 적용되는 것이 일반적이다.
- 민원사무처리에 관한 법률에 의한 고객의 의견 접수 처리, 종합관찰제, 고충민원처리제, 컴퓨터 통신민원처리제, 전화민원접수처리제, 행정정보공개제, 생활법률상담실 등을 운영한다.

7.3. 행정서비스의 설계 및 개발

7.3항과 7.1항의 차이점을 고려하여야 한다. 7.1항의 제품실현은 ①제품(행정서비스 포함)을 만들어 내는 과정에 필요한 요구사항과 ②제품이 갖추어야 할 요구사항이다. 그러나 7.3항에서는 제품을 만들어 내는 과정(프로세스)을 설계 및 개발하는 데 대한 요구사항이다. 다시 정의한다면 이항은 제품을 생산해 내는 데 필요한 과정(프로세스)을 설계 및 개발하는 데 적용하여야 할 사항이다.

이와 같이 제품실현의 기획(7.1항)과 설계 및 개발(7.3)항이 별도로 규정되는 데는 이유가 있다.

7.1항은 요구사항에 적합한 제품을 만들어 내는 것이다. 즉 생산과정에서 요구사항에 적합한 제품이 일관성 있게 생산하기 위한 요구사항이다. 그러나 7.3항은 요구사항에 적합한 제품을 만들기 위한 프로세스를 어떻게 개발하여야 하는가에 대한 관점에서 규정된 것이다.

따라서 규정된 요구사항에 적합한 행정서비스가 일관성 있게 생산되기 위해서는 정해진 행정서비스 생산 프로세스가 필요하고 그 정해진 프로세스를 구축하는 데 적용되는 요구사항이 이 항에서 기술된다.

행정기관에서는 행정서비스를 제공하는 각종 사업계획은 이와 같은 설계 및 개발에 관한 요구사항을 적용하며 사무관리규정에 의하여 작성하는 업무편람은 이 항에서 요구하는 사항을 충족하여야 한다.

〈도표 4-8〉 설계 및 개발 단계 그림

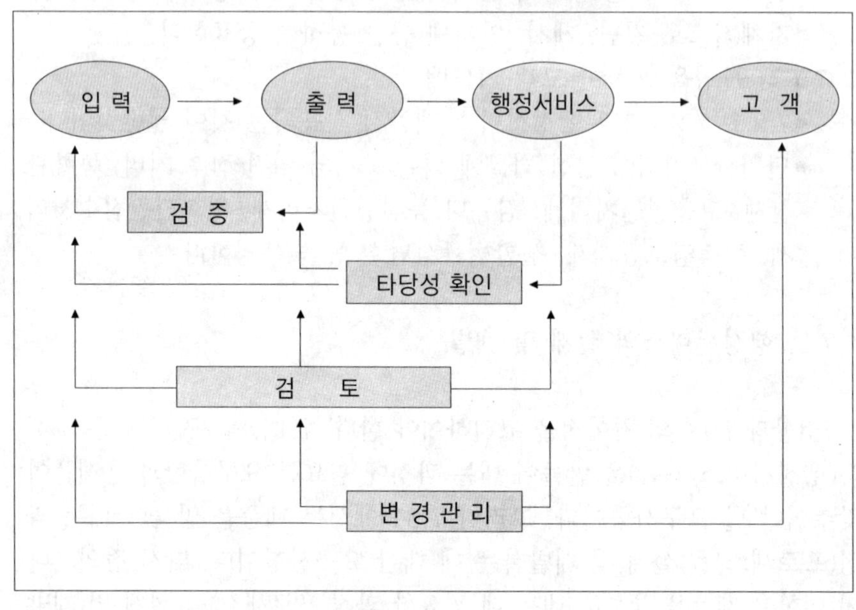

7.3.1. 설계 및 개발 기획

행정서비스 제공에 필요한 설계 및 개발을 계획하고 관리하여야 한다.
설계 및 개발을 기획하는 동안 다음 사항을 결정하여야 한다.
○설계 및 개발 단계
●사업 시행 절차
○각 설계 및 개발 단계에 적절한 검토, 검증 및 타당성 확인
●기안, 결재, 유관 부서 협의 등을 거치면서 이행된다.
○각 설계 및 개발에 대한 책임 및 권한
●각각의 행정서비스별로 정해진다.(위임전결규칙 등)

7.3.2. 설계 및 개발 입력

제품 요구사항에 관련된 입력을 결정하고 기록을 유지하여야 한다.
○기능 및 성능·성과 요구사항
　●행정서비스의 목적 및 달성하고자 하는 효과
○적용되는 법적 및 규제 요구사항
　●제공하고자 하는 행정서비스가 관련 법규, 사회적 타당성 등
○적용 가능한 경우, 이전의 유사한 설계로부터 도출된 정보
　●이전의 사례에 대한 분석 결과, 경험 등
○설계 및 개발에 필수적인 기타 요구사항
　●품질행정 목표, 고객의 요구 등 필수적으로 요구되는 사항

7.3.3. 설계 및 개발 출력

　설계 및 개발은 권한이 있는 자의 결재, 의결 또는 승인 등으로 결정되며, 계획 수립시 요구사항과 비교하여 검증이 가능하도록 「사무관리규정」에 의한 문서로 작성하되 다음과 같아야 한다.
　○계획 수립시 요구사항(7.3.2항)을 충족할 것.
　○행정절차에 관한 적절한 정보를 제공할 것.
　○행정행위가 적법할 것.
　○행정행위의 이행에 관한 필수적인 특성을 정할 것.

7.3.4. 설계 및 개발 검토

　설계 및 개발은 다음 목적을 위하여 관련된 부서와 「사무관리규정」에 의한 부서간 검토, 또는 「시·군 법제사무처리규정」의 절차에 따라 검토가 이루어져야 하며 이에 대한 기록을 유지하여야 한다.
　○요구사항을 충족시킬 수 있는 능력의 평가
　○문제점 파악 및 필요한 조치의 제시

7.3.5. 설계 및 개발 검증

설계 및 개발은 관련된 요구사항(7.3.2항 참조)을 충족시키기 위하여 검증을 수행하여야 한다. 이에 관한 기록을 유지되어야 한다.

7.3.6. 설계 및 개발 타당성 확인

설계 및 개발 결과가 규정되거나 의도된 사용 또는 적용에 대한 요구사항을 충족시킬 수 있는지를 확인하기 위하여 타당성을 확인하여야 한다. 이는 「사무관리규정」에 따른 결재 또는 「시·군 법제사무처리규정」에 따른 최종 결정이 있으면 타당성을 확인한 것으로 본다. 필요한 경우, 고객 의견수렴, 고객 만족도 조사 등을 병행할 수 있다. 이에 대한 기록은 유지되어야 한다.

7.3.7. 설계 및 개발 변경관리

설계 및 개발에 변경이 있을 때는 변경된 사항에 대해 검증하고, 타당성을 확인하여야 한다. 이 경우 「사무관리규정」의 절차에 의한 문서의 변경이나 「시·군 법제사무처리규정」에 의한 절차에 따른다. 이에 대한 기록은 유지되어야 한다.

7.4. 구매

7.4.1. 구매 프로세스

행정기관에서는 행정행위에 필요하여 구매한 제품은 규정된 요구사항에 적합하도록 제품과 제품의 공급자에 대하여 관리하여야 한다. 관리가 필요한 제품과 공급자는 품질행정행위의 결과에 영향을 직접적으로 미치는 것에 한한다.

제품의 구입과 제품의 공급자에 대한 프로세스는 「조달사업에 관한 법률」 「국가를 당사자로 하는 계약에 관한 법률」 「건설기술관리법」

「지방재정법」「시·군 재무회계규칙」등 관계 규정에 따른다.
  ○제품의 범위
    ●물품(조달물품을 포함)
    ●영조물(국가 또는 지방자치단체에 의하여 일정한 행정목적에 제공
      된 인적, 물적설비의 총합체) 시공에 필요한 공사 또는 영조물 공
      사에 필요하여 제공된 물품
    ●위탁업무(영조물 관리 등)
    ●소프트웨어(보기 : 컴퓨터 프로그램, 사전)
    ●용역
  ○구매 프로세스에 고려할 사항(법규에 정해진 사항 이외에 고려할 사항)
    ●구입한 제품이 행정행위의 결과에 대한 요구사항을 만족할 수 있
      을 것
    ●제품의 성과, 가격 및 납기를 고려한 비용
    ●부적합 제품의 처리
    ●구매품과 관련된 위험성 평가
  ○입찰에 의한 제품 구입시에는 관계법령에 따른다.
  ○수의계약에 의한 구매
    ●관계법규에 의한 선정
    ●과거 실적평가
    ●품질, 가격, 납기 및 문제점에 대한 대응능력
    ●공급자의 관리시스템 평가 및 잠재능력
    ●고객 만족 자료의 검토
    ●재정상태
    ●서비스 및 지원인력
    ●물류 능력 등
  ○제품의 공급자에 대한 선정, 평가 및 재평가에 대한 기록
    ●제품의 공급자(계약자)는 제품을 공급할 수 있는 능력을 근거로 평
      가하고 선정한다.
    ●구매시 공급자의 선정, 평가 및 재평가에 대한 기준을 정하고 이와

관련된 기록을 유지한다.

7.4.2. 구매 정보

구매정보는 시방서 또는 사양서를 작성하여 구매할 제품을 기술하며, 해당되는 경우 다음 사항을 포함하여야 한다.
○제품규격, 절차, 프로세스, 장비 및 인원의 승인에 대한 요구사항
○자격부여에 대한 요구사항
○품질경영시스템 요구사항
○기타 행정행위의 결과에 미치는 영향을 고려한 사항

7.4.3. 구매품의 검증

구매한 제품이 규정된 요구사항을 충족시킨다는 보장하기 위하여 물품검수, 준공검사 등의 절차를 시행한다. 물품검수 및 준공검사시에는 요구사항(시방서, 사양서, 설계도 등)이 충족되었는지 확인한다.
행정기관에서 공급자의 현장에서 검증이 필요한 경우에는 의도한 검증방법 및 제품의 출하방법을 시방서 또는 사양서 등에 명시한다.

7.5. 행정서비스 제공

7.5.1. 행정서비스 제공관리

행정서비스는 「사무관리규정」 「문서송달규정」등 관계 법규와 규정된 요구사항에 따라 계획, 검토, 승인되어 고객에게 직접 제공한다.
행정서비스에 대한 정보는 「공공기관의 정보공개에 관한 법률」 「시·군 행정정보 공개조례」의 절차에 따라 제공한다.
○행정서비스의 특성이 기술된 정보의 가용성
○필요에 따른 업무지침서의 가용성

○모니터링 및 측정장치의 가용성 및 사용
 ●행정활동에 관한 제반 정보(사업계획서, 입법 정보, 각종 절차와 관
  련된 프로세스, 행정행위 결과에 대한 사후 관리 등)를 행정기관의
  인원과 이해관계자가 이용할 수 있어야 한다.
○모니터링 및 측정의 시행
 ●행정서비스가 요구사항 등에 적합한지 모니터링 및 측정을 시행
  한다.
○불출, 인도 및 인도 후 활동의 실행
 ●행정서비스가 제공된 이후 사후관리(지도, 점검, 확인 등)가 필요
  한 사항은 이행되어야 한다.

7.5.2. 행정서비스 제공에 대한 프로세스의 타당성 확인

행정기관은 모니터링 및 측정에 의하여 생산한 행정서비스가 요구사항
을 충족하고 있다고 검증할 수 없는 경우, 행정서비스의 프로세스에 대
하여 타당성 확인을 실시하여야 한다. 이와 같은 프로세스를 「특별프로
세스」라고 한다.
특별프로세스는 타당성 확인 방법을 수립하여야 하며, 다음 사항을 포
함하여야 한다.
○프로세스의 검토 및 승인에 대해 정해진 기준
○장비의 승인 및 자격인정
○특별히 규정된 방법 및 절차의 사용
○규정된 방법에 의한 요구사항의 기록(4.2.4 참조)
○타당성 재확인
○특별 프로세스의 대상

7.5.3. 행정활동의 식별 및 추적성

행정기관은 「사무관리규정」과 「공문서 분류 및 보존에 관한 규칙」

에 준하여 행정활동과 행정행위의 결과가 식별되도록 하여야 한다. 그리고 추적성이 고객과의 약속 등으로 요구사항인 경우에는 행정서비스의 고유한 식별을 관리하고 기록하여야 한다.

○식별의 예 : 기관기호, 분류기호, 문서번호, 명찰착용 등
○추적성의 예 : 행정서비스가 제공된 이후 사후관리가 필요한 사항 (예 : 생활보호대상자의 생계비 지급 등)

7.5.4. 고객재산

행정기관은 각 부서에서 관리하거나 사용 중에 있는 고객재산에 대하여 식별, 검증 보호 및 유지하여야 한다. 분실, 손상 또는 사용하기에 부적절한 것으로 판명된 고객재산이 발생하면 이를 기록하고 고객에게 보고하여야 한다.

7.5.5. 제품의 보존

행정서비스 중에 이에 해당되는 경우는 다음과 같다. 해당 경우에 따라 관리하는 법규 등에 따른다. 행정서비스가 제·증명과 같은 문서일 수도 있고, 특정한 행위 또는 물품일 수 있다.

○문서는 「문서관리규정」에 따른다.
○영조물은 「시·군 공유재산 관리조례」에 준한다.
○기타 물품은 관계 법규에 따른다.

7.6. 모니터링 및 측정장치의 관리

행정기관은 행정행위에 필요한 모니터링 및 측정장치를 파악하고 관리하여 행정행위의 적합성을 보장하여야 한다. 또한 모니터링 및 측정 장치는 요구사항에 일치할 수 있는 방법으로 수행되도록 절차를 수립하여야 한다. 유효한 결과를 유지하는 데 필요한 경우, 측정장치는 다음과 같

아야 한다.

이에 해당되는 경우는 공공재 등 물품이나 공공시설의 제공의 경우에 필요한 장치의 관리에만 해당되며, 품질행정매뉴얼에는 다음과 같은 사항을 참고한다.

○규정된 주기 또는 사용 전에 국제표준 또는 국가표준에 소급 가능한 측정표준으로 교정 또는 검증, 이러한 표준이 없는 경우, 교정 또는 검증에 사용한 근거를 기록할 것

○필요한 경우 조정이나 재조정할 것

○교정상태를 결정할 수 있도록 식별할 것

○측정결과를 무효화시킬 수 있는 조정으로부터 보호할 것

○취급, 유지보전 및 보관하는 동안 손상이나 열화로부터 보호할 것

○기타 유의사항

● 부적합 장비로 인한 시후 조치를 취한다.

● 행정기관은 장비가 적합하지 않은 것으로 판명된 경우, 이전의 측정 결과에 대하여 유효성을 평가하고 기록한다.

● 장비 및 영향을 받은 제품에 대하여 적절한 조치를 취한다.

● 장치에 사용하는 소프트웨어는 규정된 요구사항에 대한 모니터링 및 측정에 사용된 컴퓨터 소프트웨어를 최초 사용 전 의도한 적용을 충족시킬 능력이 있는지 확인하며, 필요시 재확인한다.

※KS A 10012-1 및 KS A 10012-2 참조

8. 측정, 분석 및 개선

8.1. 일반 요구사항

측정, 분석 및 개선의 대상에 대하여 요구하고 있다. 행정기관은 다음 사항에 필요한 모니터링, 측정, 분석 및 지속적 개선 프로세스를 계획하고 실행하여야 하며, 통계적 기법을 포함한 적용 가능한 방법 및 사용정도에 대한 결정을 포함하여야 한다.

다음의 사항은 8.2항부터 8.5항까지 중복되므로 품질행정매뉴얼에 기술하지 않아도 된다.

○행정서비스의 적합성 입증
  ●자체감사, 주요 업무 심사분석 실시한다.
○품질행정시스템의 적합성 보장
  ●품질행정 내부심사, 행정조직종합진단, 행정기구의 사무배분, 행정기구설치 및 조정, 주요업무 심사분석을 실시한다.
○품질행정시스템의 효과성을 지속적으로 개선
  ●품질행정 내부심사를 실시한다.
  ●필요에 따라 품질행정에 관한 전문적인 지식과 실시 방안을 모색하기 위한 품질행정위원회와 필요에 따라 품질행정 개선팀을 설치운영한다.

8.2. 모니터링 및 측정

8.2.1. 고객만족

이 항에서는 고객만족의 조사 및 결과의 처리와 이에 관한 방법에 대한 요구사항이다.

행정기관은 품질행정시스템이 고객의 요구사항을 충족시키는지 고객만족 조사를 실시하여야 한다. 고객만족 조사결과 품질행정의 시스템의 개선에 필요하거나, 행정행위의 효과성 또는 적합성을 제고시킬 수 있는 정보에 대하여는 활용방법을 결정한다.

품질행정매뉴얼에는 이에 관한 사항을 다음과 같이 따로 정하여 실행하는 것이 바람직하다.

○고객만족 조사방법으로는 질문서, 소관 위원회의 의견수렴, 고객과 의사소통, 인터넷을 이용한 설문조사, 고객불만사항 등 적절한 방법을 선택한다.
○고객만족 조사 결과 취득한 정보는 행정서비스 제공의 개선과제로

선정하여 해결하거나, 향후 관련된 사업에 반영한다.

8.2.2. 품질행정 내부심사

내부심사는 「품질행정 내부심사」로 전환하여 적용한다. 품질행정 내부심사는 4.2.1항에 의거 문서화된 절차를 필요로 하고, 다음 사항을 충족시키기 위하여 계획된 주기로 내부심사를 실시한다.
- 품질행정시스템이 계획된 결정사항(7.1항), 이 규격의 요구사항, 그리고 조직이 수립한 품질행정시스템 요구사항에 적합한지 여부
  - 품질행정시스템이 품질행정헌장, 품질행정방침 그리고 행정서비스의 요구사항을 만족하는지 여부
  - ISO 9000:2000의 요구사항에 대한 적합성 여부
- 품질행정시스템이 효과적으로 실행되고 유지되는지 여부
  - 품질행정 종합진단시 병행한다.
- 품질행정 내부심사의 실시시기와 방법 등
  - 행정기관은 내부심사의 실시시기와 방법에 다음 사항을 충족하여야 하며 세부내용은 따로 정하여 실행하는 것이 효과적이다.
    - 심사활동 및 분양의 상태와 중요성뿐만 아니라 이전 심사의 결과를 고려하여 심사 프로그램 수립
    - 심사기준, 범위, 주기 및 방법을 결정
    - 심사자 자격기준 및 선정방법, 심사 수행에 심사 프로세스의 객관성 및 공정성이 보장
    - 심사자는 자신의 업무에 대하여 심사 수행 불가
    - 심사 결과의 보고 및 기록 유지
    - 심사대상 업무에 책임을 지는 경영자는 발견된 부적합 및 원인을 제거하기 위한 조치를 적시에 취할 수 있도록 보장
    - 후속조치는 취해진 조치의 검증 및 검증 결과의 보고를 포함.
  ※ KS A 10011-1, KS A 10011-2 및 KS A 10011-3 참조

8.2.3. 프로세스의 모니터링 및 측정

　행정기관은 고객요구 사항을 충족시키는 데 필요한 모든 프로세스는 모니터링 하여야 하며, 측정 가능한 프로세스를 측정하여야 한다.
　○모니터링과 측정의 주요 대상은 업무편람에 기술된 행정행위의 프로세스로 볼 수 있다. 이는「품질행정 내부심사」「시·군 자체감사」「업무 심사분석」「목표관리제」와 같은 업무추진시 병행한다.
　○프로세스의 측정은 적용 가능한 경우에 적절한 방법을 적용하여 측정한다.
　○프로세스가 부적합한 것으로 결정되면 시정 및 시정조치하여야 한다.

8.2.4. 행정서비스의 모니터링 및 측정

　○행정서비스에 대한 모니터링 및 측정 방법
　　●행정서비스가 제반 요구사항을 충족한다는 것을 검증하기 위하여 모니터링 및 측정한다.
　　●인·허가와 같이 문서로써 결정되는 행정행위의 결과는「사무관리 규정」에 의하여 관련부서의 의견과 최종 결재에 따라 결정된다.
　　●영조물의 제공은 준공검사와 같은 방법으로 결정된다.
　　●물품의 제공은 제공받는 자의 수령의 방법으로 결정된다.
　　●기타 행정행위의 결과가 완료된 후에는 고객 등 이해관계자의 불만사항 접수, 주민감사 청구제도, 자체 심사결과 등에 의하여 결정된다.
　○행정서비스에 대한 합격판정기준 및 적합성에 관한 기록
　　●행정행위 결과에 대한 합격판정기준 및 적합성에 관한 기록은 유지되어야 한다.

8.3. 부적합한 행정서비스에 대한 관리

부적합제품의 관리는 「부적합한 행정서비스의 관리」로 전환하여 적용한다. 품질행정매뉴얼에 부적합한 행정서비스의 대상과 조치방법을 기술한다.

○부적합한 행정서비스의 대상
- ●진정, 이의신청, 탄원, 청원, 제안과 같이 고객이 시장·군수에게 시정, 정정 또는 특정한 요구사항으로 적법하거나 타당한 것으로서 시·군의 조직에 접수되거나 공무원이 인지한 「고객 불만사항」
- ●법규 및 규정된 사항에 저촉되는 「위법, 부당한 행정행위」
- ●상급기관, 의회에서 위법, 부당하다고 지적된 「지적사항」
- ●품질행정시스템을 위반하거나 부적합한 「위반사항」
- ●기타 요구사항을 충족하지 못한 「행정행위의 결과」 등

○조치사항
- ●문서화된 절차에 의하여 규정되어야 한다.
- ●부적합의 상태와 특채를 포함한 취해진 모든 후속조치는 기록을 유지한다.
- ●부적합한 행정서비스가 시정될 경우 요구사항에 따른 적합성을 재검증한다.
- ●단, 그 내용이 경미하다고 인정한 부적합 사항에 대하여는 문서화를 생략할 수 있다.

○부적합한 행정서비스의 처리방법
- ●발견된 부적합의 제거 또는 규정된 요구사항을 만족할 수 있도록 조치한다.
- ●해당되는 경우, 부적합한 행정행위에 대한 고객의 인정으로 처리한다.
- ●부적합한 행정서비스의 원래 의도된 사용 혹은 적용을 위한 조치를 취한다.

8.4. 품질행정 개선을 위한 데이터의 분석

행정기관은 품질행정시스템에 적합성과 효과성을 결정하고, 품질행정
시스템을 지속적으로 개선하기 위하여 다음 사항과 관련된 적절한 정보
를 수집 및 분석한다. 품질행정 종합진단, 품질행정 내부심사시 포함하는
것이 바람직하다.

○정보 수집 분석 대상
  ●고객만족 조사 및 요구사항 조사
  ●행정서비스와 관련된 요구사항의 적합성을 분석하기 위한 각종 법
   규 및 사회적 요구사항 등
  ●예방조치를 위한 프로세스 및 행정서비스의 특성과 경향을 분석하
   기 위하여 예상되는 문제점과 이에 대한 대책 등
  ●행정서비스에 필요한 공급자(계약자)
○정보의 분석결과 활용 대상
  ●품질행정의 경향
  ●품질행정 운영성과
  ●고객만족 또는 불만족
  ●품질행정시스템의 효과성 또는 효율성
  ●공급자(계약자)의 기여도
  ●행정활동에 필요한 재정 및 경제성

8.5. 품질행정시스템의 개선

8.5.1. 지속적 개선

행정기관은 품질행정헌장, 행정서비스헌장, 품질행정시스템의 심사결
과, 정보분석, 시정조치 및 예방조치, 심사분석 등의 활용을 통하여, 품질
행정시스템의 효과성을 지속적으로 개선하여야 한다. 품질행정시스템의
지속적인 개선을 위하여, 필요한 경우, 다음과 같은 사항을 따로 정하여

시행한다.
  ○품질행정 조직의 설치 운영
    ●품질행정기구(위원회 등)
    ●별도의 조직(품질행정 개선팀 등)

8.5.2. 시정조치

행정기관은 부적합한 행정서비스의 재발방지를 목적으로 부적합의 원인을 제거하기 위한 시정조치를 취하여야 하며, 시정조치의 절차는 다음과 같다. 필요에 따라 취해진 시정조치의 효과를 검증하여 비효과적인 것으로 판명될 경우 후속대책이 있어야 한다.
  ○부적합의 검토(고객불만 포함)
  ○부적합 원인의 결정
  ○부적합이 재발하지 않도록 조치의 필요성 검토
  ○부적합의 제거를 위한 조치의 결정 및 실행
  ○유사한 부적합의 존재 유무 검토 및 재발방지를 위한 조치 실행
  ○취해진 시정조치의 유효성 검토 및 결과 기록

8.5.3. 예방조치

행정기관은 부적합한 행정서비스의 발생방지를 위하여 잠재적인 부적합의 원인을 제거하기 위한 예방조치를 실행하여야 하며, 예방조치의 절차에는 다음과 같다.
  ○잠재적 부적합 및 그 원인을 결정
  ○부적합 발생을 방지하기 위한 조치의 필요성 검토
  ○필요한 조치의 결정 및 실행
  ○취해진 예방조치의 유효성 검토 및 결과 기록
  ○품질행정매뉴얼 작성 예시

품질행정매뉴얼 작성 예시

○○시·군 품질행정매뉴얼 규정

제정 2000. 12. 31. 규정 제1231호
개정 2002. 2. 1. 규정 제1255호

☐ 관 리 본(번호 :   )
☐ 비관리본(번호 :   )

○○시·군

<table>
<tr><td rowspan="2">○○시·군</td><td>품질행정매뉴얼</td><td>제(개)정일</td></tr>
<tr><td></td><td>제(개)정번호</td></tr>
<tr><td colspan="2" style="text-align:center">목　　　차</td><td></td></tr>
</table>

제1장 일반사항
제2장 인용규격
제3장 용어 및 정의
제4장 품질행정시스템 일반사항
제5상 품질행정 운영책임
제6장 자원관리
제7장 행정서비스 실현
제8장 측정, 분석 및 개선
제9장 부칙

<table>
<tr><td rowspan="2">○○시·군</td><td>품질행정매뉴얼</td><td>제(개)정일</td></tr>
<tr><td rowspan="2">제1장　일반사항</td><td>제(개)정번호</td></tr>
</table>

1. 목적

고객의 요구를 충족시킬 수 있는 행정서비스를 효율적이고 일관성 있게 제공하고, 지속적으로 행정서비스 제공, 시스템을 개선하여 고객만족을 증진시킬 수 있는 행정서비스시스템을 구축하여 운영함을 목적으로 한다.

※ 매뉴얼 운영의 기본적인 두 가지 목적 : ①고객만족 ②효율적이고 일관성 있는 행정서비스 제공

2. 적용 범위

2.1. 행정 조직

본 매뉴얼을 적용하여 행정서비스를 제공하는 행정조직은 ○○시·군 청, ○○출장소, 읍면동사무소, ○○사업소로서 「○○시·군　행정기구설치조례」에 의한 조직이 된다. 단, ○○시·군　○○사업소는 제외한다.

※ ○○시·군　행정기구 설치조례에 근거한 모든 행정조직은 모두 적용대상이 되나, 조직의 설립 목적이 단순한 연구기능, 시설 보호 기능 등 고객과 직접 관련이 없다고 판단되는 조직은 적용대상 조직에서 제외한다.

2.2. 행정서비스

본 매뉴얼에서 적용하여 고객에게 제공하는 행정서비스는 「시·군 행정기구설치조례」, 「시·군 사무위탁조례」와 「시·군 사무위임조례」에서 규정된 업무이다. 단, 조직의 계통과 질서의 유지를 위하여 실행되는 내부적인 행정행위는 제외한다.

※ 행정서비스란 「행정기관이 관계법규에 의하여 관할 주민에게 제공하는 각종 행정행위와 행정행위의 결과」를 말한다.

행정기관 내에서 내부적인 보고활동 등 고객과 직접 관련이 없는 업무는 행정
서비스의 적용대상이 아니다.

2.3. 고객

고객은 행정서비스를 제공받는 대상이며, 다음과 같이 구분한다.

① 직접고객 : 행정서비스 제공의 직접적인 대상으로 행정서비스의 이
해에 대하여 직접적인 영향을 받는 특정인이다.

※예 : 인·허가 대상자, 생계비 지급의 경우 생활보호대상자, 단속의 경우 피 단
속자, 과세의 경우 납세자 영조물 설치의 경우 이용자와 이용 가능성이 있는 주
민 등(수혜를 주는 행정서비스뿐만 아니라 주민에게 부담을 주는 납세, 권리제
한 등도 행정서비스의 직접적인 대상이 된다.)

② 간접고객 : 행정서비스의 제공의 효과를 간접적으로 적용받는 불특
정 다수인이다.

※예 : 행정서비스를 직접적으로 향유하지는 않지만 잠재적으로 행정서비스의 지
접적인 대상자가 될 수 있는 고객이다. 자동차세 징수의 경우 자동차를 현재 보
유하고 있지 않지만 보유할 가능성이 있는 주민은 간접고객으로 분류할 수 있다.

2.4. 행정서비스의 실행의무가 있는 인원

① 지방공무원법 또는 국가공무원법에 의하여 시장·군수가 임명한 공무원
② 시장·군수가 법규에 의하여 위탁 또는 위임한 업무를 실행할 의무
가 있는 법인과 자연인
③ 필요에 의하여 시장·군수에게 용역을 제공할 의무가 있는 법인과
자연인
④ 기타 일시적으로 시장·군수에게 고용된 자연인

※행정서비스를 제공하는 인원은 공무원뿐만 아니라 시장·군수로부터 위임이나
계약에 의한 경우에도 해당된다.
이에 관한 대표적인 규정이 시·군 행정기구설치조례, 사무위임조례, 사무위탁
조례 및 관련된 동조례 시행규칙이다.

3. 품질행정시스템의 운영 원칙

시장·군수는 행정이념을 바탕으로 고객, 사회적 요구사항 등을 충족

하고, 품질행정시스템을 지속적으로 개선하기 위하여 다음과 같은 원칙을 설정한다.

① 고객중심

모든 공무원은 현재 및 미래의 고객 욕구를 이해하고 충족시켜야 하며 고객요구를 기대 이상으로 충족하기 위하여 지속적으로 노력한다.

② 리더쉽

시장·군수는 지방자치단체의 장으로서 행정기관의 존립 목적과 방향의 일관성을 확립한다. 또한 지방자치단체의 구성원 모두가 행정기관의 목표를 달성하는 데 전적으로 참여할 수 있는 내부환경을 조성하고 유지한다.

③ 전원 참여

행정기관의 모든 계층의 공무원들은 행정기관의 필수요소임을 인식하고, 공무원 전원이 참여함으로써 자신의 능력이 행정기관의 존립목적을 달성할 수 있도록 기여한다.

④ 프로세스의 관리

모든 공무원은 효율적인 결과를 획득하도록 관련된 자원 및 활동을 하나의 프로세스로써 관리한다.

⑤ 품질행정에 대한 시스템 관리

모든 공무원은 행정기관의 목표를 달성하는 데 있어서 조직의 효과성 및 효율성을 제고하기 위하여 품질행정에 상호 연관된 프로세스를 하나의 시스템으로 파악하고 이해하며 관리한다.

⑥ 지속적인 개선

모든 공무원은 품질행정시스템을 지속적으로 개선한다.

⑦ 의사결정에 사실적인 접근 방법

품질행정의 효과적인 의사결정은 데이터 및 정보의 분석에 근거한다.

⑧ 상호 유익한 공급자 관계

00시·군과 00시·군의 공급자는 행정서비스 제공에 필요한 상호능력을 증진시키기 위하여 상호의존적이며, 상호이익이 되는 관계이어야 한다.

<table>
<tr><td rowspan="2">○○시·군</td><td>품질행정매뉴얼</td><td>제(개)정일</td></tr>
<tr><td rowspan="2"></td><td>제(개)정번호</td></tr>
<tr><td colspan="2">제2장 인용규격</td></tr>
</table>

1. 인용 규격

○○시·군 품질행정매뉴얼은 고객의 요구사항을 최고로 만족시키기 위하여 국제표준화기구(International Organization for Standardization :ISO)가 제정한 국제품질규격인 ISO 9001:2000(한국산업규격 KS A 9001:2001)에 근거한다.

2. 적용 제외

7.5항 중 7.5.4항 고객자산은 제외한다. 행정서비스가 관련법규와 사회적 요구에 근거하여 제공되는 특성상 고객자산이 요구되는 행정서비스가 존재하지 않는다.

※ISO 9001:2000의 「적용」에 대한 지침 참고 시·군에서 행정서비스를 제공하는 업무의 성격에 따라 7항내의 요구사항 중에는 적용을 제외할 수 있다.
본 항을 ISO 9001 요구사항과 매뉴얼의 순서를 맞추기 위해서는 제1장에 기술되어야 한 매뉴얼의 작성 편의상 제2장에서 기술하였다.

<table>
<tr><td rowspan="2">○○시·군</td><td rowspan="2">품질행정매뉴얼</td><td>제(개)정일</td></tr>
<tr><td>제(개)정번호</td></tr>
<tr><td colspan="3" align="center">제3장 용어 및 정의</td></tr>
</table>

1. 이 규정에서 사용되는 용어 및 정의

1.1. 「시장·군수」는 다음 각 호 1에 해당된다.

이에 관한 세부사항은 시·군위임전결규정에 따른다.

가. 행정기관의 장(지방자치단체장인 시장·군수)

나. 시장·군수의 권한을 위임받은 자(보조기관으로서 「시·군 사무전결처리규칙」등에 의거한 부시장·부군수, 국장, 과장 기타 사업소장 등)

다. 품질행정위원회, 품질행정추진팀

※필요에 따라 품질행정위원회나 품질행정추진팀을 별도로 구성하여 운영할 경우 효율성과 효과성을 판단한 후에 구성운영을 결정하는 것이 좋다.

라. 기타 시장·군수가 지정한 자.

※용어 및 정의는 본 매뉴얼의 해석의 기준을 정하고 명확한 이해를 돕기 위하여 필요하다.
　본 장에서 기술하여야 할 용어는 본 매뉴얼에서 사용되는 용어로 한정한다.
　품질행정시스템의 용어의 정의는 품질경영시스템 및 품질행정시스템의 용어 및 정의를 참조하여 기술한다.

1.2. 「품질행정」이라 함은…

1.3. 「품질행정 종합진다」이라 함은…

2. 용어의 일관성

품질행정절차서와 품질행정에 사용되는 문서에서 사용되는 품질행정 용어는 이 규정에서 사용되는 용어의 의미와 일관되게 사용한다.

1. 품질행정시스템의 기반 프로세스

시장·군수는 ISO 9000:2000의 요구사항에 따라 품질행정시스템을 수립, 문서화, 실행 및 유지하고, 품질행정시스템의 효과성을 지속적으로 개선하기 위하여 다음과 같은 프로세스를 기반으로 한다.

프로세스를 기반으로 한 품질행정시스템 그림

2. 문서화 요구사항

2.1. 문서화 대상

문서화 대상은 다음과 같다.
① 「품질행정방침」 및 「품질행정목표」의 문서화된 결과

② 「품질행정매뉴얼」

③ ISO 9000:2000의 규격에서 요구하는 문서화된 절차는 따로 정하여 시행한다.

④ 프로세스의 효과적인 기획, 운영 및 관리를 보장하기 위하여 조직이 필요로 하는 문서

※품질행정매뉴얼, 품질행정절차서, 업무편람 등을 가리킨다.

⑤ ISO 9000:2000의 규격에서 요구하는 품질기록(「별표1」과 같다)

2.2. 품질행정매뉴얼의 제·개정 절차

본 품질행정매뉴얼은 시·군 법제사무처리규정의 절차에 따라 제개정한다.

※품질행정매뉴얼은 시장·군수의 훈령(규정)으로 정하고, 품질행정절차서는 훈령
  또는 지침으로 정하는 것이 바람직하다.

2.3. 품질행정의 문서관리

품질행정에 관한 문서는 본 매뉴얼에서 정해진 것 이외에는 「품질행정절차서」, 「사무관리규정」, 「시·군 사무관리규정」, 「시·군 법무행정처리규칙」, 「시·군 자치법규안입법 예고조례」, 「시·군 정보화조례」 등 관계규정에 따른다.

※품질행정문서는 위에서 기술한 관련 규정 등을 인용한다. 따라서 별도로 절차서
  를 작성할 필요없다. 관련규정에 따라 일반문서와 함께 관리한다.

2.4. 품질행정 기록관리

품질기록의 식별, 보관, 보호, 검색, 보유기간 및 처분에 관하여는 원칙적으로 「사무관리규정」에 따른다.

※품질행정에 관한 기록은 위에서 기술한 관련규정 등을 인용한다. 따라서 별도
  로 절차서를 작성할 필요없다. 관련규정에 따라 일반문서와 함께 식별, 보관, 보
  호, 검색 및 처분한다.

1. 품질행정의 의지

시장·군수는 시·군정의 최고 책임자로서 품질행정시스템을 구현하여 실행 및 유지하고, 품질행정시스템의 효과성을 지속적으로 개선하기 위하여 다음 사항을 시행한다.

① 법적 및 규제 요구사항과 고객요구사항 충족의 중요성을 인식하고 모든 공무원과 의사소통을 한다.

② 품질행정 방침과 품질행정 목표를 수립하여 시행한다.

③ 품질행정에 대한 종합진단을 시행한다.

④ 품실행성 구현을 위한 자원을 확보하여 활용한다.

2. 고객 요구사항과 고객 만족

시장·군수는 행정서비스별로 고객의 요구사항을 결정하고, 고객이 만족하는 행정서비스를 제공한다.

3. 품질행정헌장의 수립 및 시행

시장·군수는 품질행정헌장을 다음과 같이 수립하고 유지한다.

> 품질행정 방침
> -살기 좋은 도시, 희망이 있는 도시 -
> 1. 경제회생
> 2. 규제혁파
> 3. 시정혁신
> 4. 균형발전
> 5. 삶의 질 향상

① 품질행정방침은 시·군정 방침으로 한다.
※ 시·군의 행정서비스헌장 선언문을 품질행정방침으로 사용할 수도 있다.
② 「품질행정헌장」을 전 부서의 인원이 이해하고 실천한다.
③ 연1회 이상 「품질행정헌장」의 적정성을 검토한다.

4. 품질행정 목표

시장·군수는 품질행정목표를 달성하기 위하여 다음과 같이 행정서비스 헌장을 수립 및 시행한다.
① 「시·군 행정서비헌장운영조례(또는「규정」)에 의하여 「시·군 행정서비스헌장(또는 선언문)」을 수립 및 공포한다.
② 「행정서비스 헌장」은 시·군 행정조직 내의 업무 분야별로 수립하여 실행한다.
③ 행정서비스 제공 기준은 년1회 이상 검토하여 적절성을 유지한다.

5. 책임, 권한 및 의사소통

5.1. 책임과 권한

① 시장·군수는 시·군정과 품질행정에 대한 총책임자로서 품질행정시스템을 수립, 운영 및 개선의 책임이 있다.
② 시·군정과 품질행정시스템의 책임, 권한 그리고 조직간의 상호관계는 이 매뉴얼에서 정해진 것 외에는 「시·군 행정기구설치조례」「시·군 사무위탁조례」「시·군 사무위임조례」「시·군 위임전결규정」그리고 이와 관계 규정에 의하여 정해진다.
③ 행정서비스별로 업무담당자를 정한다.
④ 품질행정의 추진을 위하여 필요한 경우 시장·군수는 품질행정의 최고경영자로서 별도의 조직을 둘 수 있다.
※ 항은 품질행정위원회, 품질행정개선팀 등을 지칭하며, 품질행정시스템을 시행하는 초

기단계에서 적절하게 사용될 수 있다.

5.2. 품질행정대리인

시장·군수는 「총무국장」을 품질행정대리인으로 선임하고, 다음과 같은 책임과 권한을 부여한다.
① 품질행정시스템에 필요한 프로세스를 수립하여 실행하고 적절하게 유지한다.
② 시장·군수에게 품질행정시스템의 성과 및 개선에 대한 필요성에 대해 보고한다.
③ 각 부서와 모든 인원이 고객 요구사항에 대한 인식의 증진하는 조치를 시행한다.
④ 품질행정시스템과 관련한 사항에 대하여 00시·군과 외부관계자의 창구역할을 한다.
※총무국장을 품질행정대리인으로 지정한 이유는 총무국장의 직위와 총무국장이 관장하는 사무를 고려하여 정하였다.
ISO 9001:2000의 요구사항 5.5.2항의 책임 및 권한을 부여한다. 필요한 경우 추가로 부여한다.

5.3. 내부 의사소통

시장·군수는 산하 조직 및 인원 상호간 그리고 품질행정시스템의 효과성에 대한 의사소통을 위하여 다음 사항을 필요에 따라 시행한다.
① 직장교육, 회의, 유무선 통신 등을 통한 대면 소통
② 제안제도, 게시, 공문 시행 등을 통한 간접 소통
③ 필요시 별도의 조치 시행 등
※행정조직 내에서 인원의 의사교류를 위한 적절한 수단을 채택한다.

6. 품질행정 종합 진단

시장·군수는 품질행정시스템에 대하여 지속적인 적절성, 충족성 및 효과성을 확보하기 위하여 종합진단을 정하여 시행한다. 이에 대한 세부적인 절차는 따로 정하여 시행한다.
※품질행정절차서에 정하여 시행한다.

1. 자원확보

시장·군수는 품질행정시스템의 실행, 유지, 효과성에 대한 지속적인 개선과 고객만족의 증진을 위하여 필요한 자원을 결정하고 확보한다.

※품질행정시스템 운영을 위한 별도의 자원확보보다는 시·군의 전체 예산확보가 관계법규에 의해 결정 및 확보된 것으로 본다.

2. 인적자원

2.1. 인원의 배치

시장·군수는 행정을 수행하는 인원에 대하여 지방공무원법, 지방공무원임용령 등 관계 법규에 따라 배치하되 인원의 학력, 교육훈련, 업무 경험 등을 고려하여 배치한다.

※품질행정시스템 구축을 위하여 별도의 업무를 신설할 필요없다.

2.2. 품질행정에 대한 인원의 교육훈련 등

시장·군수는 인원의 적정성, 인식 및 교육훈련을 위하여 다음과 같이 시행한다.

① 조직원의 능력의 결정, 교육훈련 그리고 이와 관계된 기록은 지방공무원법, 지방공무원평정규칙 등 관계법규에 따른다.

② 인원에 대해 실시한 교육훈련 등의 조치에 대한 효과성을 평가하고 기록한다.

③ 인원이 자신의 활동이 품질경영 미치는 관련성, 중요성 그리고 기

여도를 인식하도록 조치한다.

④ 학력, 교육훈련, 숙련도 및 경험에 관한 적절한 기록을 유지한다.

※품질행정시스템 구축을 위하여 별도의 업무를 신설할 필요없다.

3. 기반구조 및 업무환경

시장·군수는 행정행위의 결과에 대한 적합성을 달성하기 위하여 「사무관리규정」, 「시·군 공유재산관리조례」 「물품관리조례」에 정하여 필요한 기반구조 및 업무환경을 결정 및 확보하고 유지한다.

※품질행정시스템 구축을 위하여 별도의 업무를 신설할 필요없다.

<table>
<tr><td rowspan="3">○○시·군</td><td>품질행정매뉴얼</td><td>제(개)정일</td></tr>
<tr><td></td><td>제(개)정번호</td></tr>
<tr><td colspan="2">제7장 행정서비스 실현</td></tr>
</table>

1. 행정서비스 실현의 기획

1.1. 기본 프로세스 모델

행정서비스 실현을 위한 기본 프로세스는 다음과 같으며 업무편람 작성의 기본이 된다.

행정서비스 실현의 기본 프로세스 모델

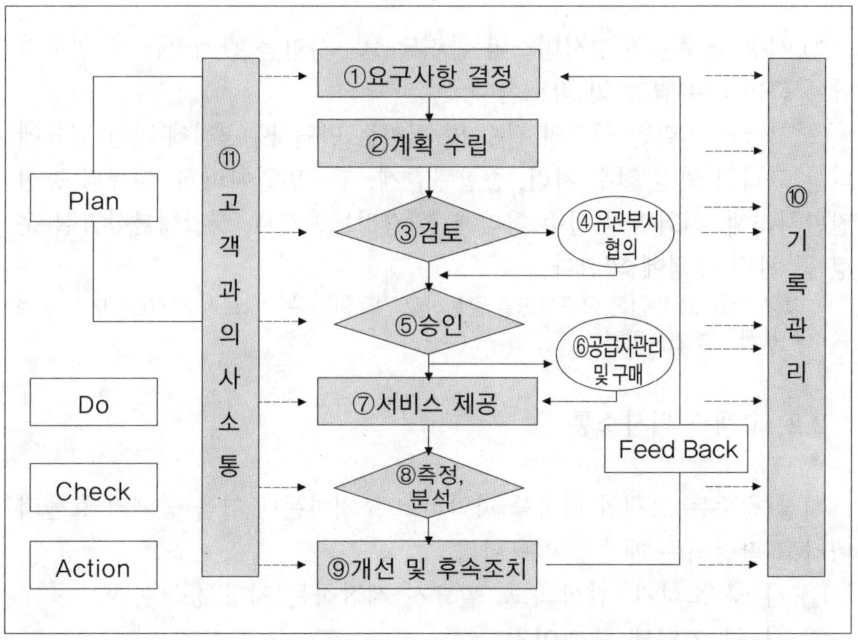

※ 행정서비스 실현의 기본프로세스 모델은 ISO 9001:2000 요구사항 제7항, 제8항에 적용된다. 개개의 행정서비스 프로세스가 사무관리규정에 의하여 업무편람으로 작성되어 있다.

1.2. 행정서비스 실현의 수단

① 행정서비스를 제공하기 위하여 행정서비스별로 업무편람을 작성하여 활용한다.

② 업무편람의 작성 및 활용에 관한 사항은 따로 정하여 시행한다.

③ 업무편람에 정해지지 않은 행정서비스 제공의 프로세스는 행정서비스 실현의 기본프로세스 모델에 준한다.

※경우에 따라 업무처리 절차가 극히 간단한 경우 업무편람을 작성할 필요없다.

2. 고객 관련 프로세스

2.1. 행정서비스에 관련된 요구사항의 결정 및 검토 수단

① 시장·군수는 행정서비스와 관련된 요구사항을 관계법규 및 업무편람에 근거하여 결정 및 검토한다.

② 고객과 관련된 의견의 접수 및 처리는 민원사무처리에 관한 법률에 의한 고객의 의견 접수 처리, 종합관찰제, 고충민원처리제, 컴퓨터 통신 민원처리제, 전화민원 접수 처리제, 행정정보공개제, 생활법률상담실 운영 등 관련 규정에 의한다.

※행정서비스와 관련된 요구사항을 결정하고 검토하는 수단으로서 자치단체에서 운영 중인 사례를 기술하였다.

2.2. 고객과 의사소통

시장·군수는 고객의 의사를 파악하고 조치하는데 다음 중에서 효율적이라고 판단되는 매체를 이용한다.

① 시·군 소식지, 반상회보, 필요시 제작하는 지상 홍보물

② 시·군 인터넷 홈페이지

③ 공청회, 토론회, 반상회 등

※상기 매체는 고객과 의사소통의 수단으로 효율적이고 별도의 수단을 강구할 필요없다.

3. 설계 및 개발

3.1. 설계 및 개발의 대상

행정서비스 실현과 제공에 필요한 설계 및 개발의 대상은 다음과 같다.
① 새로운 행정서비스가 발생하여 이에 대한 행정서비스를 제공하기 위한 프로세스를 개발할 경우.
② 기존의 행정서비스 실현 및 제공의 프로세스에 개선이 필요한 경우.
③ 기타 고객 등 이해관계자의 요구에 의하여 행정서비스 실현 및 제공의 프로세스에 변경이 불가피한 경우.
※본 항은 행정서비스를 생산하는 프로세스를 설계 및 개발하는데 적용한다.

3.2. 설계 및 개발의 적용 모델

행정서비스 실현의 기본 프로세스 모델은 설계 및 개발의 적용 모델이 되며, 필요한 경우 일부 수정하여 적용할 수 있다.
※ISO 9001:2000 요구사항의 7.3.2 내지 7.3.7항을 적용할 수 있다.

3.3. 설계 및 개발의 적용 사항

① 행정서비스 제공에 필요한 설계 및 개발을 계획하고 관리한다.
② 행정서비스의 제공 목적, 타당성, 법적 규제 요구사항을 포함한다.
③ 설계 및 개발을 검토하고 검토 기록을 유지한다.
※ISO 9001:2000 요구사항의 7.3.2 내지 7.3.7항을 적용할 수 있다.

4. 구매

4.1. 구매품의 관리 대상

시장·군수는 행정서비스 제공을 위하여 구매하는 제품은 관리하고 관리대상은 다음의 제품 중에서 행정서비스를 제공하는 데 직접적으로 소요되는 경우에 한한다.
　① 물품(조달물품을 포함)
　② 영조물(국가 또는 지방자치단체에 의하여 일정한 행정목적에 제공
된 인적, 물적설비의 총합체) 설치에 필요한 공사 또는 영조물 공사에 필
요하여 제공된 물품
　③ 위탁업무(영조물 관리 등)
　④ 소프트웨어(보기: 컴퓨터 프로그램, 사전)
　⑤ 용역 및 서비스
　※구매의 대상은 행정서비스 생산에 직접적으로 필요하여 외부로부터 구입하기로 결
　　정한 모든 제품에 해당된다.

4.2. 구매 관리

　제품의 구입과 제품의 공급자에 대한 관리는 「조달사업에 관한 법률」,
「국가를 당사자로 하는 계약에 관한 법률」, 「건설기술관리법」, 「지방
재정법」, 「시·군 재무회계규칙」 등 관계 규정에 따라 작성한 업무편람
에 따른다.
　※각종 회계관련법규는 구매관리의 프로세스를 규정하고 있다.

4.3. 구매 정보

　시장·군수는 구매할 제품의 정보를 문서로서 작성한다.
　※특별한 경우를 제외하고는 기안문, 시방서, 설계서, 사양서 등 구매정보는 문서로써 표
　　시된 이후 구매되는 것이 일반적이다.

4.4. 구매품의 검증

　시장·군수는 구매한 제품이 규정된 요구사항을 충족한다는 것을 보장
하기 위하여 다음과 같이 시행한다.
　① 물품 검수, 준공검사 등의 절차를 시행한다.
　② 물품검수 및 준공검사 시에는 요구사항이 충족되었는지 확인한다.

③ 공급자의 현장에서 검증이 필요한 경우에는 의도한 검증방법 및 제품의 출하방법을 시방서 또는 사양서에 명시한다.
※구매품의 검수 및 적합성을 검증하는 방법을 기술한다.

5. 행정서비스 제공

5.1 행정서비스 제공관리

① 행정서비스는 「사무관리규정」 「문서송달규정」 등 관계 법규와 규정된 요구사항에 따라 계획, 검토, 승인되어 고객에게 직접 제공한다.
② 행정서비스에 대한 정보는 「공공기관의 정보공개에 관한 법률」 「시·군 행정정보 공개조례」의 절차에 따라 제공한다.
※특별 프로세스 대상을 매뉴얼에 기술할 필요가 있다.

5.2. 특별 프로세스에 대한 타당성 확인

① 행정행위 결과가 요구사항을 만족하는지 검증될 수 없는 행정활동 및 서비스 제공 프로세스(일명「특별프로세스」)에 대하여 타당성을 확인한다.
② 행정서비스 제공 후 행정서비스 제공 목적과 다른 부정적 영향을 초래한 경우에는 프로세스의 타당성에 대하여 확인하여야 한다.
③ 특별프로세스는 타당성 확인 방법은 행정서비스 실현의 기본 프로세스 모델을 적용한다.
※특별프로세스 대상을 매뉴얼에 기술할 필요가 있다.

5.3. 식별 및 추적성

시장·군수는 행정서비스의 생산 및 제공에 대한 일련의 과정에 대하여 식별 및 추적성을 확보하기 위하여 「사무관리규정」 및 관련법규에 따라 관리하고 기록을 유지한다.

5.4. 고객재산

행정서비스를 제공하기 위하여 고객의 재산을 요구하거나 접수하지 않는다. 다만, 법규에 의하여 필요한 고객재산은 필요에 따라 별도로 관리하는 규정을 정한다.

※본항은 요구사항과 순서를 맞추기 위하여 삽입하였다. 해당없다면 (해당없음)으로 표시하여도 된다.

5.5. 행정서비스의 보존

시장·수는 행정서비스가 고객에게 제공될 때에는 행정서비스의 적합성을 유지하여 제공하며 행정서비스의 특성에 따라 다음과 같이 관리된다.

① 문서로서 제공되는 행정서비스는 「문서관리규정」 및 「문서송달규정」에 따른다.

② 영조물 등 각종 공용물과 수돗물 등 물품은 사용개시 전에 적합성이 유지되어야 하며, 이에 대해서는 관계법규에 따른다.

③ 그 밖의 고객에게 제공하는 행정서비스는 관련된 절차에 따른다.

※행정서비스가 고객에게 전달될 때까지 적합성을 유지하여야 한다.

6. 모니터링 및 측정장치의 관리

6.1. 모니터링 및 측정장치의 관리대상

모니터링 및 측정장치의 관리 대상은 다음과 같다.

① 시장·군수가 직접 물품이나 공공시설과 같은 행정서비스를 생산하여 고객에게 제공하는 데 필요한 모니터링 및 측정장치

② 공급자가 시장·군수에게 제공하는 물품이나 공공시설물을 생산해 내는 데 필요한 모니터링 및 측정장치

※고객에게 제공하는 행정서비스에 영향을 미치지 않는 장치는 제외한다.

6.2. 모니터링 및 측정장치의 결정

시장·군수는 행정서비스 제공에 대한 모티터링 및 측정장치를 결정하고 적합성이 유지되도록 관리한다.

※6.1항의 장치에 대한 요구사항이다.

6.3. 적합성 유지

시장·군수는 행정서비스 제공에 필요한 모니터링 및 측정 장치는 요구사항에 일치할 수 있는 방법으로 수행되도록 절차를 수립하고 유효한 결과를 유지하는 데 필요한 경우, 측정장치는 다음과 같이 관리한다.

① 규정된 주기 또는 사용 전에 국제표준 또는 국가표준에 소급 가능한 측정표준으로 교정 또는 검증, 이러한 표준이 없는 경우, 교정 또는 검증에 사용한 근거를 기록한다.

② 필요한 경우 조정이나 재조정한다.

③ 교정상태를 결정할 수 있도록 식별한다.

④ 측정결과를 무효화시킬 수 있는 조정으로부터 보호한다.

⑤ 취급, 유지보전 및 보관하는 동안 손상이나 열화로부터 보호한다.

※ISO 9001:2000 요구사항의 7.6항을 충족하는 방법이다.

6.4 부적합 장비로 인한 사후 조치

시장·군수는 장비가 적합하지 않는 것으로 판명된 경우, 이전의 측정결과에 대하여 유효성을 평가하고 기록한다. 또한 장비 및 영향을 받은 제품에 대하여 적절한 조치를 취한다.

※ISO 9001:2000 요구사항의 7.6항을 충족하는 방법이다.

6.5 장치에 사용하는 소프트웨어

시장·군수는 규정된 요구사항에 대한 모니터링 및 측정에 사용된 컴

퓨터 소프트웨어를 최초 사용 전에 의도한 적용을 충족시킬 능력이 있는
지 확인하며, 필요시 재확인한다.
　※ISO 9001:2000 요구사항의 7.6항을 충족하는 방법이다.

1. 일반 사항

시장·군수는 행정서비스에 관하여 다음과 같이 필요한 모니터링, 측정, 분석 및 지속적 개선 프로세스를 계획하고 실행하며, 통계적 기법을 포함한 적용 가능한 방법 및 사용정도에 대한 결정을 포함한다.

① 행정서비스에 대한 적합성을 입증하기 위하여 품질행정진단, 자체감사, 주요 업무심사분석을 관계규정에 따라 실시한다.

② 품질행정시스템의 적합성 보장하고 효과성을 지속저으로 개선하기 위하여 품질행정 종합진단, 품질행정 내부심사, 행정조직진단, 행정기구의 사무배분, 행정기구설치 및 조정을 관계규정에 따라 실시한다.

※ISO 9001:2000 요구사항의 8.1항을 충족하는 방법이다.

2. 모니터링 및 측정

2.1. 고객만족 조사 및 조사결과의 처리

시장·군수는 품질행정시스템이 고객의 요구사항을 충족시키는지 고객만족 조사를 실시하며 이에 관한 사항을 따로 정하여 시행한다.

※품질행정절차서에 따로 정한다.

2.2. 품질행정 내부심사

시장·군수는 품질행정시스템과 행정서비스의 적합성과 개선을 내부심사를 따로 정하여 시행한다.

※품질행정절차서에 따로 정한다.

2.3. 프로세스의 모니터링 및 측정

시장·군수는 고객요구사항을 충족시키기 위하여 다음과 같이 프로세스를 모니터링하고, 측정 가능한 프로세스는 측정한다.

① 모니터링과 측정은 「품질행정 내부심사」「시·군 자체감사」「주요 업무 심사분석」추진시 병행하거나 별도로 시행한다.

② 프로세스의 측정은 적용 가능한 경우에 적절한 방법을 적용하여 측정한다.

③ 프로세스가 부적합한 것으로 결정되면 시정 및 시정조치한다.

※품질행정시스템에 대한 모니터링 및 해당되는 경우 프로세스 측정을 위하여 적절한 방법을 기술한다.

2.4. 행정서비스의 모니터링 및 측정

2.4.1 행정서비스의 모니터링 및 측정 방법

시장·군수는 행정서비스가 제반 요구사항을 충족한다는 것을 검증하기 위하여 다음과 같이 모니터링 및 측정한다.

① 인·허가와 같이 문서로써 결정되는 행정행위의 결과는「사무관리규정」에 의하여 관련부서의 의견과 최종 결재에 따라 결정된다.

② 영조물의 제공은 준공검사와 같은 방법으로 결정된다.

③ 물품의 제공은 제공받는 자의 수령의 방법으로 결정된다.

④ 기타 행정행위의 결과가 완료된 후에는 고객 등 이해관계자의 불만사항접수, 주민감사 청구제도, 자체 감사결과에 의하여 결정된다.

⑤ 필요한 경우, 고객만족도 조사를 실시한다. 고객만족도 조사에 관한 사항은 따로 정하여 시행한다.

※행정서비스가 요구사항을 충족하였다는 모니터링 및 측정의 방법을 기술하였다.

2.4.2 행정서비스의 합격판정기준 및 적합성에 관한 기록

시장·군수는 행정서비스에 대한 합격판정기준 및 적합성에 관한 기록을 유지한다.

※행정서비스에 대한 합격판정기준 및 적합성은 관계법규 등의 요구사항에 의하여 정해진다.

3. 부적합한 행정서비스의 관리

3.1. 부적합한 행정서비스의 대상

부적합한 행정서비스는 다음과 같다.

① 진정, 이의신청, 탄원, 청원, 제안과 같이 고객이 시장·군수에게 시정, 정정 또는 특정한 요구사항으로서 받아들이기에 적법 또는 타당한 것으로써 시·군의 조직에 접수되거나 공무원이 인지한 「고객 불만사항」

② 법규 및 규정된 사항에 저촉되는 「위법, 부당한 행정행위」

③ 상급기관, 의회에서 위법, 부당하다고 지적된 「지적사항」

④ 품질행정시스템을 위반하거나 부적합한 「위반사항」

⑤ 기타 요구사항을 충족하지 못한 「행정행위의 결과」

※부적합한 행정서비스란 각종 요구사항이나 적합성을 충족하지 못하여 행정행위에 하자가 발생한 경우에 해당한다.

3.2. 부적합한 행정서비스의 식별 및 문서화

시장·군수는 부적합한 행정행위에 대해서는 관련규정에 의하여 적절한 방법으로 문서화하되 그 내용이 경미하여 행정서비스에 영향을 미치지 않는 부적합 사항에 대하여는 문서화를 생략할 수 있다.

※부적합한 행정서비스는 문서로써 관리되어야 한다.(민원접수대장-민원실, 다수민원 관리대장-감사실 등)

3.3. 부적합한 행정행위의 처리

시장·군수는 부적합한 행정행위는 다음의 하나 또는 그 이상의 방법으로 처리한다.
① 발견된 부적합의 제거 또는 규정된 요구사항을 만족할 수 있도록 조치
② 해당되는 경우, 부적합한 행정행위에 대한 고객의 인정
③ 부적합한 행정행위의 원래 의도된 사용 혹은 적용을 위한 조치
※부적합한 행정행위는 시정조치 및 예방조치의 절차를 통하여 부적합사항을 치유한다.

4. 정보의 분석

4.1. 분석 대상

시장·군수는 품질행정시스템에 적합성과 효과성을 실증하고, 품질행정시스템을 지속적으로 개선하기 위하여 다음 사항과 관련된 적절한 정보를 수집 및 분석한다.
① 고객만족
② 품질행정행위와 관련된 요구사항의 적합성
③ 예방조치를 위한 프로세스 및 행정행위 결과의 특성과 경향
④ 품질행정에 제품을 제공하는 공급자(계약자)

4.2. 정보의 분석 방법

시장·군수는 정보의 분석대상에 따라 적절한 분석 방법을 사용한다.
※적절한 분석 방법의 종류로는 관리도, 특성요인도, 검사표, 막대도표, 작업공정도, 히스토그램, 파레토 챠트, 산포도, 시계열도 등이 있다.

4.3. 정보의 분석 결과 활용

시장·군수는 품질행정에 관한 정보를 수집 및 분석결과를 다음 사항을 결정하는 데 이용할 수 있다.
① 품질행정의 경향
② 품질행정 운영성과
③ 고객만족 또는 불만족
④ 품질행정시스템의 효과성 또는 효율성
⑤ 공급자(계약자)
⑥ 행정서비스 제공에 필요한 재정 및 경제성
※정보의 분석의 목적은 품질행정 전반에 관한 효율성, 효과성, 개선에 필요하다.

5. 개선

5.1. 지속적 개선

시장·군수는 품질행정헌장, 행정서비스헌장, 품질행정시스템의 심사결과, 정보분석, 시정조치 및 예방조치, 심사분석 등의 활용을 통하여, 품질행정시스템의 효과성을 지속적으로 개선한다.
※시정조치와 예방조치는 품질행정절차서에서 따로 정하여 시행한다.

5.2. 시정조치

시장·군수는 부적합의 재발 방지를 목적으로 부적합의 원인을 제거하기 위한 시정조치는 따로 정하여 시행한다.

5.3. 예방조치

시장·군수는 부적합의 발생방지를 위하여 잠재적인 부적합의 원인을 제거하기 위한 예방조치는 따로 정하여 시행한다.

<table>
<tr><td rowspan="3">○○시·군</td><td rowspan="2">품질행정매뉴얼</td><td>제(개)정일</td></tr>
<tr><td>개(개)정번호</td></tr>
<tr><td colspan="2" align="center">부　　　　칙</td></tr>
</table>

부칙(2000. 12. 31)

이 규정은 공포한 날부터 시행한다.

부칙(2002. 2. 1)

① (시행일) 이 규정은 공포한 날부터 시행한다.
② (경과조치) 이 규정에 의하여 시행중인 「품질행정 내부심사」는 종
　 전의 규정을 적용한다.

ISO 9000:2000의 규격에서 요구하는 품질기록

5장 6	품질행정의 종합진단에 관한 기록
6장 2.2	인원의 학력, 교육훈련, 숙련도 및 경험에 관한 기록
7장 1.2	행정행위의 프로세스 및 행정행위의 결과가 요구사항 충족에 대한 증거를 제공하는 데 필요한 기록
7장 2.2	행정행위와 관련된 요구사항의 검토결과
7장 3.2	행정행위 계획 수립시 요구사항의 기록
7장 3.4	행정행위 계획의 검토(행정계획의 검토) 및 조치결과
7장 3.5	행정행위 계획의 검증(행정계획의 검증)과 요구되는 조치결과
7장 3.6	행정행위의 타당성 확인(행정계획의 타당성 확인)과 요구되는 조치결과
7상 3.7	행정행위 계획의 변경관리(행정계획의 변경관리) 및 요구되는 조치결과
7장 4.1.4	제품의 공급자 평가 및 평가결과 발생하는 조치결과
7장 5.2	특별 프로세스에 대한 타당성 확인기록
7장 5.3	행정활동의 식별 및 추적성 기록
7장 5.4	고객자산의 부적절한 고객자산의 기록
7장 6	모니터링 및 측정장치의 관리 및 국제 또는 국가 표준이 없는 경우 교정 또는 검증에 사용된 표준에 관한 기록
7장 6	모니터링 및 측정장치가 요구사항을 벗어난 경우 이전 측정결과에 대한 유효성 평가기록
7장 6	모니터링 및 측정장치의 교정결과 기록
8장 2	품질행정 내부심사 관련 기록
8장 2.4.2	행정행위 결과에 대한 합격판정기준 및 적합성에 관한 기록
8장 3.2	부적합한 행정행위의 식별 및 후속조치 기록
8장 5.2	시정조치 결과기록
8장 5.3	예방조치 결과기록
기타	행정기관이 정한 품질기록

제3장. 품질행정절차서 작성 실무

제1절. 일반사항

1. 절차 및 절차서의 정의

절차는 「활동 및 프로세스를 수행하기 위하여 규정된 방법」이다.[39] 이와 같은 절차가 문서화될 경우 절차서라고 한다. 이는 품질행정시스템의 요소를 실행하는 데 필요한 개별 기능적 단위의 활동을 서술한 문서이다.

품질행정시스템에서 절차서로 볼 수 있는 것은 행정서비스 제공의 근거가 되는 각종 법규(헌법, 법률, 명령, 부령, 조례, 자치단체의 규칙, 규정, 예규, 지침이다. 그리고 ISO 9001: 2000의 4.2.1 c)에 해당하는 문서관리절차서, 품질기록관리절차서, 내부심사절차서, 부적합관리절차서, 시정조치절차서, 예방조치절차서 6종이 대표적인 절차서이다.

일반적으로 절차서는 행정활동의 목적과 추진방법, 참고사항, 관련법규 등이 세부적으로 기술되어 있다.

2. 절차서의 용도

2.1. 품질행정매뉴얼의 세부 이행 절차

품질행정매뉴얼은 품질행정시스템을 실행하기 위한 세부적이고 구체

---

39) ISO 9000:2000/KS A 9000:2000 3.4.5 참고

적인 방법을 기술한 문서이다. 품질행정매뉴얼은 시스템의 요구사항을 위주로 작성하지만 절차서는 품질행정을 실행하기 위한 순서와 방법을 위주로 작성한다.

2.2. 행정서비스 제공의 일관성 유지

각각의 행정서비스 제공시, 일관성을 유지하여 서비스의 상대적 형평성을 유지하게 한다.

2.3. 책임과 권한의 명확화

행정서비스를 제공하는 인원과 관련된 자의 책임과 권한을 명확하게 한다.

2.4. 내부 심사의 기준

품질행정시스템과 고객만족 등에 대하여 내부심사시 심사의 기준이 된다.

2.5. 교육·훈련의 자료

인원의 변동시 신규인원의 업무에 대한 교육과 업무파악에 필요한 자료가 된다.

3. 문서상의 위치 및 명칭

품질행정절차서의 문서상의 위치를 우선 결정하는 것이 바람직하다. 품질행정매뉴얼은 시·군의 훈령으로 결정하는 것이 일반적이다. 품질행정절차서는 매뉴얼보다는 하위단계이지만 별도의 훈령이나 예규로 정하는 것이 바람직하다. 매뉴얼과 절차서를 같은 법규적 위치에 있는 훈령으로 정하여도 된다. 반드시 일반적인 법규의 상하개념에 맞출 필요는 없다.

명칭은 훈령으로 정할 경우 「00시·군 품질행정절차서 규정」으로, 예규로 정할 경우 「00시·군 품질행정절차서 지침」으로 정하는 것이 일반적이다.

4. 절차서 작성대상

ISO 9001:2000 요구사항 4.2.1항 일반사항에서는 문서화된 절차를 요구하고 있다. 그 대상은 4.2.3 문서관리, 4.2.4 품질기록의 관리, 8.2.2 내부감사. 8.3 부적합제품의 관리, 8.5.2 시정조치, 8.5.3 예방조치 등 6개의 절차서이다.

그 외에 품질행정매뉴얼에서 세부적인 절차를 따로 정하여 시행하기로 하였거나 필요한 경우에는 절차서에 기술하는 것이 바람직하다.

개개의 행정서비스는 그 근거가 되는 법규와 그에 따른 행정지침 등이 절차서가 될 수 있다.

5. 작성방법

문서화된 절차서 마련하는 데는 두 가지 방법을 고려할 수 있다.

첫 번째는 품질행정매뉴얼에 포함하여 작성하는 방법이다. 품질행정매뉴얼의 분량과 활용면을 고려한다. 이 경우 개정의 빈도가 매뉴얼에 비해 많지 않아야 한다.

두 번째는 별도의 문서로 작성하는 방법이다. 이는 개정의 빈도를 고려한 것으로써 품질행정매뉴얼과 별도로 절차서를 작성한다. 이 경우 절차서의 작성대상을 따로따로 작성하거나 함께 모아서 작성할 수 있다.

절차서는 일반적으로 다음과 같은 관점에서 착안하여 작성한다.

○행정서비스 제공의 근거가 되는 관계법규의 절차와 기준을 준수한다.

○ISO 9001:2000의 요구사항을 적용한다.

○업무의 흐름에 따라 순차적으로 작성한다.

○간결, 명확, 구체적이어야 한다.

○구성과 용어는 읽는 사람의 관점에서 쉽게 이해되고 적용할 수 있어야 한다.

○가급적 개정되지 않도록 작성한다

○필요한 참고자료가 병행되어 사용할 수 있도록 작성한다.

6. 검토 및 승인[40]

품질행정절차서도 검토와 승인이 필요하다. 일반적으로 시·군에 있어 작성자는 실·과장, 검토는 실·국장, 그리고 승인권자는 품질행정대리인 또는 부시장·부군수가 적정하다. 경우에 따라서는 한 단계씩 낮추어 최종석으로 실·국장이 승인하여도 무방하다.

문서의 원본은 주관 부서에서 관리하고, 수정되지 않도록 관리하고, 품질행정절차서는 다음의 사항을 유의하여 검토한다.

○효율적으로 실행할 수 있어야 한다.

○관련법규와 ISO 9001:2000 요구사항에 저촉되지 않아야 한다.

○관련된 부서가 모두 참여하여 검토한다.

○용어나 문장을 해석하는 데 이견이 없어야 한다.

7. 절차서의 효력 발생 및 준수

일반적으로 실무부서의 절차서 작성 및 검토, 유관부서 및 보조기관의 검토를 거쳐 최종 승인권자의 승인이 있으면 그 절차서는 효력을 발생한다. 경우에 따라서는 경과규정을 두어 시행시기를 조정할 수 있다.

절차서가 제·개정되면 관련 부서에 통보되고 인원에 대한 교육이 이

---

40) 이 책 제4편 제1장 제1절 4.2 참고

루어져야 한다. 인원의 교육 및 훈련은 교육기관에서 전문교육을 통하여 이루어지나 실무에 직접 적용하거나 심층적인 분석은 행정기관의 업무 추진중에 이루어지는 것이 보통이다.

제2절. 절차서의 작성 요령

1. 절차서의 구성 형식

절차서를 구성하는 형식은 두 가지가 있다. 먼저 행정기관에서 자체적으로 필요한 절차서를 모두 하나의 절차서로 통합하여 작성하는 방법과 필요한 절차서를 따로따로 작성하는 방법이다.

절차서의 구성은 절차서에 포함되어야 할 요소들에 대한 항목과 내용을 문서화한다. 번호부여 등 문서화의 방법은 품질매뉴얼 작성요령을 참고하면 된다.

ISO 9001:2000 요구사항에는 절차서의 구성에 대한 요건은 없으나 일반적인 절차서의 구성은 다음과 같다.

〈도표 4-9〉 절차서를 따로따로 작성할 경우 예시

> □ 적용범위
> □ 목적
> □ 용어의 정의
> □ 책임과 권한
> □ 업무절차
> □ 흐름도(관리도, 플로우 챠트 등)
> □ 기록 및 관리
> □ 관련 문서 및 참고자료
>
> ※ 절차서의 구성 항목 중에서 용어의 정의는 필요한 경우에만 포함한다.

〈도표 4-10〉 모든 절차서를 통합하여 작성할 경우 예시

제1장 총칙	1. 목적 2. 용어의 정의
제2장 품질문서의 관리	3. 적용범위 4. 책임과 권한 5. 업무절차 6. 흐름도(관리도, 플로우 챠트 등) 7. 기록 및 관리 8. 관련 문서 및 참고자료
제3장 품질행정진단	9. 적용범위 10. 책임과 권한 11. 업무절차 12. 흐름도(관리도, 플로우 챠트 등) 13. 기록 및 관리 14. 관련 문서 및 참고자료
제4장. …	15. …

※ 일반적인 법규의 구성형식이나 일련번호 형식을 따른다.

2. 구성 항목별 기재내용

2.1. 표지

절차서명, 문서번호(제·개정번호, 일자), 관리부서, 행정기관명 등이 있으며 필요에 따라 취사선택한다.

○표지

일정한 양식은 없으나 행정기관명, 상징마크, 개정일, 개정번호 등이 포함된다.

○문서번호
제·개정번호와 절차서를 공포한 일자를 기재한다.
○관리부서
절차서를 주관하는 부서의 명칭이 된다.
○행정기관명
필요에 따라 기입한다.

2.2. 본문

일반적으로 양식부분에는 절차서명, 제·개정 일자, 개정번호, 페이지가 있다. 본문의 내용으로 기재해야 할 사항은 적용범위, 목적, 용어의 정의, 책임과 권한, 업무절차, 체계도(업무흐름도), 기록, 관련문서, 참고자료 등이 있다. 가급적 절차서의 내용이 많아지거나 중복되지 않도록 한다.
○적용범위
절차서가 적용되는 범위를 명확하게 기술한다. 제외 부분도 같이 기술하여 명확성을 도모한다.
○목적
절차서의 업무수행 목적 또는 절차서의 작성의도를 기술한다.
○용어의 정의
절차서에 사용된 용어 중 정확한 해석이 요구되는 용어에 대하여 뜻을 정한다.
○책임과 권한
해당 절차서의 업무이행을 위한 책임과 권한사항을 기술한다.
시·군의 경우 계 또는 과단위로 기술하는 것이 좋고, 필요에 따라 업무담당자를 기술한다.
○업무절차
해당 절차서의 업무를 달성하기 위하여 수행하는 행위를 순서에 따라 기술한다.
업무가 이루어지는 순서를 간략하고 명확하게 기술하는 것이 중요하다.

무엇(What), 누구(Who), 언제(When), 어디서(Where), 어떻게(How)
를 기술한다. 그밖에 업무추진시 유의사항을 포함할 수 있다
　○체계도(업무흐름도)
업무의 흐름 및 연관 관계를 한눈에 알아보고 이해하기 위하여 기호를
이용하여 작성한다.
　○기록
절차서에 규정된 업무수행 결과를 품질기록으로 작성한다.
　○참고자료
관련된 법규 및 자료의 근거, 관련자료의 확보 방법 등을 기술한다.

3. 업무흐름도

3.1. 작성 목적

업무흐름도란 업무 또는 관리대상의 업무의 진행 및 처리의 순서를 기
호로 표시하여 업무의 흐름을 한눈에 알아볼 수 있게 작성하여 놓은 것
이다.
업무흐름도는 업무의 수행절차를 P-D-C-A 단계의 순서로 업무분담,
책임한계, 처리절차 등을 명확히 함으로써 기능별 관리체계를 확립하고
해당기능이 원활하게 수행되도록 관리하기 위하여 작성된다. 따라서, 업
무흐름도는 몇 가지 조건을 갖추어야 한다.
　○관계되는 부문 상호간의 업무 연관관계가 명확히 되어 있어야 한다.
　○관리대상에 관계되는 업무의 분담이 명확히 하여야 한다.
　○업무가 어떤 정보(근거법규, 자료, 상황 등)에 따라 실시되는지 표시
　　되어야 한다.

3.2. 작성 순서

① 현상태의 업무에 대하여 흐름도를 작성한다.

대상업무의 흐름, 정보 등을 확인하여 작성한다. 현 상태를 사실대로 나타내고 문제점은 별도로 기록한다.

② 업무흐름도에 ISO 9001:2000/KS A 9001:20001 요건을 추가하여 수정한 후 검토한다.

작성된 업무흐름도에 규격의 요구사항을 추가하여 보강하고 빠진 것이 없는지 검토한다.

검토결과를 반영하여 흐름도를 완성한다.

③ 현 체계상의 미비사항이 있는지 검토한다.

완성된 업무흐름도에 미비사항이 있는지 검토한다.

④ 업무흐름도를 완성한다.

별도로 문제점과 유의사항 등을 기록한다.

관련근거, 자료, 정보의 출처 등 업무와 관련된 사항을 기록한다.

⑤ 최종검토 및 확정

확정은 부서장, 품질행정대리인 등 권한이 있는 자가 확정한다.

3.3. 업무흐름도 표시 방법

○처리(process)

정보를 제외한 모든 종류의 업무처리 기능을 표시한다.

계획수립	행정서비스제공

○단자(terminal)

부서, 장소, 출발점 및 시기를 표시한다.

총무과	매년 초

○ 결정(decision)

업무기능 중 합격 및 불합격, 선택 등 결정이나 선택을 표시한다.

○ 정보(information)

행정서비스 제공과 관련된 각종 정보에 관한 사항을 표시한다.

고객만족조사결과	이해관계자 의견

○ 회의(meeting)

위원회, 회의체, 타스크포스팀 등의 회의 및 활동을 표시한다.

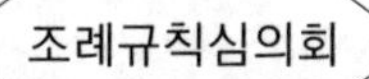

○ 문서, 서류(document)

업무추진에 사용되는 서류나 문서를 표시한다.

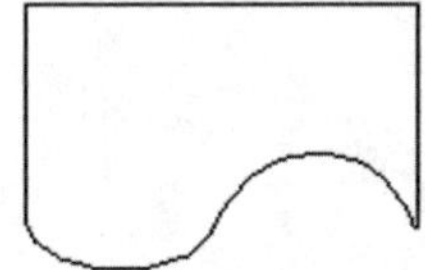

○ 업무경로(jab flow)

업무가 진행되는 방향을 표시한다.

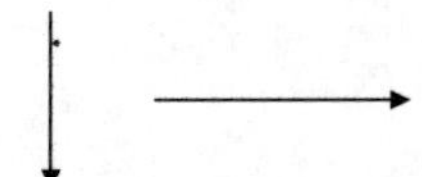

○ 피드백 경로(feedback flow)
분석, 측정, 조사 등의 결과와 같은 정보, 자료, 데이터 등의 피드백을
표시한다.

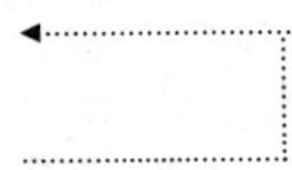

○ 업무경로의 분기(jab flow branch)
업무경로가 2개 이상으로 나누어지는 경우를 표시한다.

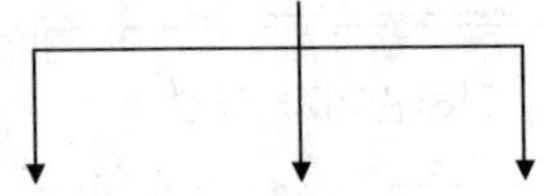

○ 업무의 합류(jab flow junction)
2개 이상의 업무 경로가 합류하는 경우 표시한다.

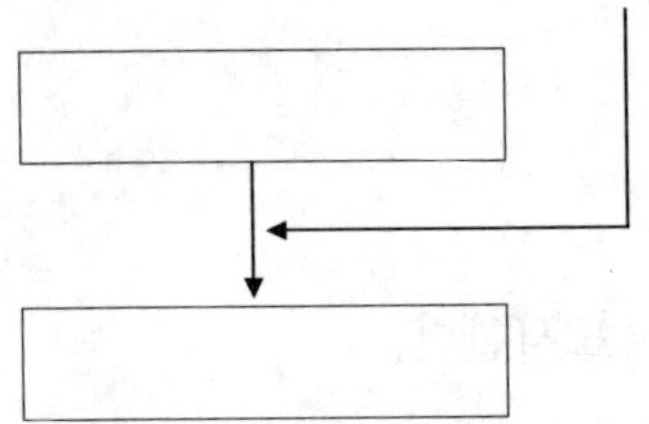

○ 보관
업무에 관한 서류를 보관할 경우 표시한다.

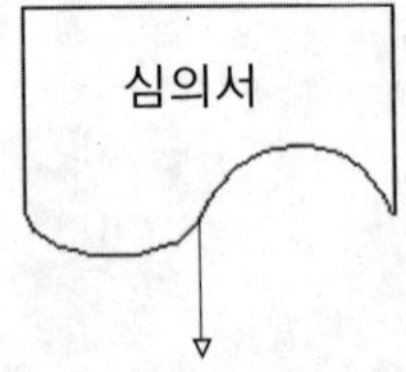

품질행정절차서 작성 예시

○○시·군 품질행정절차서

제정 2000. 12. 31.　예규 제1231호
개정 2002. 2. 1.　예규 제1245호

○○시·군

목 차

제1장. 총 칙

제1조 (목적) 이 절차서는 「00시·군 품질행정매뉴얼」의 시행에 관하여 필요한 사항과 ISO 9000: 2001/KS A 9001:2001의 요구사항을 충족시키기 위하여 세부적인 사항을 규정함을 목적으로 한다.

제2조 (정의) 이 절차서에서 사용하는 용어의 정의는 별지1과 같다.
　※용어의 정의가 필요 없을 경우, 만들 필요가 없다.

제3조 (적용 원칙) 이 절차서는 품질행정의 운영에 관하여 다음과 같이 적용한다.
① 이 절차서는 「00시·군 품질행정매뉴얼」의 시행에 관하여 필요한 사항을 규정한 것으로서 「품질행정매뉴얼」의 내용을 위반하거나 위배하지 못한다.
② 이 절차서에서 적용한 법규 또는 조례 및 시행규칙이 개정될 경우, 이 절차서의 내용도 동시에 개정된 것으로 본다. 필요한 경우 개정이 필요한 내용은 개정되어야 한다.

제4조 (책임과 권한) 품질행정에 관하여 이 절차서에서 정하지 않은 책임과 권한은 「00시·군 행정기구설치조례」, 「00시·군 사무전결처리규칙」 등 관계 법규에 따른다.

제2장. 품질행정조직 및 운영

제1절. 품질행정의 조직체계

제5조 (품질행정의 조직체계) 품질행정의 조직체계는 별표1과 같다.

제2절. 품질행정위원회

제6조 (구성)

① 시·군의 품질행정시스템의 효율적인 운영을 위하여 「00시·군 품
   질행정위원회」를 둔다.
   ※(별도로 위원회를 두지 않을 경우) 시·군의 품질행정시스템의 효율적인 운영을 위하
      여 「시·군 조례규칙심의회」(또는 「시·군정조정위원회」)가 그 역할을 대행한다.
② 위원회는 위원장 1인과 부위원장 1인을 포함한 9인 이내의 위원으로
   구성한다.
③ 위원장은 부시장·부군수가 되고, 부위원장은 총무국장이 되며, 위원
   은 각 국장 및 사업소장과 민간 전문가 중에서 시장·군수가 선임한다.
④ 위원회의 사무를 처리하기 위하여 위원회에 간사 1인을 두며, 간사는
   기획예산과정이 된다.

제7조 (기능) 위원회의 다음 각 호의 사항을 관장한다.
   1. 시·군정의 품질행정과 관련된 정책의 심의 및 의결
   2. 품실행정 업무의 조정
   3. 품질행정시스템에 대한 종합진단 결과 심의
   4. 품질행정 유공자에 대한 포상의 심의
   5. 기타 품질행정과 관련된 주요 업무의 결정

제8조 (회의)
① 위원장은 위원회의 회의를 소집하고, 회의를 주관한다.
② 정기회는 매년1회 개최하며, 임시회는 위원장이 필요하다고 인정할
   때에 개최한다.
③ 회의 결과 결정된 사항은 위원회의 위원의 서명으로 확정된다.
   ※회의록 서식에 관하여는 이 절차서에 별지로 정하거나 타 위원회의 서식을 준용하면
      된다.

제9조 (책임과 권한)
① 위원장은 위원회를 대표하며 회의를 주재한다.
② 부위원장은 위원장을 보좌하며 필요한 경우, 위원장의 업무를 대행
   한다.

③ 간사는 위원회의 운영업무를 담당하며 회의 결과 결정된 사항의 시행을 주관한다.

제3절. 품질행정대리인

제10조 (선임) 시장·군수는 총무국장은 품질행정대리인으로 선임한다.

제11조 (임무) 품질행정대리인의 임무는 다음 각 호와 같다.
  1. 00시·군 품질행정매뉴얼에서 정한 품질행정대리인으로서의 임무
  2. 품질행정헌장 및 행정서비스헌장의 수립 및 유지
  3. 품질행정에 관한 업무의 기획 및 조정
  4. 품질행정의 목표 달성을 위한 자원의 보장
  5. 기타 품질행정에 관련된 규정에서 정한 임무

제4절. 기획예산과장

제12조 (임무) 기획예산과장의 임무는 다음 각 호와 같다.
  1. 품질행정대리인을 보좌하고 품질행정대리인이 위임한 업무의 처리
  2. 품질행정 개선팀의 활동에 대한 조정 및 관리
  3. 기타, 품질행정 실행의 효과성을 보장하기 위한 조치

제5절. 품질행정개선팀

제13조 (구성)
① 실·국, 사업소, 읍·면·동 별로 1개 이상의 품질행정개선팀을 구성하여 운영한다.
② 팀장은 부서의 장이나 주무부서의 장이 된다.
③ 간사는 6급 담당 또는 품질행정 전문요원 중에서 선임한다.
④ 팀원은 각 담당별로 1인 이상으로 구성하되 가급적 개선과제를 담당

하는 직원이 된다.
※제10조(팀의 명칭) 개선과제팀의 명칭은 별도로 정하거나 과/사업소/읍·면·동
의 명칭과 팀이라는 단어를 조합하여 정할 수 있다.(예 : 이슬팀, 청소행정팀)

제14조 (책임과 권한)

① 팀장의 책임과 권한은 다음 각 호와 같다.

　1. 개선팀의 회의를 주재하고, 활동계획을 수립한다.

　2. 개선팀의 과제를 확정하고 실행 및 지도 감독한다.

② 간사의 책임과 권한은 다음 각 호와 같다.

　1. 개선팀의 일반 행정업무를 주관한다.

　3. 개선팀의 활동을 주관한다.

③팀원의 책임과 권한은 다음 각 호와 같다.

　1. 개선과제의 연구 및 실행

　2. 개선효과에 대한 확인 및 환류업무 추진

　3. 개선과제 추진상황의 보고 및 자료제출

제15조 (개선팀원의 등록 및 변경)

① 개선팀장은 팀의 명칭과 팀원의 선정내역을 기획예산과장에게 제출
하여야 한다. 개선팀의 변경사항이 있을 경우에도 기획예산과장에게 제
출하여야 한다.

② 기획예산과장은 시·군의 품질행정개선팀의 현황을 적절하게 기록 유
지하여야 한다.

③ 개선팀원이 변경될 경우 개선과제를 인계 인수하여 중단없이 실행되
도록 한다.

제16조 (회의)

① 개선팀장이나 간사는 개선팀의 활동상황을 의사소통하고 점검하기 위
하여 월1회 이상(또는 필요할 경우에만) 회의를 개최한다.

② 간사는 회의 결과는 기록한다.

제17조 (개선과제)

① 개선과제는 다음 각 호에 해당하는 사항을 소관 업무중에서 선정한다.
　1. 행정의 생산성, 효율성의 신장을 기대할 수 있는 과제
　2. 행정의 비효율성, 낭비 등 부정적인 요인을 제거할 수 있는 과제
　3. 고객의 요구사항을 충족하거나 고객 만족도를 향상시킬 수 있는 과제
　4. 반복적인 부적합 사항의 근본적인 해결과제
② 개선과제중 다음 각 호에 해당하는 과제는 개선과제로 선정하여서는 안된다.
　1. 개선과제의 추진결과의 효과성을 검증할 수 없는 과제
　2. 개선 불가능한 과제
　3. 법규 등에서 의무적으로 시행하도록 정한 행정의무
　4. 투입 자원에 비해 기대되는 효과가 미흡할 것으로 예상되는 과제
　5. 기타 개선과제로서 타당성이 부족한 과제
③ 개선팀장은 개선과제 실행계획을 기획예산과장에게 보고하고 기획예산과장은 기록 유지한다.
④ 개선과제를 변경하고자 할 경우, 개선팀장은 팀원의 의견을 검토한다.
⑤ 개선과제의 변경이 있는 경우에도 변경된 내용을 기획예산과장에게 제출한다.

제18조 (활동요령) 개선팀은 다음 각 호의 순서에 의하여 활동계획서를 수립하고 시행한다.
　1. 활동계획의 수립
　2. 문제의 인지
　3. 목표설정
　4. 문제의 상황분석을 위한 자료수집 및 분석
　5. 개선과제 해결방안의 탐색과 결과 예측
　6. (해결방안별 비교평가 후) 개선과제 및 해결방안 선정
　7. 개선 계획수립 및 개선활동
　8. 평가 및 환류 후

제19조 (개선과제의 실행절차)

①개선팀장은 선정된 과제에 대한 개선계획을 수립할 때에는 국·소장의 결재를 받아 시행한다. 필요한 경우 관계부서의 협조를 받아야 한다.

② 개선팀장은 개선과제가 완료된 때에는 그 결과를 기획예산과장에게 제출한다.

③ 기획예산과장은 완료된 개선과제의 현황을 기록 유지한다.

제20조 (평가)

① 품질행정대리인은 반기별로 개선과제의 추진상황을 평가하여 개선이 부진한 과제에 대하여 독려한다.

② 우수 개선팀과 인원에 대해서는 포상하거나 인사상 특전을 부여할 수 있다.

제6절. 품질행정 전문요원

제21조 (자격 및 범위)

① 품질행정 전문요원은 중에서 다음 각 호의 자격을 갖춘 공무원 중에서 선임한다.
　　1. 공무원 경력이 5년 이상인 자
　　2. 공무원교육기관에서 3일 이상 품질행정 전문교육을 이수한 자
　　3. 민간교육기관에서 3일 이상 ISO 품질시스템 인증교육을 이수한 자

② 각 과, 사업소, 읍면동에서는 1인 이상 품질행정 전문요원으로 선임한다.

제22조 (임무) 품질행정전문요원은 다음 각 호의 업무를 수행한다.
　　1. 부서안의 품질행정업무에 대한 부서원의 교육 및 지도
　　2. 부서안의 품질행정 종합진단 및 보고
　　3. 부서안에서 선정한 품질행정 개선과제의 진단
　　4. 부서안의 품질행정 운영업무에 대한 개선 및 지도

제3장. 업무편람

제23조 (업무편람의 운영) 각 부서의 인원은 소관 단위사무의 계획, 현황, 처리절차와 방법, 기타 참과자료 등을 단순화, 표준화하여 업무처리에 활용하기 위한 업무편람을 작성하여 활용한다.

제24조 (작성근거) 업무편람은 「사무관리절차서」에 의하여 작성하고 업무에 적용한다.

제25조 (정의) 이 장에서 사용하는 용어의 정의는 다음 각 호와 같다.
　1. 「단위사무」라 함은 「00시·군 행정기구설치조례시행규칙」에서 정한 각 과의 세분화된 사무를 말한다.
　2. 「분장사무」라 함은 각과, 담당별로 나누어 담당하는 사무를 말한다.
　3. 「작성부서」라 함은 업무편람을 최초로 작성하거나 개정, 폐지하는 당해 업무의 주관과를 말한다.
　4. 「총괄부서」라 함은 각과에서 작성, 검토, 승인되어 적용하고 있는

　　업무편람을 종합하여 조직의 인원이 쉽게 이용할 수 있도록 조치하는 사무관리업무 담당부서(총무과)를 말한다.

제26조 (작성, 검토, 승인)
① 업무편람은 단위업무별로 업무담당자가 작성한다.
② 업무담당자가 작성한 업무편람은 소속 6급 담당이 검토한다.
③ 실과장은 6급 담당이 검토한 업무편람을 최종적으로 검토하고 승인한다.
④ 업무편람의 변경작성, 검토, 승인도 위 항에 따른다.

제27조 (작성기준) 업무편람은 00시·군 행정기구설치조례시행규칙의 각과의 담당별로 분장사무를 기준으로 작성하되, 개별적인 단위사무별로 작성한다.

제28조 (서식 및 내용) 업무편람은 다음 각 호의 내용을 포함한 별지0호
서식에 의하여 작성한다.
1. 단위 업무명
2. 업무개시년도, 편람수정일, 역대 담당자,
3. 업무의 목적, 업무의 연혁, 업무의 개요
4. 관련법규, 처리시기, 처리기간, 최종결재자, 관련부서, 업무 주관부서
5. 업무처리 세부설명도, 업무처리 흐름도
6. 보충자료(현황, 유의사항, 감사지적사례, 고객불만사례 등)

제29조 (관리 및 이용)
① 업무편람은 다음 각 호와 같이 관리한다.
1. 각과에서는 관리하고 있는 업무편람은 총괄부서에 제출한다.
2. 총괄부서는 각과의 업무편람을 취합하여 시·군의 모든 업무에 대
한 업무편람을 관리한다.
② 각과에서는 소관 업무에 대한 업무편람을, 총괄부서는 시·군의 모든
업무편람을 관리하고 책자발간, 전산시스템 게시 등 적절한 방법으로
조직의 인원이 쉽게 이용할 수 있게 한다.
③ 단위사무의 절차에 변경이 있는 경우, 업무편람은 변경 관리되어야 한
다. 이 경우 소관부서에서는 변경된 업무편람을 총괄부서로 제출한다.

제30조 (인계, 인수) 업무담당자의 교체, 조직개편 또는 사무의 조정 등
으로 소관업무를 인계, 인수할 경우에는 업무편람을 함께 인계, 인수
하여야 한다.

제4장. 고객의 요구사항 및 만족도 조사

제31조 (조사대상업무)
① 고객의 요구사항을 조사할 업무는 다음 각 호와 같다.

  1. 「행정서비스헌장」에 기술하여 시행할 주요 시책
  2. 시·군정의 연도별 주요 업무계획으로 선정하여 추진할 시책
  3. 기타 시장·군수 또는 품질행정위원회에서 필요하다고 결정한 시책
② 고객의 만족도를 조사할 업무는 다음 각 호와 같다.
  1. 「행정서비스헌장」에서 기술하여 시행한 주요 시책
  2. 시·군정의 주요 업무로 추진한 시책
  3. 기타 시장·군수, 또는 품질행정위원회에서 조사하기로 결정한 시책

제32조 (조사 책임) 조사책임자는 시책 추진부서의 과장으로 한다.

제33조 (조사 대상자 선정)
① 고객의 요구사항 및 만족도의 조사 대상자는 시책 추진 부서의 과장
  이 시책을 검토하여 선정한다.
② 조사대상자의 범위는 시책과 관련된 직접고객을 위주로 선정하고 필
  요시 간접고객이나 이해관계자를 선정한다.
③ 조사 대상업무를 위하여 의견이나 시책의 결정권을 가지고 있는 별도
  의 위원회가 설치되어 있는 경우는 위원회를 조사대상자로 선정할 수
  있다.

제34조 (조사방법)
① 고객의 요구사항 및 만족도 조사는 연1회 이상 실시한다.
② 조사시기는 조사대상업무의 계획수립 단계시 조사한다.
③ 조사방법은 전수조사 또는 표본조사로 할 수 있다. 표본조사시에는 모
  집단의 대표성을 반영할 수 있도록 표본의 크기를 결정한다.
④ 조사 수단으로는 질문지조사, 면접조사, 전화조사, 관찰조사, 인터넷
  조사, 우편조사 등 다양한 방법중 가장 적정하다고 인정되는 수단을
  택한다.
⑤ 필요하다고 인정되는 경우, 세미나, 토론회, 위원회 의견, 이해관계자
  간담회 등을 통하여 조사할 수 있다.

⑥ 조사시에는 적절한 통계기법을 활용한다.

제35조 (조사 내용)
① 요구사항의 조사내용은 시책과 관련된 요구사항을 포함한다.
② 만족도 조사시에는 만족도의 수준을 다음 각 호에 5단계에 준하여 설
　정하되, 필요한 경우 수준의 선택항을 늘려서 조사할 수 있다.
　1. 매우 만족(강한 긍정)
　2. 만족(긍정)
　3. 보통(보통)
　4. 불만족(약한 부정)
　5. 매우 불만족(강한 부정)

제36조 (조사결과의 이용 및 평기)
① 조사결과는 다음 각 호에 이용되어야 한다.
　1. 조사대상업무의 향후 계획에 반영
　2. 조사대상업무 또는 관련된 업무의 기본자료 또는 정보
② 조사결과는 고객에게 적정한 방법으로 공개하여야 한다.
③ 만족도 조사결과 불만족한 사항에 대하여는 원인 분석과 적절한 개선
　방안을 채택하여 지속적으로 개선하여야 한다.

제37조 (응답자에 대한 비밀보장) 고객 요구사항 및 만족도 조사는 무기
　명으로 실시하되, 응답자가 원할 경우 기명으로 할 수 있다.

제5장. 품질행정 종합진단

제38조 (실시 시기)
① 품질행정의 종합진단은 다음의 각 호의 필요에 의하여 실시한다.
　1. 시장·군수의 지시가 있을 경우

   2. 품질행정대리인의 건의에 따라 시장·군수가 승인할 경우

   3. 기타 품질행정 종합진단의 필요성의 있을 경우

② 종합진단의 기간은 15일 이내로 한다.

제39조 (추진절차)

① 품질행정대리인은 다음 각 호의 사항이 포함된 종합진단 계획을 수립하여 시장·군수의 결재를 얻은 후 종합진단 대상과 관련된 업무를 관장하는 부서의 장에게 통보한다.

   1. 진단의 목적

   2. 진단 기간

   3. 진단 대상 업무 및 부서

   4. 진단 실시자

   5. 진단 결과의 조치 계획

   6. 기타 필요한 사항

② 진단 대상이 되는 업무를 관장하는 부서의 장은 진단계획에 따라 자체 진단을 실시하고 그 결과를 품질행정대리인에게 제출하여야 한다. 이 때에 후속조치가 필요한 경우, 해당 부서의 장은 15일 이내에 후속조치 계획을 수립하여 품질행정대리인에게 제출하여야 한다.

③ 품질행정대리인은 각 부서의 장이 제출한 자체 진단 결과를 검토하여 시장·군수에게 종합결과를 보고하고, 후속조치에 대하여 추진상황을 관리한다.

④ 품질행정대리인은 해당부서의 장이 제출한 조치계획의 실행 및 효과성 여부를 향후 종합진단 또는 내부 품질행정 심사시 확인하여야 한다.

제40조 (실시 방법)

① 종합진단은 서면으로 한다. 필요한 경우, 관련자를 대동하여 현장확인을 실시할 수 있다.

② 품질행정대리인은 종합진단에 필요한 검토자료가 충분하지 않을 경우, 해당부서의 장에게 자료를 보완하게 할 수 있다.

③ 시장·군수가 필요하다고 인정할 경우 품질행정 종합진단은 품질행
정내부심사 또는 주요업무 심사분석과 병행하여 실시할 수 있다. 이
경우 해당되는 절차에 따른다.

제6장. 교육

제41조 (구분) 품질행정을 추진하는 공무원의 교육은 다음 각 호와 같이
구분한다.
　　1. 교육훈련 : 지방공무원평정규칙 제18조 제1항의 신규임용자 교육,
　　　공통전문교육, 선택전문교육
　　2. 품질행정 교육 : 품질행정 공통교육, 품질행정 전문요원교육

제42조 (교육기간 및 방법)
① 제28조 가호의 교육은 지방공무원교육훈련법 및 경기도지방공무원교
육훈련계획에 따른다.
② 제28조 나호에 해당하는 교육은 다음 각 호와 같이 실시한다.
　　1. 품질행정 공통교육 : 시·군의 전체 공무원을 대상으로 연 8시간 이
　　　상 집합교육을 실시하거나 서면으로 교육을 실시한다.
　　2. 품질행정 전문요원 전문교육 : 연 8시간 이상 품질행정에 관한 교
　　　육을 실시한다.

제43조 (교육 기록 및 보고)
① 제28조 가호의 교육기록은 공무원인사기록 및 인사 사무 처리규칙에
따른다.
② 제28조 나호의 교육기록은 기획예산과장이 작성하여 품질행정대리인
에게 적절한 방법으로 보고하되 다음 각 호의 내용이 포함되어야 한다.
　　1. 교육일시 및 장소
　　2. 교육자 및 피교육자

　　3. 교육 목적 및 효과

　　4. 교육 내용

　　5. 교육 결과 개선에 필요한 사항 등

③ 품질행정대리인은 교육 결과를 시장·군수에게 보고하여야 한다.

제44조 (업무 수행 교육)

① 부서의 장은 신규 및 전입 공무원에 대하여 담당업무에 대한 업무 수행교육을 실시하여야 한다.

② 업무수행교육은 사무분장이나 업무 변경시 소속 담당이나 과장이 실시하고 교육내용을 업무분장서류에 적절한 방법으로 문서화하여야 한다.

제7장. 품질행정 내부심사

제45조 (종류)

① 품질행정 내부심사(이하 「품질심사」)는 정기품질심사와 특별품질심사로 구분하여 실시한다. 필요한 경우, 시장·군수는 내부심사와 품질행정 종합진단을 병행하여 실시할 수 있다.

② 정기품질심사는 연1회 실시하며 기획예산과장은 심사 실시 15일전에 다음 각 호의 내용을 포함한 내부심사계획을 수립하여 시장의 결재를 받아 심사대상 업무를 소관하는 부서의 장에게 시달하여야 한다.

　　1. 기간

　　2. 대상 업무 및 부서

　　3. 심사반의 구성 및 피심사 부서 지정

　　4. 심사 요령 및 품질심사 점검표

　　5. 이전의 심사에서 지적사항 또는 품질행정 종합진단 결과 후속조치

　　6. 기타 품질행정시스템의 개선에 필요한 사항

③ 특별품질심사는 다음 각 호에 해당할 경우 제2항의 절차서에 준하여 품질심사를 실시하되 시·군 전체 또는 일부 조직에 한하여 실시할 수

있다. 다만 심사계획은 심사 개시 5일전까지 시달하여야 한다.
1. 시장·군수의 지시가 있을 때
2. 대규모 조직개편, 품질심사 또는 품질행정종합진단 결과 품질행정
   시스템에 중대한 변경요인이 있을 경우 품질행정대리인이 품질심
   사가 필요하다고 판단할 경우
3. 고객의 불만이 반복적으로 나타나 품질행정대리인이 품질심사가 필
   요하다고 판단할 경우

제46조 (심사기간) 심사기간은 각 국, 사업소, 읍면동의 실정에 따라 1
   내지 3일의 범위 내에서 심사장이 정한다. 단 심사반장의 요구에 따
   라 심사장이 심사기간을 1일의 범위 내에서 연장할 수 있다.

제47조 (심사반의 구성)
① 기획예산과장은 심사장이 되며 다음 각 호의 자격을 갖춘 자 중에서
   심사반을 구성한다.
② 심사반장은 국, 사업소, 읍면동별로 1인을 심사반원 중에서 선임한다.
③ 심사원은 다음 각 호의 자격을 갖춘 자 중에서 국, 사업소, 읍·면·
   동별로 2인 이상 선임한다.
   1. 품질행정 전문요원
   2. 품질행정 개선팀원 중 근무경력이 10년 이상이고 직급이 7급 이상인 자
   3. 시·군 자체감사규칙에 의한 경력이 3년 이상인 자
   4. 6급 이상 공무원중 품질행정대리인이 인정한 자
④ 필요한 경우 심사원을 외부전문가를 임명할 수 있으며 이에 따른 예
   우는 시·군 위원회 설치조례(또는 타 위원회의 외부 위원)에 준한다.

제48조 (심사원의 임무)
① 심사장은 다음 각 호의 사항을 수행하여야 한다.
   1. 심사계획 수립
   2. 심사원에 대한 업무분장과 심사취지, 요령 등에 대한 교육실시

　　3. 심사수행 중 심사업무의 조정 및 심사지휘

　　4. 심사결과 종합 보고서 작성 및 품질행정대리인과 시장·군수에게 보고

　　5. 심사결과 후속조치

② 심사반장은 다음 각 호의 사항을 수행하여야 한다.

　　1. 심사요원의 심사지휘 및 심사요령에 따라 심사수행

　　2. 심사반의 심사 결과 보고서 작성 및 보고

③ 심사원은 다음 각 호의 사항을 수행하여야 한다.

　　1. 심사요령에 따라 심사수행

　　2. 심사수행 보고서 작성

제49조 (심사원의 권한) 심사원은 심사 수행시 다음 각 호의 권한을 가진다.

　　1. 품질행정과 관련된 각종 자료의 제출 요구

　　2. 관련자의 출석, 질문, 의견 청취

　　3. 근무시간외 또는 공휴일에 심사실시

　　4. 심사과정에서 발견한 부적합 사항에 대한 중지 요구

　　5. 기타 심사를 효율적으로 실시하기 위하여 필요하다고 인정되는 조치

제50조 (심사요령)

① 심사장은 심사의 효율성을 판단하여 심사 대상 업무 또는 부서별로 심사반원과 심사원을 지정하거나 국, 사업소, 읍면동별로 교체심사를 실시할 수 있다.

② 심사원은 품질심사계획서에 의한 품질심사 점검표에 의하여 객관적인 사실에 의하여 심사를 수행하여 심사 수행보고서를 작성한다. 이 경우 부적합으로 발견된 사항에 대하여는 부적합 보고서를 작성하여 심사 수행보고서와 함께 제출한다.

③ 심사반장은 심사원의 심사 점검표를 근거로 심사 결과 보고서를 작성한다. 이 경우 품질행정의 개선에 필요한 건의 및 조치방안을 제시할 수 있다.

④ 심사원은 심사 진행시 다음 각 호의 사항을 준수하여야 한다.

1. 심사 진행시 피심사 조직의 업무에 지장을 주는 행위를 하지 않아
   야 한다.
2. 사실에 근거하여 심사하여야 한다.
3. 수감자의 인격을 존중하고 창의성과 정상적인 행정활동이 위축되
   는 언동을 하지 않아야 한다.
4. 심사과정 중에 인지한 사실을 정당한 절차없이 누설하지 않아야 한다.

제51조 (심사결과의 종합 보고)
① 심사반장은 심사 종료일로부터 3일 이내에 심사반의 심사결과 보고
서를 작성하여 심사장에게 제출하여야 한다. 이 경우 필요한 경우에
는 자료를 함께 제출하여야 한다.
② 심사장은 심사반장이 제출한 심사결과 보고서와 자료를 바탕으로 종
합 결과 보고서를 작성하여 보고하여야 한다.
③ 심사결과 종합 보고서에는 다음 각 호의 사항이 포함되어야 한다.
   1. 심사의 목적
   2. 심사대상 업무 및 부서
   3. 심사결과 종합 의견
   4. 심사결과 부적합 사항에 대한 후속조치 계획
   5. 품질행정 개선 및 효과성 제고에 필요한 조치
   6. 건의 사항에 대한 검토의견
   7. 심사장의 서명 또는 날인
   8. 기타 증빙자료(품질심사 점검표 등)

제52조 (심사결과의 통보 및 후속조치)
① 심사결과 종합보고서는 조직의 모든 부서에 통보하여야 한다.
② 부적합 사항 등 후속조치가 필요한 사항은 제56조(시정조치)의 절차
   에 준하여 조치한다.

제53조 (타 절차서 준용) 이 장에서 정하지 않은 사항은 시·군 자체심
   사규칙을 준용한다.

제8장. 시정 조치 및 예방 조치

제1절. 시정조치

제54조 (책임과 권한)

① 품질행정대리인은 부적합 사항에 대하여 시정 및 시정조치의 업무를 총괄하여 지휘 및 감독한다.

② 품질행정대리인은 기획예산과장으로 하여금 부적합 사항의 효율적인 시정 및 시정조치에 대한 확인 및 효과성 검토를 지시할 수 있다

③ 기획예산과장은 시·군정의 부적합사항의 조치 및 시정조치를 위한 재원을 판단하고 배분 계획을 수립한다.

④ 각 부서의 장은 소관 업무의 부적합 사항에 대한 원인 분석 및 절차서에 나타난 요구사항에 적합하도록 시정 및 시정조치하여야 한다.

제55조 (제외 대상) 다음 각 호의 사항은 시정 및 시정조치의 대상에서 제외한다.

1. 위법 또는 부당한 경우
2. 투입 자원에 비해 효과성이 저조하다고 소관 부서의 장이 판단한 경우
3. 현실적으로 실현 불가능한 경우
4. 효과성을 검증할 수 없다고 소관 부서의 장이 판단한 경우

제56조 (절차)

① 소관 부서의 장은 다음 절차에 의하여 부적합 사항에 대하여 시정 및 시정조치를 이행한다.

1. 부적합 사항을 시정 및 시정조치 대상으로 결정 후 기획예산과장에게 통보
2. 시정 및 시정조치 계획 수립 및 이행
3. 시정 및 시정조치 결과 이해 당사자에게 보고
4. 시정 및 시정조치 결과에 대한 효과성 판단 후 그 결과를 기획예산과장에게 통보

5. 소관 부적합 사항에 대한 통계관리 및 개선을 위한 자료로 분석

6. 반복적인 부적합 사항에 대하여는 예방조치 등 차후 업무계획에 반영

② 기획예산과장은 다음 각 호에 따라 부적합 사항을 관리하여야 한다.

　1. 각 부서의 장으로부터 통보 받은 부적합 사항에 대한 통계관리 및
　　분석

　2. 시정 및 시정조치가 부진한 부적합 사항에 대하여 이행 촉구

　3. 부적합 사항에 대한 시정 및 시정조치 상황을 품질행정대리인에게
　　반기별로 보고

제57조 (관리)

① 시정 및 시정조치 사항은 적절한 방법으로 문서화한다.

② 품질행정대리인은 취해진 시정 및 시정조치 상황을 향후 품질행정 종
합진단 대상에 포함한다.

제2절. 예방조치

제58조 (책임과 권한)

① 품질행정대리인은 부적합 예방조치의 업무를 총괄하여 지휘 및 감독
한다.

② 기획예산과장은 예방조치를 위한 재원을 판단하고 배분 계획을 수립
한다.

④ 각 부서의 장은 소관 업무에 대한 예방조치 대상업무를 결정하여 예
방조치 계획을 수립하고 실행하여야 한다.

제59조 (대상업무) 부서의 장은 소관 업무 중 다음 각 호에 해당하는 업
무는 예방조치를 실행하여야 한다.

① 이전에 시행되지 않았던 시책

② 고객 또는 이해관계자로부터 문제점이 발생될 것으로 예견된다는 의
견이 접수된 사업

③ 계획 수립 또는 시행 단계에서 문제점에 대한 대안을 선택한 사업

④ 기타 문제가 발생될 것으로 예견된 사업

제60조 (절차)

① 부서의 장은 다음 절차에 의하여 부적합 사항에 대하여 예방조치를 이행한다.

1. 예방조치 대상 사업의 조사 및 예방조치 대상으로 결정 후 기획 예산과장에게 통보
2. 예방조치 계획 수립 및 이행
3. 예방조치 결과에 대한 효과성 판단 후 그 결과를 기획예산과장에게 통보

② 기획예산과장은 다음 각 호에 따라 예방조치 대상을 관리해야 한다.

1. 각 부서의 장으로부터 통보 받은 예방조치 대상에 대한 통계관리 및 결과의 예측 분석
2. 예방조치의 이행 상태 관리
3. 취해진 예방조치를 품질행정대리인에게 반기별로 보고

제61조 (문서화)

① 예방조치는 적절한 방법을 문서화한다.
② 품질행정대리인은 취해진 예방조치 상황을 향후 품질행정 종합진단 대상에 포함한다

제9장. 부 칙

부칙(2000. 12. 31)
이 지침은 발령한 날부터 시행한다.

부칙(2002. 2. 1)
이 지침은 발령한 날부터 시행한다.

〈별표 1 〉

품질행정의 조직 체계

시장·군수
부시장·부군수
품질행정위원회
품질행정대리인
(총무국장)
기획예산과장
품질행정개선팀장
(주무과장, 사업소장)
품질행정전문요원
일반 직원
개선팀원
일반 직원

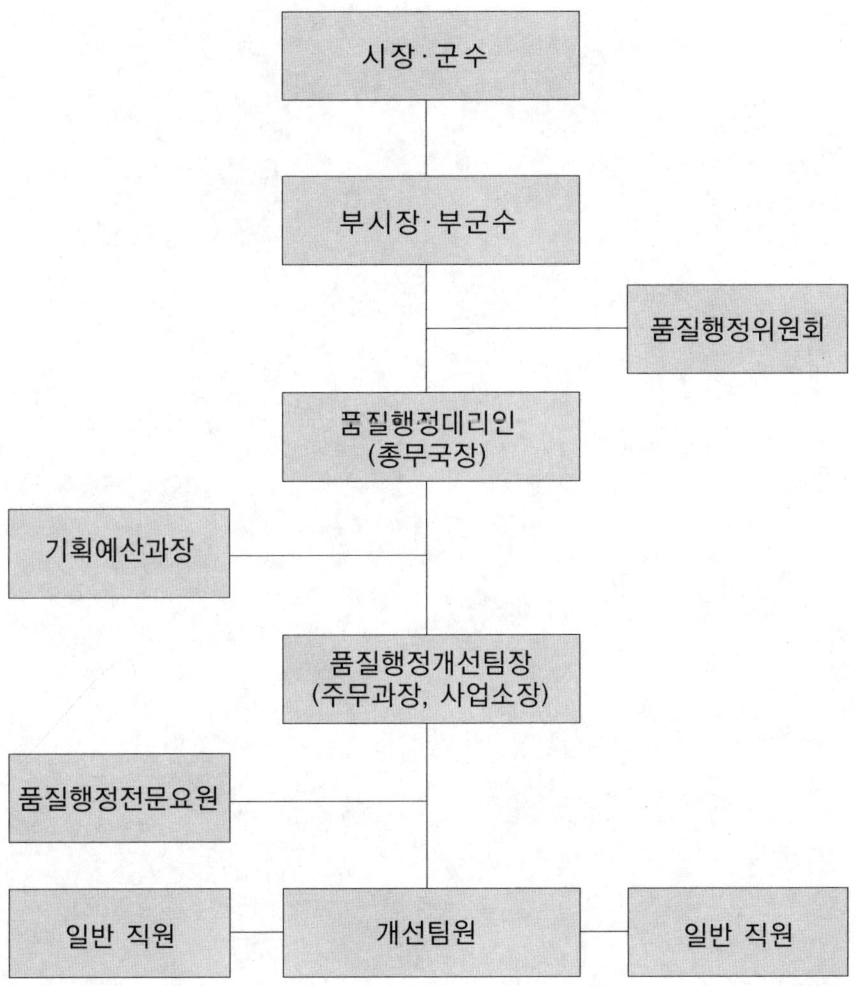

제 5 편

품질행정의 지속적 개선

제1장. 품질행정의 고객

제1절. 고객의 정의

1. 행정기관의 고객

1.1. 직접고객과 간접고객

행정기관의 고객은 분명하게 설정되어야 한다. 고객을 설정하는 방법으로 직접고객과 간접고객으로 구분할 수 있다.

행정기관이 행정서비스를 제공하는 고객의 요구 수준과 고객의 요구를 충족시킬 수 있는 목표를 정하고 고객의 요구를 충족시키는 전략과 피드백 등 참여를 위한 기회를 제공하는 한계에 따라 고객을 결정하게 된다.

직접고객은 제공하고자 하는 행정서비스와 직접 연관 있는 대상을 말한다. 각종 법규에서 정한 행정서비스의 대상, 행정서비스를 직접 요청한 주민, 행정기관에서 행정서비스를 제공하기 위한 대상으로 특별히 정한 대상은 대표적인 직접고객이다.

예를 들어 식품접객업소 영업허가를 관장하는 부서의 경우, 직접고객으로 분류할 수 있는 대상은 허가 신청인으로 볼 수 있다. 더 나아가 직접고객의 범위를 식품접객업을 경영하는 모든 사업자로 확대할 수 있다.

이와 상대적으로 간접고객은 행정서비스의 영향을 받을 수 있는 대상을 말한다. 즉 행정서비스 제공의 영향이 특정한 고객을 대상으로 제공되지 않으면서, 누구든지 행정서비스의 영향을 받을 수 있는 조직, 개인,

사물 등 불특정 다수이다.

예를 들어 도로건설업무를 관장하는 부서의 직접고객은 도로건설 편입부지 내의 사유지를 소유한 사람이거나 철거대상 건물 소유자 등이 될 것이다. 하지만 더 나아가 건설하고자 하는 도로를 이용하게 될 모든 사람은 간접고객으로 볼 수 있다. 따라서 행정서비스 제공의 대상마다 직접고객은 다르지만, 간접고객은 같을 수 있다.

특별한 경우일 수 있지만 일부 고객은 그들의 요구를 내세우기 위해 행정기관에 급부를 제공하거나 영향력을 발휘할 수 있다. 이러한 경우 이들이 특별한 고객이 되는 것은 정당화되지 않는다.

1.2. 내부고객과 외부고객

행정서비스의 특성을 감안할 때, 행정기관의 고객을 내부고객과 외부고객으로 분류하기에는 다소 거리가 있을 수 있다. 그러나 행정기관에서 만들어진 행정서비스를 넘겨받은 다음 사람을 고객으로 정의할 때 내부고객과 외부고객으로 분류할 필요가 있다.

내부고객은 행정서비스 제공 대상이 내부의 인원이나 부서이고, 내부고객 또한 행정서비스를 제공하는 같은 인원이나 부서이기 때문에 엄밀히 말하자면 고객으로 볼 수 없다. 그러나 행정서비스의 특성상 여러 부서, 여러 기능이 하나로 조합되어 제공되는 서비스가 많은 특성을 고려할 때, 내부고객으로 정하여 내부고객의 요구를 충족시켜야만 만족스러운 행정서비스가 생산된다는 점에서 내부고객이 존재한다.

외부고객은 조직내의 인원과 부서를 제외한 직·간접고객으로 볼 수 있다.

2. 행정기관의 고객을 정의하는 데 제기되는 문제

일반 기업이나 행정기관 등 모든 조직의 활동은 고객을 대상으로 하고 있다. 그러나 일반 기업과 같은 이윤 추구를 목적으로 하는 조직과 행정기관의 고객은 다를 수밖에 없다.

　민간부문의 고객은 종종 내부고객[41]과 외부고객[42]으로 구분되어진다. 그러면 「행정기관의 고객[43]은 누구인가?」라는 질문에 「자치단체의 고객은 주민이고 정부의 고객은 국민이다.」라는 답이 나올 수 있다. 그러나 품질행정에서 제공하는 행정서비스는 행정서비스의 제공 목적에 따라 고객이 특정한 대상이 되거나 불특정 다수인이기도 하다. 또한 행정기관의 고객은 ①서비스를 직접적으로 요청한 사람, ②서비스를 기다리고 있는 사람, ③서비스를 받기 위해 적극적으로 참여하지는 않지만 그 서비스를 필요로 하는 사람, ④다음 세대의 서비스 대상자, ⑤서비스 대상자와 이해관계가 있는 사람, 그리고 ⑥사람이 아닌 동식물, 사물[44]도 될 수 있다. 이들은 각각 고객이 될 자격이 있으며 이들이 요구하는 것은 어느 정도 차이가 있을 것이다. 그리고 이들 고객은 행정기관의 각 부서별로, 또는 각 기능별로 고객이 달라진다. 행정기관의 고객을 주민이나 국민으로 부를 수 있지만 다양한 행정서비스를 제공하는 기능별로 고객이 달라지게 되어 있다.

　예를 들어 「자치단체의 아동보호시설을 관장하고 있는 부서의 고객」은 현재 아동보호시설에서 보호되고 있는 아동이나 아니면 아동 보호시설의 보호를 받게 될 개연성이 있는 아동일 수 있다. 더 확대해서 아동보호시설에 관심을 갖고 있는 불특정 다수인도 고객이 될 수도 있다는 점이다. 이와 같이 고객을 어떻게 정의하는지에 대한 명확한 한계가 필요하다.

　행정기관에서는 행정서비스의 기능별로 고객의 범위를 설정하여야 하며, 설정한 고객의 범위에 따라 서비스의 목표가 달라질 수 있다.

---

41) 일반적으로 기업내의 조직원임.
42) 조직 외부의 모든 사람을 외부고객임.(여기에는 잠재고객도 포함)
43) 자치단체뿐만 아니라 정부의 각종 기관의 모든 고객을 총칭한다.
44) 자연보호 대상, 문화재 관리 대상 등 법규에서 정한 의무사항은 행해지고 관리되어야 함. 이는 ISO 9001의 사회적 요구사항임.(5.1, 7.2.1, 7.3.2)

제2절. 고객에 대한 행정서비스 제공의 혼란

1. 불분명한 고객의 요구 확정

고객이 무엇을 원하는지 분명히 알 수 없는 경우, 고객의 요구를 정하는 것은 적절한지에 대한 의문이 있다. 일단 고객을 정하게 되면 고객의 요구를 정해야 한다. 많은 경우에 있어서 이것은 문제가 되지 않는다.

행정기관에서는 고객의 요구를 찾아내는 수많은 방법들이 있다. 법적 사무는 법의 취지와 입법 목적에 맞게 법에서 요구하는 대로 사무를 집행하면 그만이다. 그리고 고객의 요구를 조사할 필요가 있는 경우, 의견 수렴, 토론, 설문조사, 관측집단의 예비적 타진 등을 실시한다. 여기서 행정기관에서 발생할 수 있는 혼란스러운 의문은 행정기관에서 고객의 요구를 명확히 밝히는 데 어려움을 겪는다.

가령 일부 시·도[45], 시·군[46]에서 「행정정보공개에 관한 조례」를 제정하였다. 이는 1996년 12월 31일 「공공기관의 정보공개에 관한 법률」이 시행되기 전이다. 일부 시·군에서 제정한 「행정정보공개에 관한 조례」는 어떤 고객도 이와 같은 조례가 필요하다고 요구하지 않았다. 이러한 조례는 주민의 알 권리를 확대하고 충족시키기 위해서 일부 자치단체(또는 지방의회)에서 자발적으로 제정한 것이다. 이와 같은 조례가 고객의 요구에 부응하여 제정된 것이 아닌데도 새로 제정된 조례가 고객의 욕구를 창출해 낸 것이었다.

행정기관에서 고객의 요구를 창출한다는 것은 쉽지 않은 일이다. 일부 행정기관장 또는 공무원들은 고객의 요구를 창출해 내는 일을 하기도 한다. 이러한 시도가 고객을 위한 것이라면 고객은 요구한 적이 없는 요구에 만족하게 된다. 행정기관은 언제 고객의 기대와 요구를 파악하여 규정짓는 것이 적절한가가 문제이다.

---

45) 경기도
46) 청주시

2. 받아들일 수 없는 고객의 요구

고객의 요구 중에는 부적절하고 사회적 이념에 맞지 않고 대다수의 이해관계에 상충되는 경우가 있다. 이러한 경우는 민간 부문에서는 거의 논의되지 않았다.

고객의 요구가 항상 옳은 것은 아니다. 행정기관의 고객이면서도 일부 직접고객은 행정기관에서 받아들일 수 없는 요구를 할 수도 있다. 이러한 경우는 행정기관의 수용범위 내에서 받아들여져야 할 것이다.

어떤 집단은 물리적인 압력을 행사하여 행정기관으로부터 특별한 고객의 대우를 받을 수 있는 사례가 발생할 수도 있을 것이다. 그러나 그러한 요구는 고객의 요구와는 상관없는 것이다.

3. 상충된 요구를 가진 고객 집단

행정기관에서 제공하는 서비스가 일부의 고객 집단에게는 도움이 될 수 있지만 일부의 집단에는 부담이 되는 경우가 있다. 예를 들어 어떤 지역을 도시공원지역이나 환경보존지구로 지정할 경우, 지구 내의 토지소유자는 재산권의 행사에 지장을 주어 고객의 요구에는 반할 수 있지만, 공원을 이용하게 될 인근 주민이나 환경보호단체의 요구는 받아들여지게 된다. 이와 같이 행정서비스에는 한편으로 이익이 되는 집단이 있는 반면 다른 한편으로는 침해가 되는 경우가 있다. 이러한 경우 고객의 요구는 어떻게 충족되어야 하는지 합리적인 기준과 방법의 설정이 필요하다.

제3절. 고객의 다양한 요구 충족을 위한 대안

1. 고객의 대상을 재분류

행정기관의 서비스에 따라 고객을 세 가지 집단으로 분류할 수 있다.

사용자, 비용부담자 그리고 관심보유자이다. 각각의 집단은 행정기관에 대해 서로 다른 요구를 하게 된다.

사용자는 소비자로서 흔히 행정기관에서 제공하는 서비스의 제공대상이 된다. 이와 같은 고객은 일반적으로 품질, 적시성, 융통성, 사용자 편의를 도모하는 서비스를 원한다.

비용부담자는 기관, 서비스 제공에 비용을 제공하는 집단이다. 이들 집단의 기대는 제공된 비용이 적정한지, 어떻게 사용되고 있는지 등에 관심이 있다.

관심보유자는 행정기관이 하는 일에 이해관계를 가지고 있는 개인이나 집단이며 그들은 대개 유권자로서, 요구는 보통 정치적 또는 실용적인 관점과 관련된다.

고객을 이와 같이 세 가지 집단으로 재분류함으로써 행정기관에서 상충되는 요구를 평가할 수 있는 구조를 제공하고, 우선 순위를 가늠할 수 있게 하여 준다.

2. 고객요구의 형성을 지원

고객이 자신의 요구와 기대를 형성하도록 행정기관이 도와주는 것은 적절한 행위이다. 가령 행정정보 공개를 통하여 고객이 자신들의 요구를 정하도록 도와주는 것이다. 민간단체 보조금을 지원할 경우 총 지원액, 단체별 지원액, 지원 신청 기간 등을 알려 줌으로써 대상단체가 요구내용을 형성할 수 있게 한다.

인근 시·군이나 시·도, 유사한 행정기관의 사례, 가용자원의 사용실태, 행정서비스와 관련된 고객들의 이해관계 설명 등은 고객들이 요구를 형성하는 데 도움이 된다.

3. 받아들일 수 없는 고객의 요구 처리

고객의 요구 중에 받아들일 수 없는 요구가 있다면 행정기관에서는 고객의 대리인으로서 행동하며, 요구사항을 수정하게 하고, 때로는 받아들일 수 없다고 제시하여야 한다.

고객이 받아들여질 수 없는 요구를 할 경우, 행정기관은 정보제공자로서 역할을 한다.

3.1. 고객의 대리인이 된다.

행정기관의 임무와 고객의 요구가 일치하지 않을 경우 고객의 요구를 합리적인 수준으로 조정하는 역할이 중요하다. 행정기관의 재원은 한정되어 있는 반면, 고객의 요구는 무제한적이다. 행정기관의 행정서비스 제공에 대한 사회적 형평성을 지켜야 하며, 한쪽의 고객 요구를 들어주기 위해서는 다른 고객의 요구를 들어줄 수 있는 수준이 낮아지거나 박탈된다.

행정기관에서는 대립되는 요구에 대해서도 의사결정을 하게 된다. 행정기관의 임무, 규정, 우선 순위, 윤리, 규범 등에 대해서 어긋난다고 생각되는 요구에 대해서 먼저 다양한 이해관계 중 어떤 것이 가장 우선인지 결정하는 것이 중요하다. 이것은 특히 일반 대중의 이해관계가 직접적으로 걸려 있을 때 더욱 복잡해진다.

대중은 「숨은 고객」이다. 대중은 분명한 요구를 표현하지 않는다. 행정기관이 어떤 조치를 취했을 때 「만족하다」라는 것을 보여주지는 않으나 행정기관이 대중에 대한 임무를 이행하지 않았을 때는 다양한 매체를 통하여 적정한 조치를 요구하는 집단이다.

일단 우선 순위가 확정되면, 가능한 고객의 대리인으로서 행동하고 윤리적으로 그 요구를 충족시키기 위한 창조적 방법을 찾아보는 것이 중요하다. 행정기관의 역할을 정해 놓고 고객의 요구에 대하여 「안 된다」라는 말만 하는 것이 아니라 고객의 요구를 만족시키기 위한 합리적이고 합법적인 방법을 찾아 주는 것이다.

3.2. 약속을 지킨다.

행정기관이 고객의 대리인으로서 행동하고 그 요구를 충족시킬 방법을 찾고자 할 때, 그 요구를 전혀 들어줄 수 없는 경우가 있다. 이 경우 중요한 것은 행정기관이 거절을 어떻게 전달하는 것인가에 달려 있다. 고객의 요구가 전혀 들어줄 수 없는 것이라면 행정기관은 그 이유를 설명해야 한다. 그리고 향후에는 들어줄 수 없는 상황을 바꿀 수 있는 방법이 있는지 점검하겠다는 사실을 알려줄 수 있다.

마지막으로 행정기관에서 마무리를 짓는 것이 중요하다. 즉 약속대로 행하는 것이다. 어떤 식으로 고객에게 응답했던지 간에 최종적으로 약속한 것은 꼭 지킨다.

3.3. 상충되는 고객을 이해시킨다.

행정기관에는 서로 대립되는 요구를 가진 고객이 존재하기 마련이다. 상충되는 고객들의 요구에 대한 합일점을 찾고 우선 순위를 정하기 위해 고객을 세 가지로 분류한다.

환경론자들은 환경보존을 위하여 환경보전지구 지정을 확대해 줄 것을 요구한다. 그러나 환경보전지구 내의 주민들은 주민들의 재산권행사와 지역발전에 장애가 될 것이라며 반대할 것이다. 행정기관은 두 집단을 모두 만족시키고 해결하기 위한 정책을 생각해 내야 할 것이다. 이러한 근본적인 갈등은 「고객의 요구를 만족시켜라」라는 권고에 의하여 해결할 수밖에 없을 것이다.

이와 같이 상충된 요구를 처리하기 위해 행정기관은 두 집단의 요구를 명확히 하고 우선 순위를 정하는데 세 가지 집단으로 고객을 분류할 수 있다.

예를 들어 행정기관이 일반적으로 우선 순위를 1)사용자, 2)비용지불자, 3)관심보유자의 순으로 정하였다고 가정한다. 가령 두 집단이 상충된 요구를 제기하면, 행정기관은 먼저 두 집단이 함께 모여 서로의 주장에 대하여 경청할 수 있는 기회를 갖도록 하고, 그들 각각의 이해관계를 충족시킬 수 있는 다양한 대안을 제시하며 그들이 합의에 도달할 수 있는 근본적인 필요나 공통의 이해관계 영역에 있는지 찾아본다. 공통의 이해관계가 두 집단에 존재하지 않으면, 행정기관에서는 두 집단의 이해관계

보다 더 높은 사회적 요구를 결정할 수 있다.

행정기관이 최종적인 사용자의 이해관계와 선호도에 대하여 아는 것이 유용하다. 사용자가 잘 조직화되어 있지 않는 경우, 사용자의 요구는 응당 받아야 할 대중의 관심을 받지 못하는 경우가 종종 있다. 그러나 이들은 특정한 관심보유자 집단보다 더 넓은 집단을 대표할 수 있다. 설문조사, 여론조사를 실시함으로써 행정기관은 최우선 순위 집단인 사용자의 요구를 결정해서 공표하고 논란이 되는 문제의 해결책에 대한 지지를 구하는 작업을 시작할 수 있을 것이다.

4. 해결 조직 구성

행정기관은 다수의 이해관계자들이 그들의 역할을 다시 정함으로써 갈등에서 벗어나 서로 협력하는데 도움과 계기를 마련해 줄 수 있다. 행정기관에서 고객의 요구와 기대를 만족시켜야 할 책임이 있으나 별도의 대표성을 가진 조직을 만들어 해결할 수 있는 방법도 모색해 볼 필요가 있다.

사용자, 비용부담자, 관심보유자의 세 가지 집단의 이해관계가 합일점을 찾지 못할 때는 세 집단의 대표가 모인 조직을 구성한다.

이와 같이 집단의 대표가 모인 모임체를 일반적으로 「위원회」라고 하며, 세 집단에서는 대표 또는 가장 숙련된 협상가와 중재자가 모인 위원회에 권한을 부여함으로써 해결할 수 있도록 한다.

제2장. 품질행정 내부심사

제1절. 개요

1. 의의

내부심사는 「심사기준에 충족되는 정도를 결정하기 위하여 심사증거를 수집하고 객관적으로 평가하기 위한 체계적이고 독립적이며 문서화된 프로세스」로 정의하고 있다.[47] 즉 품질 행정 시스템이 국제 규격에 적합하게 수립·실행·유지되는지를 결정하는 것이다. 내부심사는 일반 기업체에서 「실사」 또는 「내부감사」라고 부르고 있으나 품질행정에서는 KS A 9001:2001에 따라 내부심사라고 명명하여 용어의 사용에 일관성을 지니는 것이 바람직하다.[48]

심사의 목적을 구분하여 보면 다음과 같다.[49]

○규정된 요구사항에 대한 품질행정시스템 요소의 적합 또는 부적합을 판정하기 위해

○명시된 품질행정목표를 충족하기 위해 시행되고 있는 품질행정시스템의 유효성을 판정하기 위해

○행정서비스를 제공하는 공무원에게 품질행정시스템을 개선할 기회를

---

47) ISO 9000:2000/KS A 9000:2001 3.9.1 참조

48) ISO /KS A 8402:1998 규격에서는 「audit」라는 용어를 「감사 또는 심사」라고 번역하여 사용하였으나, 이 규격에서는 「심사」로 통일하였음. 그러나 필요에 따라서 「감사」라고 할 수도 있음.

49) KS A 10011-1:1997 4항 참조

제공하기 위해

○인증 등록을 받은 행정기관의 품질행정시스템의 등록을 유지하기 위
해 행정기관에서 심사는 일반적으로 다음 하나 또는 그 이상의 이유 때
문에 시작한다.

●행정기관의 품질행정시스템이 지속적으로 고객을 만족시키고 규정된
요구사항을 충족하고 있는지를 검증하기 위하여.

●행정기관의 품질행정시스템을 평가하기 위하여.

이러한 심사는 일상 업무로써 실시하여도 좋고 또는 행정기관의 행정
서비스 제공 프로세스 검토, 행정조직의 중요한 변경 그리고 시정조치에
대한 후속 행위로 실시해도 좋다. 이 경우 내부심사에 의해 행정서비스
제공의 책임을 운용 직원으로부터 심사 조직으로 전가해서는 안된다. 또
한 내부심사가 행정서비스 제공의 기능을 벗어나는 범주까지 확대해서는
안 된다.

2. 근거

품질행정 내부심사는 ISO 9001:2000/KS A 9001:2001 8.2.2 항의 규
정에 따라 수행하여야 한다. 품질행정 내부심사는 행정기관 내부의 공무
원이 내부의 품질행정을 대상으로 실시한다.

ISO 9001. 8.2.2 다음과 같은 사항을 결정하기 위하여 계획된 주기로
수행하여야 할 것을 요구하고 있다.

○품질행정시스템이 계획된 결정사항(7.1 참조), 이 규격의 요구사항, 그
리고 조직이 수립한 품질행정시스템의 요구사항에 적합한지 여부

○품질행정시스템이 효과적으로 실행되고 유지되는지 여부

또한 품질행정 내부심사는 외부의 심사(인증심사, 사후관리 심사 등)
에 대비하여 사전에 자체적으로 부적합을 시정하고, 예방 및 시정조치를
통한 지속적 개선의 도구로써 활용될 수 있다.

3. 심사의 종류

3.1. 내부심사 (제1자 심사 또는 자체 심사)

내부심사란 ISO 9001 8.2.2항의 요구사항에 따라 실시한다. 행정기관 내부의 인원이 내부 품질행정시스템을 대상으로 실시한다. 필요에 따라 외부전문가를 심사에 참여할 수 있다.

3.2. 고객심사(제2자 심사)

행정조직을 주민이 심사하는 경우이다. 주민이 직접 행정을 감시·감독할 수도 있지만 현실적으로는 이루어지기 힘들다.

3.3. 인증기관 심사(제3자 심사)

행정조직이 조직의 품질행정시스템에 대하여 인정기관으로부터 품질시스템을 인정받는 경우이다. 행정기관이 품질행정시스템에 대하여 적합성 및 유효성을 인정받기 위하여 심사하는 경우이다.

4. 심사자의 요건

심사자는 품질행정 심사를 수행할 자격이 부여된 사람이다. 자격이 부여된다는 의미는 품질심사를 실시하기 위하여 심사원에게는 심사에 대한 권한이 주어져야 한다. 그러나 ISO 9001:2000/KS A 9001:2001의 요구사항에는 내부 품질심사자에게 자격이 부여되어야 한다는 명문화된 규정은 없다. 다만 ISO 9001의 6.1(자원확보), 6.2.2(적격성, 인식 및 교육훈련)의 요구사항에서는 품질에 영향을 미치는 업무를 수행하는 인원에 대한 적격성을 결정하고 교육훈련 등을 제공해야 할 것을 규정하고 있다.
심사자는 꼭 내부인일 필요는 없다. 경우에 따라서 외부전문가를 심사에 포함할 수 있다.

행정기관의 경우 시·군청은 업무경력 5년 이상, 7급 이상의 공무원이면 무난할 것으로 보인다. 7급 이상이라는 요건과 업무경력 5년 이상의 둘 중 하나의 요건을 갖추면 타당할 것으로 보인다.

중요한 것은 심사자는 교육·훈련이 필요하다. 교육·훈련을 통하여 심사업무를 숙지하여야 한다. 심사업무는 심사업무에 대한 지식도 중요하지만 심사기법의 적용 여부에 따라 심사의 효과에 미치는 영향이 크므로 심사기법에 대해서도 교육·훈련이 필요하다.

심사원이 갖추어야 할 지식으로써 가장 기본이 되는 것은 ISO 9001의 요구사항이다. 그리고 품질행정매뉴얼, 매뉴얼과 관련된 각종 지침과 절차서 기타 행정서비스 제공에 관련된 각종 문서 등에 대한 정확한 이해가 필요하다.

심사기법도 중요하다. 심사 활동은 잘잘못을 가리기 위한 일반적인 감사행위와는 다르기 때문에 심사기법에 대해서도 별도로 교육이 필요하다.

5. 심사자의 독립성

심사자는 객관적으로 심사를 수행해야 하기 때문에 자신의 업무에 대해서는 심사를 수행하여서는 안 된다. 이는 심사자의 독립성을 지킬 수 있는 최소한의 조치이다. 또한 심사자는 객관성과 성실성을 바탕으로 심사에 임하여야 한다. 객관성을 손상시킬 수 있는 편견을 가져서는 안 되며 과거에 인지한 사실로 인하여 심사 결과에 영향을 주어서는 안 된다.

심사에 참가한 모든 인원과 조직은 심사원의 독립성과 성실성을 존중하고 지지하여야 한다.

6. 심사자의 활동

심사자가 다음과 같은 기본적인 사항에 따라 심사활동을 수행하여야 한다.
○심사에 적용되는 요구사항 및 지침을 따른다.

○심사에 관한 문서를 확인하고 타당성을 결정한다.
○치명적인 부적합은 즉시 피심사자에게 보고한다.
○심사한 품질시스템에 관한 결론은 적절하면서 충분한 증거를 수집하고 분석하여 제시하여야 한다. 또한 심사의 결과에 대하여 타인을 이해시킬 수 있어야 한다.
○심사결과에 영향을 미치거나 심사의 확대가 필요할 만한 증거를 제시하는 데는 주의하여야 한다.
○심사활동은 윤리적이어야 한다.

7. 심사주기

심사주기에 대해서는 규정된 사항은 없다. 다만 주기적으로 시행할 것을 규정하고 있다. 보통 주기라 함은 1년 단위, 분기, 반기로 구분할 수 있으나 품질행정 실행의 성숙여건에 따라 주기를 달리할 수 있다.

품질행정시스템이 정착된 경우에는 1년에 한번 실시하는 것이 바람직하다. 그러나 품질행정시스템의 초기 도입단계에서는 반기에 1회씩 실시하는 것도 검토해 볼 만하다. 이 경우는 전회 지적된 사항과 연관 있는 부분에 한하여 실시하는 것이 좋다. 빈번한 심사는 조직원들이 심사에 대한 타성을 갖게 할 수 있음을 유의하여야 한다.

또한 주기적인 심사는 품질행정 종합진단, 주요업무 심사분석, 사후관리심사, 갱신심사와 연계 또는 통합하여 실시하는 것도 검토해 볼 만하다. 이 경우 수행하는 부서의 권한이 일원화되어야 한다.

심사의 시기는 조직원이 감당할 수 있는 적절한 시기에 심사를 수행하는 것이 바람직하다. 심사시기를 내부심사 절차서에 특정한 일자로 고정하면 심사시기를 변경하여야 할 번거로운 절차가 생긴다. 조직원들이 특정한 업무에 모두 매달리는 시기를 피하여 심사 받기에 적절한 시기를 선택한다.

8. 심사의 범위

심사의 범위는 행정조직이 결정한다. 심사의 범위는 품질행정시스템과 연관이 있는 모든 부분이 될 수 있다. 다만 행정서비스를 제공하는 데 영향을 주지 않는 조직의 활동을 제외한다. (예, 사무실에서 사용하는 복사지의 구입은 7.4항의 구매와 관련된 요구사항을 따를 필요가 없다.)

심사의 범위는 문서심사와 활동심사로 나눌 수 있다. 문서심사는 품질행정매뉴얼과 관련된 각종 절차서, 지침서 등이 해당된다. 활동심사 대상은 우선 품질행정매뉴얼을 기준으로 한다. 품질행정매뉴얼에서 규정한 사항에 따라 수행되는 모든 활동은 심사의 대상이다. 또한 매뉴얼에서 인용한 각종 지침이나 절차서에 규정한 활동도 심사의 대상이 된다.

제2절. 내부심사 수행

1. 심사 흐름

내부심사는 다음과 같은 과정을 거쳐 수행된다.

〈도표 5-1〉 내부심사 흐름도

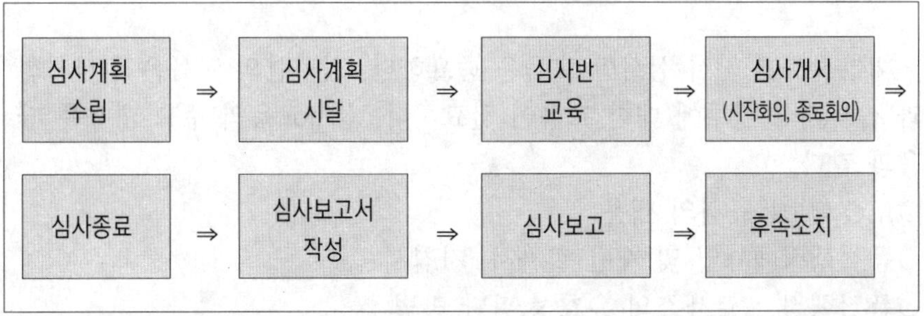

2. 심사계획

심사계획은 심사의 기본이 된다. 심사계획에는 다음과 같은 사항이 포함되어야 한다.

○심사 목적
○심사 범위
○기준이 되는 문서(품질행정매뉴얼 등)
○심사원 자격 및 심사원 지정
○심사 일정 및 장소
○심사 받는 조직의 대상
○기타 심사에 필요한 사항 등

3. 심사기간 및 심사반 구성

심사반은 심사범위, 심사대상, 심사대상 업무의 복잡성, 조직의 규모, 심사원 자격자 보유 상황 등 여러 요인을 감안하여 심사기간과 심사반을 구성한다. 심사의 강도와 심사 목적에 따라서도 심사위원의 수와 심사기간에 영향을 미칠 수 있다. 심사기간은 보통 3일에서 5일 정도면 적정하다. 심사반의 적정 인원은 심사일수와 심사대상 등 제반 요인을 감안하여 정한다.

4. 심사반 교육

내부심사에 앞서 심사반 교육은 중요하다. 심사반의 교육은 심사기법과 심사대상 업무에 대한 교육이 필요하다. 심사교육의 주요 내용은 다음과 같다.
○ISO 9001 규격의 내용
○품질행정매뉴얼 및 제반 절차서, 지침서 등
○품질행정 프로세스의 유효성 판단 방법
○심사진행 기법
○심사 점검표(Check List) 작성 요령
○부적합 보고서 작성 기법
○시정 조치 기법
○심사 관련 절차(시작회의, 종료회의 등)

5. 품질행정 프로세스의 유효성 판단 방법

품질행정의 결과는 행정서비스로 나타난다. 행정서비스가 예측되고 목적한 상태로 일관성 있게 제공되기 위해서는 프로세스가 필요하다. 각각의 행정서비스별로 나름대로의 프로세스가 있다. 이러한 프로세스가 효과적인지를 판단하여야 한다. 프로세스의 효과성을 판단하는 방법은 다음과 같은 세 가지 방법이 기본이 된다.

○프로세스가 관련된 법규가 정한 절차를 준수하고 있어야 한다.
　행정행위는 적법·타당하여야 한다. 적법하다는 것은 법규에서 정한 절차를 반드시 이행하여야 한다. 예를 들면, 읍·면·동에서 생활보호 대상자를 선정하기 위해서는 읍·면·동 생활보호심의위원회 심의를 거쳐야 한다. 또한 행정행위의 결과가 합목적적이고 사회적 이념에 타당하여야 한다.

○다른 공무원이 반복하여 시행하여도 동일한 결과가 나타나야 한다.
　프로세스의 순서 및 방법에서 적시한 대로 시행한다면 업무 담당자가 아닌 다른 직원이 시행하더라도 동일한 행정서비스가 나타나야 한다. 프로세스에서 정한 절차 또는 방법이 명확하고 달리 해석되지 않는다면 누구든지 프로세스대로 시행할 경우 동일한 행정서비스가 생산된다.

○프로세스는 시스템적이어야 한다. 시스템적이라 함은 프로세스가 조직 전체에 미치는 영향을 판단하여 볼 때 또는 전체적인 입장에서 살펴볼 때 조직의 전체에 도움이 되거나 조직의 목적에 부합하여야 한다. 또한 근시안적인 부분만 보는 사고가 아니라 전체를 보는 사고이며, 모두에게 도움이 되는 WIN-WIN 사고이다. 그리고 인과관계적인 의미를 포함한다.

6. 심사 진행기법

6.1. 대화의 기법

심사원은 피심사자가 긴장하거나 불편하지 않도록 하여야 한다. 피심사자가 긴장하고 있다면 어떠한 문제점을 감추고 있다는 표시일 수 있다.
따라서 심사시에는 다음과 같은 대화의 기법이 필요하다.
○몸동작은 가급적 자제한다.
○음성은 가급적 낮게 하여 산만하지 않도록 한다.
○피심사자와 시선을 맞춘다.
○표정은 밝게 한다.
○상대방의 수준에 맞는 어휘를 선택하여 대화한다.
○언급된 내용으로부터 질문을 이끌어 나간다.
○결코 논쟁에 휘말리지 않아야 한다.

6.2. 심사 시작 전에 취할 사항

사람을 처음 만나게 되면 첫인상을 갖게 된다. 심사원의 첫인상은 심사가 종료될 때까지 피심사자의 인식에 남아 있게 된다. 첫인상이 나쁘다면 순조로운 심사를 진행하는 데 장애가 된다. 따라서 좋은 인상을 주는 것이 중요하다.

심사자는 피심사부서의 풍토를 고려할 필요가 있다. 심사부서의 분위기라든지 인적구성원에 대한 사전정보를 파악할 필요가 있다.

심사를 시작할 때는 심사원은 심사이유와 목적에 대하여 피심사자에게 알려주어야 한다.

6.3. 피심사자를 편하게 하는 방법

○대화하기에 적당한 장소를 선택한다.
○대화하는 데 장애요인을 피한다. 피심사자의 상사와 같이 있는 자리
　에서는 피심사자의 의견이나 생각이 폐쇄적일 수 있다.
○피심사자와 눈높이를 같이한다.
○언어나 태도는 개방적이고 분명한 태도를 취한다.
○적당한 때에 미소를 짓는다.

○상대방의 언어에 공감적 경청을 하여야 한다.

　적당한 때에 고개를 끄덕이기, 이야기한 내용을 간간이 재언급하기, 관
　심이 있다는 표정을 보여주기 등은 상대방의 말에 공감적으로 경청하
　는 방법이 된다.

○심사자의 주장을 강요하지 않아야 한다.

7. 심사점검표 작성

7.1. 심사점검표 작성 목적

　심사점검표는 실제 심사에 매우 유용하게 활용되는 것으로써 꼭 필요
한 것이다. 보통 심사점검표는 심사에 앞서 공개하지 않으나 피심사부서
의 심사준비와 심사대상의 범위 등을 정하는 데 도움이 되므로 미리 알
려주는 것도 바람직하다.

　심사점검표는 다음과 같은 유용한 점이 있다.

○심사진행 속도를 조절할 수 있다. 심사진행시 시간이 부족하거나 남
　을 수가 있다. 이러한 경우는 심사속도를 조절하지 못한 결과이다. 심
　사점검표를 사용할 경우 이러한 문제를 근원적으로 방지할 수 있다.

○심사자에게 학습의 기회를 제공한다. 심사자가 점검표를 작성하므로
　써 ISO 규격, 품질매뉴얼 등에 대하여 연구를 하게 되므로 학습의 기
　회를 제공한다.

○심사에 소요되는 노력과 시간을 절약한다. 심사점검표에는 어떤 일을
　해야 하는가에 대한 기준과 요건을 표시하였으므로 실제 심사 진행시
　세부 심사대상별로 기준과 요건을 찾아보는 데 시간과 노력을 절약할
　수 있다.

○심사시 누락을 방지한다. 심사기간은 한정되어 있는데 반해 심사대상
　은 많다. 심사시 심사를 해야 할 중요한 대상을 누락하지 않도록 도와
　준다.

○심사의 목표를 일관되게 한다.

○심사결과 보고서 작성시 도움이 된다.

○심사의 전문성과 심사분위기 조성에 도움이 된다.

심사점검표는 심사의 목적에 따라 달리 작성하여야 한다. ISO 9001 인증을 대비하기 위하여 실시하는 점검표와 내부심사를 위한 점검표는 달리 작성되어야 한다.

7.2. ISO 9001 인증대비 심사점검표

ISO 9001의 인증을 준비하는 과정에서 내부심사는 필연적이다. 일반적으로 외부전문가(Consultant)가 인증을 준비하는 과정에서 모든 도움을 받게 된다. 그렇지 않은 경우는 자체적으로 점검표를 작성하여 내부심사에 활용하게 된다.

점검표를 작성하는 방법은 ISO 9001 규격의 요구사항을 기준으로 점검표를 작성한다. ISO 9001에서 규정한 요구사항을 충족하고 있는지 확인하여야 하기 때문이다.

요구사항별로 점검사항을 정하고 정해진 점검사항을 확인할 수 있도록 점검표를 작성한다.

7.3. 내부심사용 점검표

내부심사점검표는 ISO 인증을 취득한 후 주기적으로 실시하는 내부 심사에 필요한 점검표이다. 인증을 목적으로 대비하는 심사점검표가 주로 ISO 9001의 요구사항을 위주로 작성된다. 그러나 내부심사용 점검표는 인증을 취득 후 지속적인 품질행정시스템의 효과성 개선을 위하여 실시하는 심사에 필요하다.

내부심사용 점검표는 품질행정매뉴얼을 기준으로 작성한다. 점검표 작성시에는 매뉴얼의 항목을 나열하고 효과성을 개선해 나갈 수 있는 수단과 방법이 제대로 실행되고 있는지 그리고 효과성 개선에 기여하고 있는지를 심사할 수 있도록 작성한다.

〈도표 5-2〉ISO 9001 인증 대비 내부심사점검표 예시

ISO 9001 요구사항			항 목	관련 자료	심사결과 (적합, 보완필요, 해당없음, 부적합)	심사자 의견
대분류	중분류	소분류				
4. 품질 경영 시스템	4.1 일반 요구 사항		a. ·품질경영시스템에 필요한 프로세스 파악 ·품질경영시스템에 필요한 프로세스 적용의 파악			
			b. 프로세스 순서 및 상호작용의 결정			
			c. 프로세스에 대한 운영 및 관리가 모두 효과적임을 보장하 는데 필요한 기준 및 방법을 결정			
			d. 프로세스의운영 및 모니터링을 지원하는데 필유한 자원 및 정부의가용성 보장			
			e. 프로세스의 모니터링, 측정 및 분석			
			f. 프로세스에 대한 계획된 결과와 지속적 개선을 달성하는데 필요한 조치의 실행			
			−프로세스는 이 규격의 요구사항에 따라 조직에 의해 관리되고 있는지.			
	4.2 문서화 요구사항	4.2.1 일반 사항	a, ·품질방침이 수립 ·품질목표가 수립			
			b. 품질매뉴얼 수립 ⇒4.2.2항에서 심사			
			c. 이 규격이 요구하는 문서화된 절차서(6종) ·문서의 관리 절차서 ·품질기록의 관리 절차서 ·내부심사 절차서 ·부적합 관리 절차서 ·시정조치 절차서 ·예방조치 절차서			
			d. 프로세스의 효과적인 기획,운영 및 관리를 보장하기 위하여 조직이 필요로 하는 문서			
			e. 이 규격이 요구하는 기록 ⇒4.2.4항에서 심사			

ISO 9001 요구사항			항　　　목	관련 자료	심사결과 (적합, 보완필요, 해당없음, 부적합)	심사자 의견
대분류	중분류	소분류				
4. 품질 경영 시스템	4.2 문서화 요구 사항	4.2.2 품질 매뉴얼	a. 적용의 제외에 대한 상세한 내용 및 정당성을 포함한 품질경영시스템의 적용범위 설정			
			b. 품질경영시스템을 위하여 수립된 문서화된 절차를 포함하거나 인용			
			c. 품질경영시스템 프로세스 간의 상호작용에 대한 기술			
		4.2.3 문서 관리	a. 문서는 발행 전에 적정함을 승인			
			b. 필요시 문서의 검토 및 갱신, 그리고 재승인			
			c. 문서의 변경 및 최신 개정 상태의 실별을 보장			
			d. 적용되는 문서의 해당본이 사용되는 장소에서 이용 가능함을 보장			
			e. 문서가 읽기 쉽도록 유지되고, 쉽게 식별됨을 보장			
			g. 효력이 상실된 문서의 의도되지 않는 사용을 방지하며, 어떤 목적을 위해 보유할 경유에는 적절한 식별의 적용			
		4.2.4 기록관리	−기록은 품질경영시스템의 효과적인 운영을 위하여 작성되고 유지되는지			
			−기록은 읽기 쉽고, 쉽게 식별하고 검색이 가능하게 되어있는지			
			− 기록의 식별, 보관,보호,검색,보유기간 및 처분에 필요한 관리가 정해져 있는지			

ISO 9001 요구사항			항 목 내 용	관련 자료	심사결과 (적합, 보완필요, 해당없음, 부적합)	심사 의견
대항목	중항목	소항목				
4장 품질 행정 시스템	1. 품질 행정의 기반 프로세스		–품질행정시스템의 지속적 개선 프로세스가 업무에 효율적으로 적용되는지			
	2. 문서 화 요구 사항	2.1 문서화 대상	① 품질행정방침의 내용이 적정한지 　(시의성, 적정성, 타당성 등) ① 품질행정 목표가 적정한지 　(현실성, 절대성, 측정가능성) ③ 문서화된 절차서가 마련되어 있고 적 　정한지 　·문서의 관리 절차서 　·품질기록의 관리 절차서 　·내부심사 절차서 　·부적합 관리 절차서 　·시정조치 절차서 　·예방조치 절차서 ④ 프로세스의 효과적인 기획, 운영 및 　관리를 보장하기 위하여 조직에서 작 　성하여 사용하고 있는 문서의 적정성, 　효과성 개선에 기여하는지 여부 등 ⑤ 품질기록을 적정하게 관리하고 있는지			
		2.2 품질 행정 매뉴얼 제개정	–품질행정매뉴얼이 법제사무처리규정에 따라 지속적으로 적정하게 개정되고 있는지	법제사 무처리 규정		
		2.3 품질 행정 문 서관리	–품질행정문서가 관련 규정에 의해적정하게 관리되고 있는지	품질행정 절차서, 사무관리 규정…		
		2.4 품질 행정 기 록관리	–품질행정 기록의 식별, 보관, 검색, 보유기간, 처분에 관한 기록을 적정하게 관리하는지.	사무관리 규정		

8. 심사 회의

8.1. 심사전 회의

심사전 회의는 심사반의 교육이 끝난 후 심사에 들어가기 전에 앞서 피심사부서와 심사반이 모여서 심사에 대하여 서로 알아보고 싶은 사항에 대하여 논의하는 공개적인 자리이다. 심사전 회의를 반드시 개최해야 하는 것은 아니다. 심사전 회의는 실시하지 않아도 되지만 심사의 분위기를 부드럽게 이끌어 나가는 데 필요하다. 이 회의에서는 다루어야 할 사항은 다음과 같다.
○심사반과 피심사부서 인원의 인사
○심사범위 및 심사방법 설명
○심사반에게 협조할 사항 당부
○부적합 발견시 상호간 협조사항
○기타 심사에 필요하다고 판단되는 사항

8.2. 심사 종료회의

피심사부서의 심사를 마치게 되면 심사반과 피심사부서의 종료회의가 꼭 필요하다. 종료회의라는 공식적인 회의를 하지 않더라도 다음과 같은 사항에 대해서는 종료회의에서 꼭 매듭지어야 할 필요가 있기 때문이다.
○부적합에 대한 피심사부서의 확인
○부적합에 대한 상호간의 인정
○향후 시정조치 계획에 대한 논의
○심사 수행시 발견한 관찰사항이나 피심사부서에 도움이 될 만한 조언 등

9. 내부심사시 질문 방법

심사시 피심사자에게 질문할 때는 피심사자 자신이 심문을 당하고 있다거나 심사원이 피심자자를 믿지 않고 있다는 인상을 주어서는 안 된다.

질문은 질문하는 방법에 따라 다른 대답을 유도해 낼 수 있는 점을 감안
하여 적절한 질문방법을 선택하여 사용한다.

심사원은 객관적이고 우호적인 태도로 질문을 하여야 한다. 심사업무
의 대부분이 피심사자로부터 듣는 일임을 알아야 한다.

심사원은 얻게 되는 정보에 귀를 기울이고 관심을 보여야 한다. 피심
사자의 말에 관심을 갖고 공감적인 경청을 하여야 한다. 심사한 결과를
기록할 경우에는 먼저 양해를 구하거나 기록한 내용은 나중에 피심사자
에게 보여주는 좋다.

9.1. 개방형 질문

개방형 질문은 피심사자가 자유롭게 말할 수 있도록 대답의 실마리를
제공해 주는 방법이다. 질문하는 방법은 피심사자가 자유롭게 대답할 수
있도록 질문한다.

「이 문서는 어떻게 관리되고 있습니까?」

「이 프로세스의 효과성에 대해서는 어떻게 생각하십니까?」

이와 같이 「어떻게」 「어떤」 등의 단어를 사용한다.

개방적인 질문은 대화를 촉진시키고 피심사자가 상황을 설명하도록 허
용해 주는 방법이다. 이 경우 피심사자가 대답을 너무 많이 하지 않도록
유의한다.

심사원은 피심사자와 대화를 하되 너무 지나치지 않도록 하여야 한다.
시간이 낭비되는 정도로 대답이 길어지면 정중하고 단호하게 본래의 취
지대로 대화를 다시 되돌려 놓아야 한다. 피심사자를 감정적으로 대한다
거나 의미 있는 토의를 중단시켜서는 안 된다.

9.2. 탐색형 질문

탐색형 질문은 더욱 깊이 있는 정보를 찾아내기 위해 이미 이야기된 내
용을 추적해 가는 데 사용된다.

피심사자가 자의적인 생각으로 대답하는 것을 피하도록 질문한다.

(심사원)「이 문서가 승인되었다는 것을 어떻게 알 수 있습니까?」

(피심사자)「여기의 등록일자는 정상적으로 결재를 받아 문서등록대장에 등록한 등록번호이기 때문에 승인되었습니다.」

(심사원)「그러면 승인권자는 누구입니까」

(피심사자)「부군수입니다.」

(심사자)「부군수가 위임전결규정의 전결권자로 되어 있나요?」

이와 같이 탐색형 질문은「추적해 가는」,「초점을 맞추어 가는」질문이다. 이는 심사기법의 기본이 되는 질문이기도 하지만 자칫 심문을 한다는 인상을 주기 쉽다.

9.3. 폐쇄형 질문

폐쇄형 질문은 특정한 사실을 확인하는 경우에 사용한다. 일반적으로「예」또는「아니오」의 대답을 유도하기 위하여 사용한다.

「이 업무는 업무편람이 작성되어 있습니까?」

「이 업무도 종합진단의 대상업무에 포함되어 있습니까?」

이와 같이 물어본다. 심사원이 추가질문을 할 경우, 폐쇄적인 질문은 피해야 한다. 가급적이면 폐쇄적인 질문보다는 청유형 질문을 하는 것이 더 바람직하다. 예를 들면「이 업무는 업무편람이 작성되어 있습니까?」보다는「이 업무에 관한 업무편람을 볼 수 있습니까」라고 질문하는 것이 더 좋다.

제3절. 보고서 작성

1. 부적합 보고서 작성

1.1. 작성 요령

심사결과 부적합 내용을 발견하게 되면 부적합 보고서를 작성하게 된다. 부적합 보고서는 부적합 사례마다 작성한다. 부적합 보고서는 발견 즉시, 또는 심사종료 이전에 작성하여 피심사자의 동의를 얻어야 한다. 별도로 정해진 시간이 있다면 그 시간에 피심사자로부터 동의를 얻는 것이 바람직하다.

심사시 부적합 사항이라고 판단되는 것이 발견되면 심사자는 더 많은 주의와 객관적 증거를 수집하여야 한다. 부적합 사항이라고 판단되는 것이 명백한 부적합인지 판단하여야 한다. 또한 부적합이라면 어떤 요구사항이나 기준에 부적합인지 확인하여야 한다. 이 확인을 통하여 부적합임을 확신하는 경우 심사자는 피심사자에게 설명하고 의견을 들어야 한다. 이때 피심사자는 불쾌한 반응을 보일 수도 있다. 이러한 경우 심사자의 태도가 중요하다. 심사자는 피심사자의 입장에서 판단하여 보고 피심사자의 상황을 이해하는 것이다. 피심사자를 이해한다는 것이 부적합을 지적하지 말라는 의미가 아니다. 왜 부적합이 발생되었는지 근본 원인을 찾아내는 대화가 필요하기 때문이다.

부적합이 발견되면 심사자는 부적합의 객관적 증거를 확보해야 한다. 증거로는 복사, 관계자의 서명, 샘플 등이 될 수 있다. 어떤 경우이건 업무 담당자 또는 담당자의 상사로부터 허락을 받은 다음에 증거를 취하여야 한다.

부적합 보고서는 일정한 서식을 사용하는 것이 바람직하다. 부적합 보고서를 작성할 경우에는 다음과 같은 점을 유의하여 작성한다.

○객관적 증거에 근거하여야 한다. 「객관적 증거」라 함은 「사물의 존재 또는 진실을 입증하는 자료」[50]이다. 객관적 증거의 예를 들면 문서, 기록, 사물 또는 행위 그 자체, 피심사자가 구두로 답변하는 내용 등이 될 수 있다.

○부적합의 근거를 제시하여야 한다. 「부적합의 근거」는 매뉴얼, 지침서, 절차서, 법규 등이 될 수 있다. 즉 규정된 요구사항이다.

○다른 심사원에 의해서도 추적 가능해야 한다. 심사자가 작성한 보고서

---

50) ISO 9000:2000/KS A 9000:2001 품질경영시스템–기본사항 및 용어 3.8.1

를 바탕으로 다른 심사원이 심사를 하여도 동일한 결과를 도출할 수 있어야 한다.

○부적합의 경중을 결정하여야 한다. 부합의 내용이 경부적합인지 또는 중부적합인지 결정하여야 한다.

○피심사자에 의해 수용되고 서명되어야 한다. 부적합은 심사원의 판단과 결론에 피심사자가 인정하고 서명을 하여야 한다. 내부심사시에는 꼭 피심사자의 서명을 받는 것이 중요하다. 그러나 피심사자가 서명하지 않을 경우에는 안내원의 서명을 받는 것도 하나의 방법이다. 그러나 피심사자의 서명을 받음으로써 내부감사의 목적이나 효과보다는 오히려 행정조직에 부정적인 영향을 끼칠 수 있다. 이러한 경우가 예상되면 부적합 보고서에 피심사자의 서명을 처음부터 제외하는 방법도 고려하여야 한다.

1.2. 부적합 구분 및 부적합 보고서 기술 방법

가. 중부적합

일반적으로 부적합의 효과성을 판단할 때 부적합이 품질행정서비스 제공에 미치는 영향이 중대한 경우에는 중부적합이다. 마찬가지로 부적합의 영향이 품질행정서비스 제공에 미치는 영향이 미미할 경우에는 경부적합으로 판단하면 된다.

부적합의 형태면에 있어서는 중부적합은 ISO 9001 또는 기타 기준이 되는 하나의 요구사항이 시스템상에서 누락 또는 전체적인 붕괴를 가져올 경우에 해당된다. 또한 한 조항에 대해 다수의 경부적합이 발견될 경우에도 전체 시스템상의 붕괴를 나타내는 것이므로 중부적합으로 간주한다.

중부적합이 발생되면 심사원은 심사반장에게 즉시 보고한다. 심사반장은 보고 받은 중부적합에 대하여 검토한 후 중부적합으로 인정될 경우 즉시 경영자 대리인 또는 기관장에게 보고하여야 한다. 중부적합은 인증 등록 심사시에는 등록불가에 해당되는 사항이며 내부심사시에 발견된 부적합 사항은 인증 등록의 취소 사유에 해당된다.

나. 경부적합

경부적합은 ISO 9001 또는 기준 문서에서 하나의 요건을 충족시키지 못한 경우에 해당된다. 절차서나 지침서의 하나의 항목에 하나의 잘못이 발견된 경우에도 경부적합으로 본다.

다. 부적합 보고서 작성

보통 부적합 보고서는 부적합의 근거(또는 요구사항)을 명시한 다음, 부적합의 내용을 기술하는 방법이 일반적이다.

　예) 품질행정매뉴얼 제○항에 ○을 하게 되어 있으나, ○부서의 ○문서에는 ○을 하지 않았음.

그러나 부적합의 내용을 먼저 기술하고 난 다음, 부적합의 이유(근거 또는 요구사항)을 기술하는 방법도 있다.

　예) ○부서의 ○문서에는 ○을 하지 않았음. 이는 품질매뉴얼 제○항에 ○을 하게 되어 있으나 이 항을 위반한 것임.

부적합 보고서를 기술할 경우에는 정확성, 명확성, 간결성, 완전성을 갖추어야 한다.

부적합 내용이 사실에 근거하여야 하며 반드시 객관적 증거가 있어야 한다.(정확성) 가능하다면 양적 정보를 포함하는 것이 좋다.

　예) 5건중 2건은 규정된 절차를 이행하지 않음.

부적합 내용을 6하 원칙에 따라 누구나 그 내용을 명확히 알 수 있도록 기술하여야 한다.(명확성) 피심사측이나 다른 심사원에게 부적합 내용을 이해시키는데 추가로 설명이 필요하지 않아야 한다.

부적합 내용을 간결하게 작성하여야 한다.(간결성) 부적합 내용을 자세히 기술하기 위해 장황하게 기술한다면 부적합 내용이 무엇인지 이해하기 어려워진다.

부적합 보고서에 명시하여야 하는 사항을 빠짐없이 기재하여야 한다.(완전성) 심사부서, 관련 요구사항, 부적합의 경중 등을 모두 기록하여야 한다.

1.3. 부적합 발견시 해당 부적합과 관련하여 조사할 사항

부적합 사항이 발견되면 당해 부적합 사항과 관련한 사항은 다음과 같은 것을 고려할 수 있다.
○부적합이 품질행정시스템의 미치는 영향이 얼마나 심각한가?(심각성)
○부적합이 발생하는 원인이 무엇인가?(원인)
○다른 부적합과 연관성이 있는가?(연관성)
○이 부적합이 다른 업무에 어떤 영향을 미치는가?(영향)
○근본원인을 이전부터 알고 있었는가?(인지)
○부적합의 사례로 이전에 지적된 적이 있는가?(경험)
이상과 같은 사항은 부적합이 발생된 경우 연관해서 조사해야 한다. 부적합에 대한 시정조치 및 예방조치를 실시하는 데 꼭 필요하기 때문이다.

1.4. 부적합 보고서 서식

부적합 보고서의 서식은 정해져 있지 않다. 보고서 서식은 작성하기 쉽고 한 장의 보고서에 시정조치까지 처리할 수 있도록 작성하여 사용하는 것이 좋다. 부적합 보고서 작성시 몇가지 유의할 사항은 다음과 같다.

부적합 사항을 기술할 경우 피심사부서의 인명을 표기하지 않아야 한다. 부적합사항으로 인하여 업무담당자나 업무와 관련된 자가 불리한 평가를 받을 수 있기 때문이다.

피심사자 확인란은 가급적 피심사부서의 총괄 책임자의 서명을 받는 것이 좋다. 피심사부서에서 확인서명을 기피한다면 서명을 받지 않아도 된다. 자칫 심사활동을 마무리하기 어려워지며 나머지 심사활동에 지장을 줄 수 있기 때문이다. 또한 피심사자 확인란에 서명한 사람이 부적합 사항을 야기시킨 사람과 다르다는 사항을 사전에 주지할 필요가 있다.

〈도표 5-4〉 부적합 보고서 작성 예시

<table>
<tr><td colspan="6" align="center">부적합 보고서</td></tr>
<tr><td align="center">심사명</td><td colspan="5">□ 정기적 내부심사　□ 사후관리 심사 대비　□ 갱신 등록대비 심사</td></tr>
<tr><td align="center">대상부서</td><td colspan="5" align="center">시민과</td></tr>
<tr><td align="center">적용규격
또는 요구사항</td><td colspan="5">1. 품질행정매뉴얼 제○장 제○조
2. 품질행정절차서 제○조</td></tr>
<tr><td align="center">부적합 사항</td><td colspan="5">품질행정매뉴얼 제○장 제○조 규정과 품질행정 절차서 제○조에 따르면 ○○○ 업무는 유기한 민원업무로서 유기한 민원의 연장처리는 관리대장에 기록하기로 되어 있으나, 시민과에서는 2001. 8월부터 10월까지 45건의 ○○○업무를 처리함에 있어 유기한 민원 15건의 연장 처리사실을 관리대장에 누락하였음.</td></tr>
<tr><td align="center">관련문서</td><td colspan="5">○○○ 문서 처리대장</td></tr>
<tr><td align="center">부적합 판정</td><td colspan="2" align="center">□ 경부적합</td><td colspan="3" align="center">□ 중부적합</td></tr>
<tr><td align="center">심사원</td><td colspan="2">성명 : 김심사　서명 김심사</td><td colspan="3">심사일자 2001. 10</td></tr>
<tr><td align="center">심사반장 확인</td><td colspan="2">성명 : 김반장　서명 김반장</td><td colspan="3">확인일자 2001. 10</td></tr>
<tr><td align="center">피심사자 확인</td><td colspan="2">부서명 : 시민과</td><td colspan="3">성명 : 김시민　서명 김시민</td></tr>
<tr><td rowspan="2" align="center">시정조치</td><td colspan="5"></td></tr>
<tr><td>작성자</td><td>직위 :</td><td>성명 :</td><td>서명</td><td>일자 :</td></tr>
<tr><td rowspan="2" align="center">시정조치
결과 확인</td><td colspan="5">□ 조치완료

□ 미완료</td></tr>
<tr><td>확인자</td><td>직위 :</td><td>성명 :</td><td>서명</td><td>일자 :</td></tr>
</table>

※「피심사자 확인」은 「확인자」, 「피심사부서확인」, 「검증자」 등으로 변경하여
　사용하는 방법도 바람직하다.

2. 심사결과 보고서

2.1. 심사결과의 종합 검토

심사결과의 보고는 종합적으로 이루어진다. 피심사부서의 모든 심사결과를 종합하여 검토한다.

내부심사결과를 종합적으로 검토할 때에는 품질행정시스템 전체에 대한 효과성을 판단하고 나서 세부적인 부분까지 검토를 하는 방법이 있다. 그와는 반대로 각 부분별로 시스템과 담당하고 있는 프로세스의 효과성을 판단한 다음 이러한 부분을 모아 전체적인 입장에서 품질행정시스템의 효과성을 판단하는 방법이 있다.

결과적으로는 시스템이 전체적으로 ISO 9001 요구사항을 충족하여야 하며 품질행정 개선 및 효과성을 제고하는 데 유용하여야 한다.

2.2. 심사결과 보고서

심사결과 보고서에는 다음과 같은 내용이 포함되어야 한다.
○심사일자
○심사구분(정기 심사, 인증대비 심사, 사후관리 대비 심사, 갱신 심사대비)
○심사팀
○심사범위 및 목적
○심사결과 총평(품질행정시스템 전체적인 입장에서 판단)
○부서별 평가
○시스템의 유효성 평가
○부적합 사항의 평가 및 시정조치계획
○부적합 해결방안에 대한 조언 등

심사결과 보고서를 작성하는 데는 별도의 규정된 서식은 없다. 부서의 특성에 맞게 보고서를 작성하면 된다.

심사보고서를 작성하는 데 피해야 할 사항이 있다. 이는 심사결과 보고서를 작성할 때 꼭 지켜야 하며 심사결과 보고서로 인한 부작용의 발생을 방지하기 위한 것이다.
○심사자는 부적합 보고서와 관련하여 부서는 언급할 수 있되 부적합 사항을 발생시킨 특정한 직책이나 이름은 언급하지 않아야 한다.
○기밀사항은 기술하지 않는다.
○보고서는 단지 사실만을 반영하되 주관적이거나 감정적인 표현은 금한다.
○사전에 피심사자에게 고지되지 않은 사항은 기술하지 않는다.

3. 관찰보고서 작성

관찰사항이라 함은 심사기간동안 발견된 사실 및 객관적 증거로 사실화된 내용과 부적합 사항을 아니지만 피심사자에게 도움이 될 수 있는 내용이다. 관찰보고서는 보통 심사보고서의 한 부분으로 구성되어 보고된다. 관찰사항으로 다음과 같은 것이 있다.
○현재는 부적합 사항은 아니지만 부적합으로 진행될 수 있는 사항
○개선에 관한 사항
○환경, 안전에 관한 사항
○기타 보고 및 공지할 필요가 있는 사항 등

제4절. 후속조치

1. 내부심사 후속조치

내부심사 후속조치는 시정조치 및 예방조치 절차에 따라 실행하고 기록을 유지한다.

2. 시정조치 요구

심사 주관부서에서는 부적합 사항이 발생한 부서에 발견된 부적합 사항에 대한 후속조치로써 시정조치를 취하도록 조치한다.

3. 시정조치의 수행

시정조치 요구를 받은 부서는 적정한 시정조치를 취한다. 시정조치는 일반적으로 임시조치와 근본적인 조치가 있을 수 있다. 이는 심사자와 부적합이 발생된 부서에서 판단할 사항이나 우선적으로 임시조치가 이루어지고 나면 근본적인 조치를 취하여야 한다.

시정조치는 다음과 같은 절차를 거치는 것이 효과적이다.

① 부적합의 근본원인에 대한 조사가 필요하다. 이는 시정조치의 핵심이며, 부적합을 조치하고 이후 절차에 대한 기본적인 정보를 제공한다.

② 부적합과 유사한 부적합이 있는지 확인하고 유사한 부적합이 있는 경우 조치한다.

③ 부적합의 원인을 분석하여 동일한 부적합이 재발하지 않도록 조치한다.

④ 부적합 재발방지 조치의 효과성에 대하여 확인한다.

일반적으로 시정조치에 대한 효과성 확인은 다음 심사에는 확인이 필수적이다. 일반적으로 시정조치 요구서와 시정조치 결과서는 부적합 보고서와 통합하여 사용하는 것이 효과적이다.

4. 시정조치의 완료

시정조치가 완료되면 심사반이 직접 확인하거나 자체적으로 처리하고 그 결과를 심사 주관부서로 통보한다.

시정조치사항에 대해서는 다음의 내부심사 또는 품질행정 종합진단시 검토되어야 한다.

제3장. 품질행정의 개선 전략

제1절. 품질행정시스템의 개선 과정

1. 품질행정시스템의 개선 요구

품질행정시스템의 개선은 품질행정의 구축 단계에서부터 시작되며, 다른 품질관리의 원칙[51]을 포함한 일종의 과정을 필요로 하고 있다. 이와 같은 과정은 프로세스를 기반으로 품질행정시스템의 구체적인 실행과정이 될 수 있다.

개선은 개선대상을 결정하고 나서 개선과정으로 이행하는 것이다. 개선의 결과와 계획한 결과의 차이(Gap)가 좁혀져 일치할 때 개선은 성공적이고, 이러한 상태로 진행해 나가는 것이 개선활동이다.

품질행정시스템이 초기 구축에는 성공하였을지라도 지속적으로 효과성을 발휘하고 행정조직에 뿌리내리는 데 가장 중요한 것은 지속적 개선을 위한 과정을 활동이 요구된다.

〈도표 5-5〉는 그림은 품질행정시스템의 지속적인 개선을 위한 과정이다. 자체진단→목표설정→계획수립→인식 및 교육 →개선→평가의 단계는 어느 조직이나 업무활동에 공통으로 적용되는 과정이다. 이와 같은 과정은 꼭 고정적으로 진행되는 것은 아니다. 몇 개의 단계는 통합되어 진행될 수 있으며, 필요에 따라 어떤 단계는 좀더 세분화되어 진행될 수 있다.

---

51) 고객만족·지속적인 개선·조직원에게 책임과 권한 부여는 품질관리의 기본 원칙임.

각 단계에 있어 환류(Feed Back)는 반드시 마지막 단계인 검토 및 평가 후에 새로 시작되는 자체진단 단계로 진행되어야 하는 것은 아니다. 각 단계에서 발견된 개선할 점은 필요한 단계에서 적절히 반영되고 적용되어야 한다. 즉 모든 단계에서 발견된 개선할 점은 개선과정에 있어 목표나 계획의 수정을 요하며, 개선의 과정에 필요한 때에 반영되어야 한다.

또한 이 모든 단계에서 품질행정에 대하여 조직원들의 수준을 제고시키고, 조직원들의 광범위한 참여를 바탕으로 지속적으로 개선과정을 진척시켜 나가야 한다.

<도표 5-5> 품질행정시스템의 개선과정

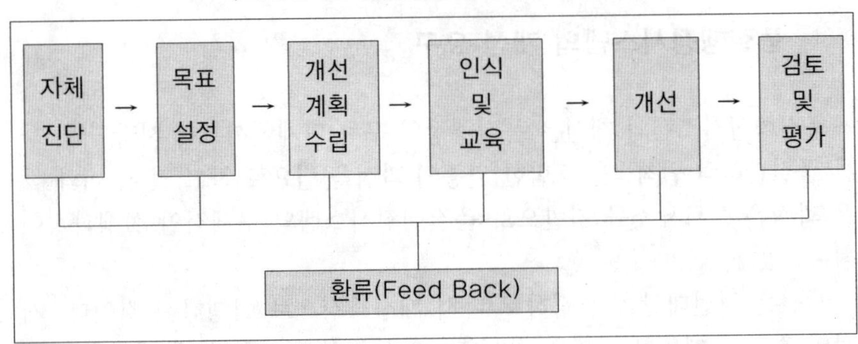

2. 단계별 추진 사항

2.1. 자체진단

행정진단, 시정조치 및 예방조치 또는 품질행정을 추진하는 과정에서 품질행정시스템의 효과성 개선을 위한 진단이 필요하다. 진단은 조사, 관찰, 벤치마킹, 성과 자료 등을 분석하여 무엇을 개선해야 할지에 대하여 결정한다.

개선대상은 「목표한 상황 또는 바람직한 상황과 현재의 상황에 차이가 발생한 프로세스」이다. 개선대상을 결정하고 나면 개선할 수 있는 가능성이 가장 높은 개선방법을 확정한다. 즉 개선의 대상은 개선 또는 추진 필요성이 크고 달성 가능하여야 하며, 개선의 방법이 구체적이어야 한다.

개선대상은 전체의 시스템별로 또는 각각의 프로세스별로 파악할 수 있다. 개선대상을 결정할 때에는 모두가 개선대상으로 선정하는 것보다는 품질에 가장 영향이 많이 미치는 개선대상을 우선 순위로 결정하여 개선해 나가야 한다. 품질행정에 있어 행정서비스마다 품질이 다른 특성을 가지고 있기 때문에 개선의 대상은 행정서비스별로 차별화되는 것이 바람직하다.

2.2. 목표설정

개선대상이 확정되면 개선의 목표를 설정한다. 목표달성은 단순히 목표를 달성하는 데 목적이 있는 것이 아니라 행정시스템을 개선하는 데 목적이 있는 것을 간과해서는 안 된다.

행정서비스 품질의 목표는 「조직이 달성해야 할 임무를 구체화한 것」으로 정의할 수 있다. 목표는 의도적으로 달성하고자 하는 것만을 의미하며 상황변화에 따라 자동적으로 또는 우연히 개선된 것은 목표로 될 수 없으며 성과 측정의 대상이 되지 못한다.

목표의 조건으로는 다음과 같은 조건을 충족하여야 한다.

① 측정 가능하도록 계량화하여야 한다. 측정 가능한 목표는 목표달성의 정도를 확인할 수 있고, 목표달성을 위하여 참여하는 공무원들의 노력과 경쟁을 촉진한다.

② 구체적이어야 한다. 추상적인 목표가 아닌 현실적으로 실현 가능한 목표이어야 한다.

③ 절대적이어야 한다. 행정서비스의 품질에 절대적으로 영향을 미치는 사항은 반드시 개선되어야 한다.

④ 적시성이 있어야 한다. 시기적으로 적절하여야 한다.

⑤ 필요한 경우, 연관된 조직의 합의가 있어야 한다.

이와 같은 목표의 조건은 〈도표 5-6〉과 같은 형태로 표시될 수 있다.

목표는 상황에 따라 항상 가변적이어야 한다. 상황이란 사회적 요구, 법규적 요구 등 제반 요구사항을 포함하는 개념이다. 목표가 달성되기 전에 계획의 변경 등으로 인하여 추진이 종료되거나 중대한 사항이 발생하였을 경우에는 목표가 수정되어야 한다.

<도표 5-6> 목표 개념의 예시

개념별	예　　　　시
산출량 개념	상수도 정수량을 1일 5백만톤 정수
서비스 수준 개념	신청자 대기시간을 5분 이내로 단축
서비스 질의 개념	이용자 불만 신고를 1% 이내로 단축,
생산성 개념	서비스 단위단 소요비용(생산비용)을 전년대비 20% 감축
예산 개념	동일사업을 시행하는데 예산 5%를 절감(목표를 달성하면서 예산 절감)
효율성 개념	도로 km당 건설비 5% 절감, 실업률 1% 감소
효과성 개념	자동차 주행속도 20km/h 향상
기한 개념	2002년 12월 31까지 완료

2.3. 개선계획 수립

계획은 해야 할 일의 행동지침과 구체적 수단을 제시한다. 개선의 대상으로 결정되면 개선계획을 수립하게 된다. 개선계획에는 개선 대상별로 개선목적 및 개선목표, 필요성, 방법, 인원·부서별 임무부여 및 교육, 개선 방법, 개선에 필요한 측정도구 결정, 소요예산, 일정·기한, 개선의 효과성 검토 및 평가 등이 구체적으로 기술되어야 한다.

개선 계획은 가급적 단순하고 구체적이어야 한다. 또한 읽는 사람의 입장에서 쉽게 이해될 수 있도록 작성하여야 하며, 현장 상황과 차이가 있어서는 안 된다.

개선계획은 보통 「개선계획서」라는 문서의 형태로 나타난다. 계획은 책임이 있는 자에 의해 검토되고 승인되어야 한다.

개선의 결과는 시정조치, 예방조치와 일관성 있는 프로세스로 운영되는 것이 바람직하다.

2.4. 인식 및 교육실시

어느 조직에 새로운 업무가 부여되거나 시스템에 변화가 생기면 조직 내부로부터 저항이 발생하게 된다. 품질행정시스템의 도입과 운영에 있어서도 마찬가지이다. 품질행정을 바탕으로 고객이 만족하는 행정서비스를 제공하기 위해서는 행정기관장의 의지를 실현할 수 있도록 공무원들의 참여가 요구된다.

공무원의 전원참여는 품질행정에 대한 올바른 인식과 노력이 바탕이 되어야 한다.

품질행정시스템에 대한 공무원의 인식과 공감대 확대를 위해서는 무엇보다도 교육이 필요하다. 교육은 행정기관의 직장내 교육이나 위탁교육을 통하여 실시한다.

교육의 내용은 품질행정시스템을 운영목적, 품질행정을 통한 행정서비스 개선의 필요성, 품질행정시스템의 접근방법 및 적용방법, 효과성, 성과 그리고 품질행정시스템의 개선을 통하여 행정기관과 조직원에게 돌아가는 보상은 무엇인지 등이다.

2.5. 개선

계획한 바를 개선하고 필요한 경우 계획을 조정하여 개선목표를 달성해 나간다. 개선의 단계에서는 전원 참여를 바탕으로 개선과제별로 책임과 권한의 한계를 분명히 정하여 실행한다.

품질행정시스템을 하나의 프로그램 또는 적당한 해결책으로 여기거나, 개선이 부진한 대상에 대하여 일과성 또는 무관심으로 대처하지 않아야 한다. 또한 개선의 성과를 성급하게 기대하거나 필요한 투자를 간과하는 실수를 방지하여야 한다.

개선의 과정에는 효과성 개선을 위한 품질관리 도구를 활용하여야 한다. 품질관리 도구의 선택은 행정서비스의 특성에 따라 적정한 도구를 선택한다. 품질관리 도구를 통하여 품질행정의 시스템과 프로세스에 대한 이해, 의미 있는 측정, 정보의 분석 등에 도움이 된다.

2.6. 검토 및 평가

  계획된 주요 개선대상에 대한 진척상황을 검토하고 평가하는 단계이다. 검토된 사항이 평가에 바탕이 되므로 검토 및 평가는 같은 단계에서 이루어지는 것이 바람직하다.
  이 단계에서는 개선대상에 대하여 검토해야 할 사항은 다음과 같다.
  ① 개선대상 선정의 적정여부(개선의 필요성 및 효과)
  ② 개선에 소요된 투자의 적정성
  ③ 개선대상들 간의 우선 순위
  ④ 개선의 필요성에 대한 공무원들의 인식과 공감대
  ⑤ 개선에 필요한 고객만족 조사, 공무원들의 인식 조사의 적절한 실
     시 여부
  ⑥ 기타 평가에 필요한 사항 등
  평가의 주요 목적은 성과 측정, 피드백(Feed Back)에 필요한 요소 도출, 개선에 성공한 부서와 인원에 대한 적절한 보상이다. 성과는 계량화되고 계량화하기 어려운 사업에 대해서는 적절한 방법으로 표현되어야 한다. 적절한 보상은 조직원들의 개선에 대한 의욕과 참여를 촉진하는 데 필수적이다.

제2절. 품질행정 개선의 장애요인 극복

1. 자원의 한계

  품질행정을 성공적으로 운영하기 위해서는 운영에 필요한 자원[52]이 필요하다. 각각의 행정서비스 제공에 필요한 자원은 기존의 행정기관에서 운영하는 자원을 활용하게 된다. 그러나 자원은 한정되어 있고, 갈수록

---

52) ISO 9001 6.1항 참조

복잡·다양해지는 행정환경을 감안할 때 기본적인 행정서비스를 제공하기에도 부족한 실정이다. 그리고 고객의 요구는 지속적으로 높은 수준을 원하고 있다.

이러한 측면을 감안할 때, 자원의 배분에 있어서 고객이 만족할 수 있는 고품질의 행정서비스를 제공하기 위해서는 적정한 우선 순위에 입각한 배분이 필요하다. 자원이 충분하지 못하거나 자원을 투입하지 못하여 발생하는 잠재적인 영향을 확인해야 할 필요가 있다.

자원을 배분하고 우선 순위를 정할 때 고려할 사항은 다음과 같다.

① 품질행정시스템에 절대적으로 필요한가.

② 투입의 효과성이 미치는 영향이 얼마나 큰가.

③ 자원을 투입하지 않거나 투입한 자원이 부족할 때 미치는 영향은 얼마나 심각한가.

④ 자원을 투입하지 않아도 자연스럽게 개선될 수 있는가.

⑤ 특정한 부문에 투입하는 자원과 타 부문과의 투입된 자원의 형평성은 어떠한가.

⑥ 시기적으로 적절한가.

⑦ 기타 행정환경과의 연계성은 어떤가 등

2. 성과 평가 보상의 불합리

일반적으로 성과 평가 및 보상은 간혹 정상적인 경쟁을 벗어날 있다.[53] 잘못된 성과 평가가 조직원들의 사기를 저하시키고, 형평성의 문제를 야기하여 부적절한 영향을 조직에 끼치게 된다. 당초의 목적대로 조직원의 동기를 부여하고 창의력을 신장시키는 데 방해 요인이 된다.

이러한 영향은 행정시스템에 있어서 근본적인 구조와 공무원의 행태에 대한 연구가 부족한 상태에서 나타나기 쉽다. 이는 성과에 대한 원인에 대하여 검토 없이 일부는 보상을 받고 일부는 보상을 받지 못한다.

---

53) 성과 지향보다는 경쟁의 순위에 치중하는 경향 등이 대표적인 사례임.

우수한 공무원이라도 그들이 기여한 서비스에 대하여 보상을 받지 못하는 경우가 발생된다. 이는 성과평가 및 실적기반을 결정하는 데 있어 프로세스와 같은 구조적인 개선보다는 최종성과를 강조하기 때문이다. 품질행정시스템의 개선의 목적은 고객이 만족할 수 있는 행정서비스를 제공하기 위한 시스템을 개선해나가는데 역점이 주어져야 한다는 점을 간과하기 때문이다. 따라서 성과 보상은 시스템에 대한 개선, 공무원의 참여 제고, 프로세스의 문제점의 원인을 찾아내어 이를 개선한 공무원에게 보상이 집중되어야 한다.

3. 하향식 의사결정 구조

행정조직의 업무 행태와 의사결정 구조는 지극히 하향식이다. 의사결정에는 관련된 공무원의 참여와 1차 업무 수행자[54]에 대한 권한의 적정한 부여가 우선적으로 이루어져야 한다. 권한의 하향 조정은 업무를 직접 처리하는 공무원에게 권한을 부여함과 동시에 이에 상응하는 책임을 지우는 것이다. 이는 품질행정에 있어서도 마찬가지이며 그 결과는 행정의 프로세스 개선과 품질행정을 통하여 고품질의 행정서비스를 제공하는 데 기여하게 된다.

권한의 부여 내용으로는 문제해결과 의사결정에 대한 권한 부여, 장애의 제거, 프로세스 개선, 정보의 공유 등 여러 가지가 있다. 이러한 의사결정구조는 법률의 개선보다는 행정기관 자체의 책임과 권한을 규정하는 「위임전결규정」의 개선이 필요하다.

4. 목표관리제

목표관리제는 행정시스템의 개선보다는 성과위주의 측정을 목표로 하고 있다. 목표관리제는 행정기관에서 부서별로 공무원들이 1년간 추진할 목표를 설정하고, 목표달성을 정기적으로 평가하여 인사에 반영함으로써

---

54) 사무관리규정에 의한 기안자, 의사결정 구조의 맨 하위 계층의 실무자 등을 지칭함.

성과와 실적중심의 운영체제를 발전시켜 나가는 제도이다. 이 제도의 가장 근본적인 문제점은 성과개선에 한계가 있으며, 업무 수행자의 능력이나 의지에 따라 성과가 달라질 수 있다는 취약점을 가지고 있다. 따라서 목표관리제의 목적은 시스템의 개선을 통한 목표달성으로 전환되어야 한다.

목표는 일시적으로 많은 투입을 바탕으로 하여 달성하는 것이 아니라 일관적으로 목표를 달성할 수 있는 시스템을 구축하고 개선하는 데 역점을 두어야 한다. 따라서 목표관리제는 단순히 목표달성에 치중하여 평가하는 것보다는 시스템 또는 프로세스 개선을 통하여 성과를 개선하도록 유도하고 평가는 프로세스나 개선에 초점을 맞추어 나가는 것이 바람직하다.

5. 변화에 부적응

기존의 시스템에 변화가 오게 되면 공무원들의 부담은 높아지며, 적응하는데 시간이 걸린다. 또한 쉽게 적응하기 어려운 공무원들로부터 발생되는 거부감은 행정업무를 수행하는데 큰 장애 요인이 된다. 이는 전원 참여라는 품질행정시스템의 개선에 기본 원칙에도 배치된다.

변화에 적응하지 못하는 공무원에 대해서는 교육과 인식의 공감대를 변화에 적응할 수 있도록 행정기관의 적극적인 노력이 필요하다. 또한 품질행정시스템의 성과개선에 따른 적절하고 타당한 보상은 변화에 적응하지 못하는 공무원에게 동기부여의 수단이 되며, 참여의 촉진을 유발한다.

6. 기타

행정서비스 제공에 필요한 정보의 공유 부족, 부서간 이기주의, 행정처리절차의 불확실성 및 정보 부족 등은 품질행정을 개선하는 데 장애요인이다. 이러한 장애요인은 시스템의 개선, 프로세스의 구체화 등을 통하여 개선할 수 있다.

제4장. 품질행정시스템의 지속적 개선을 위한 통계적 기법

제1절. 필요성

품질행정은 행정서비스 제공에 필요한 프로세스의 효과성 및 효율성을 향상시키기 위한 지속적 개선을 추구하여야 한다. 이와 같은 지속적 개선을 위하여 필요한 수단이 통계적 기법이다.

통계적 기법은 개선을 위한 혁신 프로젝트의 실행이나 일반적인 개선 활동에 매우 유용하다. 그러나 통계적 기법들이 모든 상황에 적절하게 사용될 수 있는 것은 아니다. 통계적 기법들을 품질행정에 적용함으로써 프로세스에 대한 이해와 의미 있는 측정, 그리고 정보의 분석, 구상화, 이해 등에 도움을 받을 수 있다.

제2절. 종류

1. 검사표(Check Sheet)

1.1. 특성 및 용도

검사표는 계량적인 분석이 가능한 간단하고 표준화된 형태로 신속하게 자료가 수집될 수 있는 검사항목들의 목록을 제공한다. 분명하고 객관적인 사실 획득을 위한 목적으로 다양한 자료를 체계적으로 수집할 때 효과적으로 사용된다. 문제와 원인을 파악하는 것보다는 자료를 수집하여 분석하고 유용하게 정리하는 데 검사표가 사용된다. 또한 검사표는 여러 개의 결함이 있는 항목, 결함이 발생한 장소 그리고 결함의 원인에 대한 자료를 수집하는 데 자주 사용된다.

1.2. 작성요령

검사하고자 하는 정보의 범주를 구분하고 표준화된 형태로 수집한 자료를 나열함으로써 검사표를 만든다. 다음과 같은 사실확인을 위한 질문들을 함으로써 범주를 결정한다.
　○무슨 일이 발생하는가?
　○담당자는 누구이며 책임을 지는가?
　○어디서 발생하였는가?
　○인제 일어나는가?
　○어떻게 일어나는가?
　○얼마나 많이 또는 얼마나 오랫동안 발생해 왔는가? 등
　검사표는 유용하고 많은 형태의 자료를 수집하기 위해 설계되어야 한다. 따라서 검사표를 작성하고 검사할 경우 「왜」라는 질문을 하여서는 안 된다. 그렇게 되면 문제가 존재하는지 여부와 그 문제가 무엇인지를 결정하려고 노력함과 동시에 원인을 찾게 되기 때문이다.
　조사항목은 수정해도 된다. 검사표를 설계하기 전에 자료를 대충 수집하는 것도 도움이 된다. 작은 표본을 이용하여 적절한 항목을 결정할 수 있다. 검사표는 누가, 어디서, 언제 그리고 어떻게 자료를 수집했는가를 명확하게 나타내야 한다.
　표본에서는 자료가 수집된 모집단 역시 명시되어야 한다.

1.3. 품질행정 적용 사례

　〈도표 5-7〉은 간단한 검사표의 예이다. 문서시행문의 오류사항을 조사하기 위하여 일정기간 동안 무작위로 표본을 조사하였을 경우이다. 이

와 같은 자료를 정리하여 파레토 챠트 또는 히스토그램 등을 그릴 수 있다. 또한 개선조치를 시행하였다면 파레토 챠트를 통해 개선효과를 확인할 수 있다.

<도표 5-7> 검사표 예시

시행문 오류사항 검사표
(3회차 2001. 10. 10일)

○검사대상 : 외부 발송시행문   ○검사기간 : 2001. 10. 8~10. 10(3일간)

○검사 방법 : 표본 조사   ○표본의 크기 : 1일 30건

○검사자 : 000   ○검사 장소 : 문서처리실

오류사항	당일 오류수	누 계
시정구호 기재 안함	2	6
공개 여부 미결정	4	13
발송일자 미기재	1	4
문서심사 미필	6	15
문서보존 기간 미기재	8	21
담당자 성명 미기재	3	8
문서 매수 표시 미기재	9	17
문서항목 번호 규정사항 미이행	1	3
계	34건	87건

2 막대 도표(Bar Chart)

2.1. 특성 및 용도

막대 도표는 막대의 길이로써 양적인 비교를 보여준다. 예를 들면 사건의 빈도수, 각각 다른 행정서비스를 제공하는 데 소요되는 비용 등 양적인 비교에 유용하다. 막대들은 수평과 수직의 두 가지 형태를 취할 수 있다.

막대 도표는 시계열 도표(Time Line Chart)와 함께 자료를 나타내는 데 가장 흔하게 쓰이는 방법 중에 하나이다. 시계열 도표는 두 가지 주목할 만한 점에서 막대 도표와 다르다. 분명한 차이점은 막대 그래프는 높이를 나타내는 기둥을 사용하는 반면에 시계열 도표는 자료가 나타내는 점들을 선으로 연결한다는 것이다. 시각적으로 봤을 때 막대 그래프는 다양한 높이의 막대 기둥 사이의 차이점(또는 유사점)을 강조한다. 반면 시계열 도표는 시간의 경과에 따른 변화의 방향을 강조한다.

두 번째 차이점은 시계열 도표의 수평축의 구분은 시간(양적인) 간격인데 비해, 막대 그래프의 수평축의 구분은 명목적인 항목들이다.

2.2. 작성 요령

자료를 표시하는 모든 그래프 양식과 마찬가지로 막대 도표 역시 한눈에 무엇을 나타내는지 알 수 있다. 분석해야 하는 자료가 많아질수록 그래프의 중요성도 커진다. 막대 도표는 도표 비교를 보기 쉽게 해준다.

막대 도표는 만들기 위해서는 다음과 같은 과정을 따라야 한다.

① 필요하다면 검사표에 원자료를 수집한다.

② 항목들(보통 숫자보다는 단어)을 수평축 아래에 나열한다. 순서는 내림차순이 되든 어떤 것이든 간에 이치에 맞는 것이면 된다. 모든 항목들에 이름을 붙인다.

③ 왼쪽에 수직 눈금을 정하기 위해 자료값 가운데 가장 높은 수치와 가장 낮은 수치를 찾는다. 그리고 눈금이 두 값을 포함하기에 충분할 정도로 넓은지 확인한다. 눈금과 간격을 표시한다.

④ 각각의 항목의 양을 결정하고 이에 따라 막대를 그린다. 일반적으로 막대들은 서로 겹치지 않는다.

반대로 막대 도표는 다른 연도 또는 다른 모집단에서 수집된 자료를 비교할 수 있다.

⑤ 막대 도표에 그 성격을 기술하는 제목을 붙인다. 다른 형태나 색깔이 무엇을 나타내는지 범례에 표시한다.

2.3. 품질행정 적용 사례

〈도표 5-8〉 막대 도표 예시

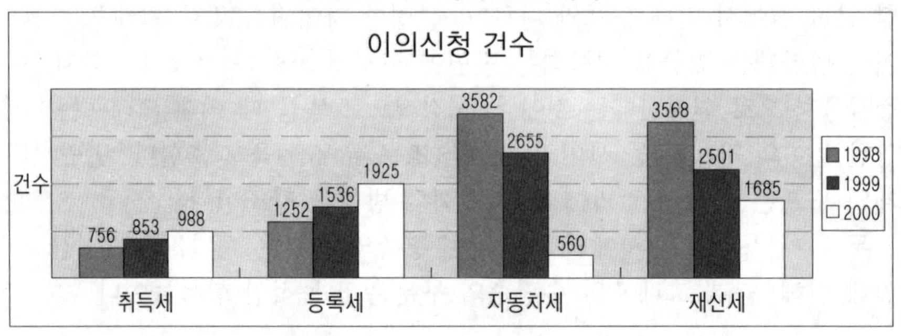

〈도표 5-8〉은 막대 도표의 예이다. 우선 부과되는 세금들의 이의신청 현황을 시각적으로 한눈에 알아볼 수 있다. 우선 취득세와 등록세의 이의신청 건수는 꾸준히 늘어나고 있는 반면에 자동차세와 재산세의 이의신청 건수는 현저하게 줄어들고 있는 경향을 볼 수 있다. 이와 같은 막대 도표를 바탕으로 원인을 분석하거나 경향을 분석하는 데 도움을 줄 수 있다.

예를 들면 원인을 조사한 결과 취득세와 등록세는 세금과표 산정에 대한 민원인의 불만과 과세 물건의 증가에도 기인하지만 전산처리시 모든 항목을 일일이 입력하면서 작업자의 오류도 한 몫을 하고 있다는 것이 원인이 될 수 있다.

반면에 자동차세와 재산세의 경우 기존의 입력된 정보와 자료를 근거로 세금이 부과된다는 사실과 전산처리의 프로그램 갱신으로 이의신청 건수가 현저하게 줄어든 것으로 판단할 수 있다.

3. 특성요인도(Cause-and-Effect Diagram, Fishbone Diagram)

3.1. 특성 및 용도

특성요인도는 결과(문제)와 그것의 잠재적 원인 사이의 관계를 그림으로 나타내는 것이다. 이것은 전략회의, 과정 검사 그리고 기획활동에서 유용한 도구이다.

특성요인도의 작성과정은 문제에 대해 사고를 자극하고 생각들을 논리적인 전체로써 조직화할 수 있게 도와주며, 토론과 의견 표출을 조장한다. 특성요인도는 문제에 대한 이해를 재현하며 이해의 확장을 유발하는 틀을 제공한다.

특성요인도는 현존하는 문제와 거기에 영향을 미치는 요인들, 달성하고자 하는 장래의 산출물과 그것과 관련된 요인들 또는 과거나 현재, 미래에 일어났던 사건들과 그것의 원인이 되는 요인들 사이의 관계를 포함한 다양한 주제를 탐구하는 데 사용될 수 있다.

특성요인도는 품질관리 분석 집단들이 모든 가능한 원인이나 항목들을 완전히 확실하게 조사하는 데 도움을 준다. 더 중요한 것은 집단들이 따라야 할 과정을 제공해 준다는 것이다. 그리고 특성요인도는 집단의 주의를 보다 구체적인 것으로 모아준다. 즉 모든 사람이 볼 수 있고 다소 일관적인 태도로 해석할 수 있는 것에 관심을 두게 하는 것이다.

3.2. 작성요령

특성요인도를 만들기 위해서는 다음과 같은 과정을 따라야 한다.

① 결과 또는 현 상황을 가능한 한 분명하게 정의한다. 새로운 자료를 수집하면 언제든지 되돌아가서 수정할 수 있다.

② 원인에 대하여 전략회의를 시작하고 특별한 순서 없이 원인들을 플립 챠트(Flip chart)[55]에 기록한다. 집단에서 아이디어가 고갈되면 목록이 나타내는 항목과 유사점들을 찾는다. 이 주요 항목들 또는 주제들은 큰 뼈대가 된다.

③ 많은 아이디어를 도출해 내기 위해 「왜?」라는 질문을 계속한다. 그 대답이 더 이상 의미가 없다고 생각되면 거기서 멈춰도 좋다.

④ 주요 뼈대를 그리고 이름을 붙인다. 세 개, 네 개, 그 이상의 주제들을 정해도 된다. 도움이 된다면 일반적인 항목들(사람, 방법, 재료, 기계)을 사용한다.

---

55) 강연이나 프리젠테이션에서 한 장씩 넘겨서 사용할 수 있도록 작성된 도해용 카드

⑤ 적절한 큰 뼈대 아래 전략회의에서 도출된 목록에 기입된 원인들을 작은 뼈대로 기입한다.

⑥ 전략회의에서 나온 원인들로부터 다른 원인을 생각해 내도록 한다. 집단 구성원들은 그들이 생각해 낼 수 있는 가능한 한 많은 잠재적인 원인들을 추가할 수 있도록 장려한다. 구별된 각 원인에 대하여 「무엇이 이것을 초래하였는가?」를 질문한다.

⑦ 집단 구성원들로 하여금 그들이 결과에 기여한다고 믿는 원인들을 강조한다. 〈도표 5-9〉에서는 행락객이 음식을 가져와서 취사하는 행위와 민간단체의 참여가 형식적이라는 점이 가장 높은 원인으로 동그라미로 표시하였다.

⑧ 원인을 검증하기 위하여 이를 뒷받침하거나 반대할 수 있는 자료들을 수집할 필요가 있다.

⑨ 가장 중요한 원인들에 대해 조사한다.

⑩ 원인들을 줄이거나 제거, 통제한다.

3.3. 품질행정 적용 사례

〈도표 5-9〉 특성요인도의 예시

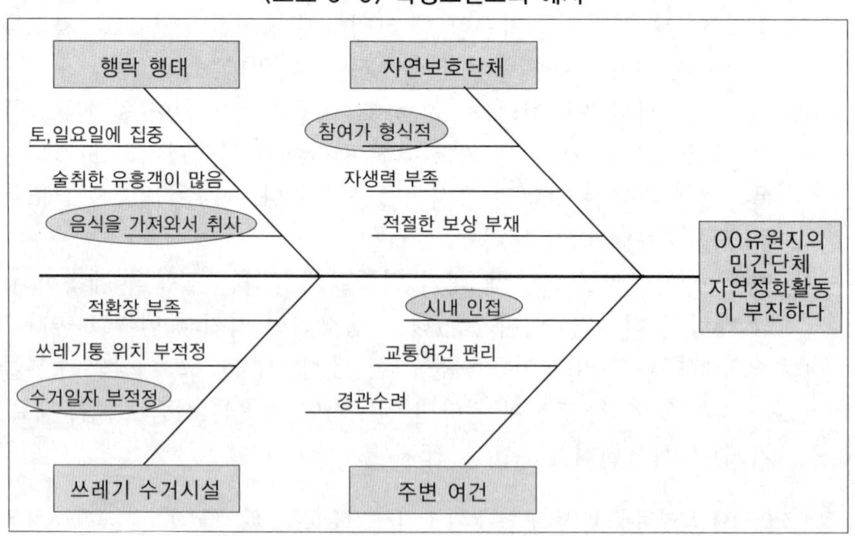

<도표 5-9>는 어느 유원지의 민간단체의 자연정화활동이 부진한 원인과 결과를 특성요인도로 그린 것이다. 문제 또는 결과는 도표에서와 같이 오른쪽 상자(생선의 머리)에 나타난다. 왼쪽은 생선의 가시들로서 원인들이 항목들로 조직화되어서 나타난다. 항목들은 단어나 수치자료들이다. 따라서 각 요인별로 원인이 되는 비율(전체에 차지하는 원인이 되는 비율)을 결정할 수 있게 되며 원인별로 향후 대책의 강도 및 자원의 투입 정도를 결정할 수 있게 한다.

<도표 5-9>에서 문제 또는 결과는 ○○유원지의 민간단체 자연정화 활동이 부진하다는 것이다. 이 문제를 일으키는 네 가지 주요 요인들은 행락 행태, 쓰레기 수거시설, 주변여건 그리고 자연보호단체이다. 이 예에서 네가지 요인들은 뼈의 주요 항목이 되고 나머지 세부적인 요인들에 따라 문제의 심각성과 해결대책의 정도를 결정하게 된다.

4. 관리도(Control Chart)

4.1. 특성 및 용도

관리도는 프로세스의 본질적인 능력을 이해하고 변이의 특별한 원인들을 제거함으로써 프로세스를 통제하고, 통계적 관리하에 있는 프로세스를 함부로 변경하는 것을 막으며, 개선을 위한 프로세스 변화의 결과를 감시하도록 도와준다.

관리도는 일종의 꺾은선 그래프로서 세로축에는 특성값을, 가로축에는 시간 또는 관측 차례를 나타낸다. 관리상한선과 관리하한선 그리고 중심선을 그어 특정한 계측값을 표시한다. 이러한 계측값이 관리상한선과 관리하한선 내에서 어떻게 변화하는지 살펴봄으로써 프로세스나 특성이 원하는 관리의 범위내에 있는지를 살펴볼 수 있다.

관리도는 일상적인 산출물을 가지고 프로세스의 성과를 감시하는 데 사용된다. 이것은 현재 진행되고 있는 프로세스를 그림으로 나타내며, 다음과 같은 네 가지 개념에 근거한다.

① 모든 프로세스는 시간에 따라 변동한다.

② 프로세스상의 개개의 점들은 예측 불가능하다.

③ 안정적인 과정은 무작위적으로 변동하고, 안정적 과정에서 추출된 점의 집단들은 예측 가능한 경계안에 위치하는 경향이 있다.

④ 불안정한 과정은 무작위적으로 변동하지 않으며, 이러한 변동들은 일반적으로 정상적인 운영의 범위 밖에 있다.

관리도는 시간 변화에 따라 수집된 자료를 나타내고 있으며, 자료의 계산된 변이도를 보여주고 있다. 관리도는 평균(X), 범위(R), 결함의 수(PN), 결함의 비율(P), 변동 단위별 결함(U)과 고정 단위별 결함(C)에 있는 변이를 나타내는 데 사용된다.

관리도를 이용하면 프로세스의 예측가능한 측정치(변이의 공통원인 Common cause of variation)들과 예측불가능하고 특별한 원인 (Special cause)에 의해서 나타난 측정치들을 구별할 수 있다.

관리 상하한계선(upper and lower control limits : UCL and LCL)들은 특정한계선(Specification limits)과 혼동하지 않아야 한다. 관리한계선 평균들은 과정의 자연스런 변이를 묘사한다. 즉, 한계선 내에 있는 점들은 일반적으로 정상적이고 기대된 변이이다. 반면, 한계선 바깥의 점들은 과정에 내재된 체계적 변이의 이외의 것일 수 있기 때문에 각별한 주의를 요하는 일이 발생했다는 것을 나타낸다. 한계선 밖에 있는 각각의 점들은 그 원인이 밝혀져야 한다.

관리도를 사용하는 데에는 수많은 고려할 점들이 있다.

첫째, 관리도에서 프로세스가 통계적으로 안정적이고 모든 사건들이 한계 내에 위치한다고 하더라도 그 결과가 꼭 만족스러운 것은 아니다. 고객이나 이해관계자로부터 그들의 기대에 대한 정보를 얻을 필요가 있다. 관리자는 이 정보를 이용함으로써 관리도를 만들고, 상·하 관리한계를 설정하며, 그 결과를 해석하는 등에 있어서 도움을 얻을 수 있다.

두 번째, 각각의 모든 데이터가 관리한계 내에 있다 하더라도 그것이 모든 상황에서 적절한 것은 아니다. 관리한계 밖에 있더라도 정상적인 것이 있을 수 있다.

셋째, 관리도는 결과가 어떠해야만 한다는 데 대해 일반적인 합의가 있을 때만 효과적이라는 것이다. 예를 들어, 화재와 긴급구조 전화에 대해서는 더 빨리 반응하는 것이 좋다는 것이 일반적인 인식이다. 한편, 개발자들은 기획부서에서 빠른 조치를 해주기를 기대할지도 모르지만 관계가 있는 부서나 특정한 이해관계자는 더 느린 응답을 원할 수도 있다.

4.2. 작성요령

관리도를 만들기 위해서는 다음과 같은 기본적인 단계를 따라야 한다.
① 자료를 수집한다.
② 관리한계선(관리상한선과 관리한계선의 사이)을 결정한다.
③ 성과를 평가하고 설정된 관리한계선 밖에 있는 점들을 구별하기 위해 관리도에 자료를 나타낸다.
④ 관리한계선 밖에 있는 점들의 원인을 결정한다.
⑤ 관리한계선 밖의 원인들을 제거하고 감소시키는 방법을 찾아낸다.

4.3. 품질행정 적용 사례

■데이터 및 평균 조사

〈도표 5-10〉 소방서 화재출동 시간에 대한 데이터표 작성 예시

소방서명	1회	2회	3회	4회	평균응답시간(분)
A	23	29	32	28	28
B	31	34	39	40	36
C	38	37	40	41	39
D	33	42	38	41	38
E	40	41	44	43	42
					평균 36.6

■관리한계선 설정

소방서의 화재진압 차량의 출동시간은 가급적 빠를수록 좋을 것이다. 이 경우 관리하한선이 없을 수도 있다. 그러나 일반적으로 일반적인 수

준의 가장 빠른 시간대라고 인정하는 시간이 관리하한선이 될 수 있다.

가령 출동시간의 일반적인 목표를 30초에서 40초 사이라고 정하였다면 이 시간은 관리한계선이 된다. 관리상한선은 40초이며, 관리하한선은 30초가 된다.

■관리도 작성

〈도표 5-11〉 소방서 화재출동 시간에 대한 관리도 작성 예시

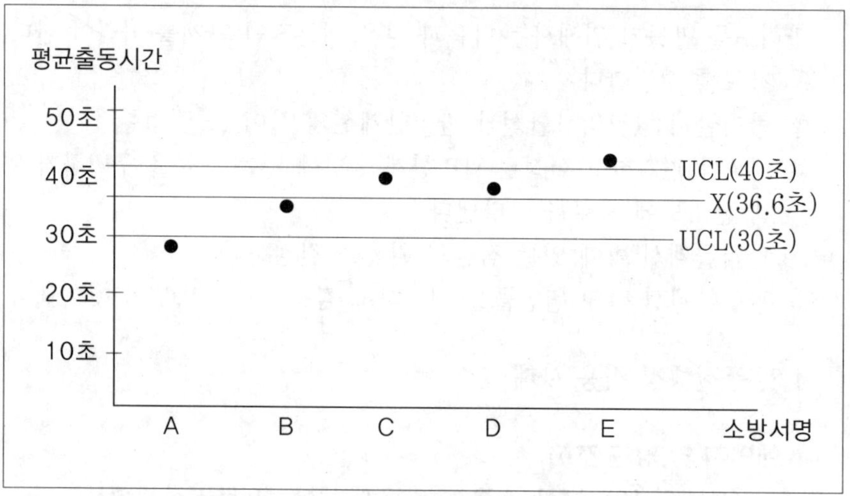

〈도표 5-10〉과 〈도표 5-11〉은 관리도 기법을 보여주고 있다. 이 예에서 각 소방서마다 네 번의 화재출동 시간을 측정하여 관리도를 통해 소방서의 화재출동시간의 평균을 분석하고 있다. 화재 출동상황은 신고를 접수하여 출동지령을 시달하고 화재 진압차량이 소방서를 떠난 시간을 대상으로 하여 변수가 없다고 가정한다.

〈도표 5-11〉의 그래프는 각 소방서가 규정된 성과 한계내에서 수행을 하고 있는지 여부를 나타내고 있다. 소방서가 한계의 바깥에 위치하면 그 이유를 결정하기 위해 조사할 필요가 있다. 관리하한의 아래에 위치하고 있는 A 소방서는 어떻게 하면 성과를 개선할 수 있는지에 대해 다른 소방서에 정보를 제공하거나 모형이 될 수 있을 것이다. 소방서 E는

관리상한의 위에 위치하고 있다.

이 챠트는 더 상세한 검토가 필요한 소방서를 조사하여 교정 조치에 우선권을 두거나 경향을 찾아내는 데 도움을 준다. 가령 조사결과 E 소방서의 건물 구조나 소방차량의 출입문의 위치, 또는 소방대원의 훈련에 문제가 있어 출동시간이 다른 소방서보다 더 느리다는 것을 발견할 수도 있을 것이다.

〈도표 5-12〉 유료도로의 차량 통행량 관리도 예시

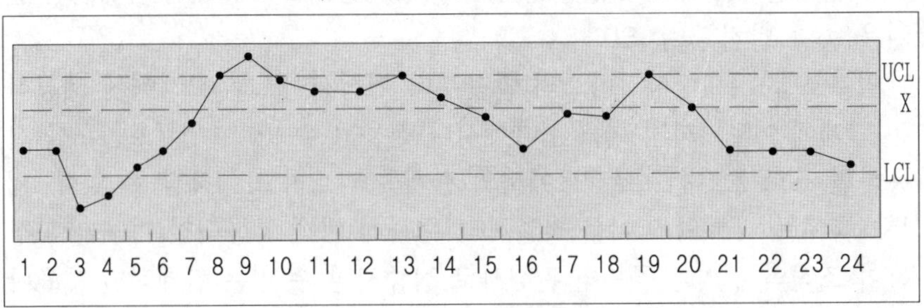

〈도표 5-12〉는 어느 유료도로의 매 시간당 차량 통행량을 관리도로 표시한 것이다. 관리상한계선(UCL)은 시간당 1,200대이며, 관리하한계선(LCL)은 시간당 400대이다. 평균(X)는 1,000대이다.

도로의 통행 등 관리 측면에서 판단할 때, 오전 9시대에는 관리상한계선으로 정한 시간당 교통량 1,200대를 넘었다는 것을 보여주고 있다. 이와 같은 시간대에는 교통소통을 위하여 무엇인가 조치를 취하여야 한다는 점을 시각적으로 확인할 수 있다. 또한 관리하한계선 아래인 3-4시대에도 관리인원 축소 또는 전광판을 이용한 교통안전 경고 확대 등 필요한 조치가 필요하다는 결론을 얻을 수 있다.

5. 업무흐름도(Flowchart)[56]

5.1. 특성 및 용도

업무흐름도는 행정서비스를 제공하는 프로세스의 단계들을 보여주는 도표이며 그림으로 나타낸 것이다. 이것은 프로세스가 실제로 어떻게 움직이는가를 결정하거나 보여주는 데 유용한 도구이다. 다양한 단계들이 프로세스 안에서 서로 연관되는 양상을 검사함으로써 문제의 잠재적인 원인을 종종 발견할 수 있다.

업무흐름도는 행정서비스의 발단부터 행정서비스를 고객에게 제공하는 단계에 이르기까지 어느 단계에서나 적용될 수 있다. 업무흐름도를 사용하면 프로세스나 프로젝트에서의 관계를 검토하고 이해할 수 있다. 업무흐름도는 공통의 언어를 창출하고 순서에 대해 공통적인 이해를 보장하며 조직의 주의를 공통의 관심사로 집중시킬 수 있는 단계적인 개요나 그림을 제공해 준다.

여러 가지 유형의 업무흐름도는 특히 지속적인 개선 과정에 유용하다. 세 가지 자주 사용되는 챠트로는 하향식 업무흐름도(Top-down Flowchart), 세부적인 업무흐름도(Detailed flowchart) 그리고 업무 진행순서도(Work-flow diagram)가 있다.

5.2. 하향식 업무흐름도

하향식 업무흐름도는 업무 진행 과정이나 프로젝트를 추진하는 데 중요하거나 가장 근본이 되는 것들만 나타낸다. 하향식 업무흐름도를 이용하면 프로세스를 하나의 간단한 흐름도로써 쉽게 구체화할 수 있다. 각각의 주요 활동들과 연관된 중요한 부가적 조치들은 단계 아래에 목록화된다. 하향식 업무흐름도를 중요한 활동에만 제한함으로써 세부사항에 집

---

56) 일반적으로 물품의 제조과정에서는 「작업공정도」로 불려지고 있음.

착할 가능성을 줄일 수 있다.

〈도표 5-13〉 기초생활보호대상자 일제조사 및 결정의 하향식 업무흐름도의 예시

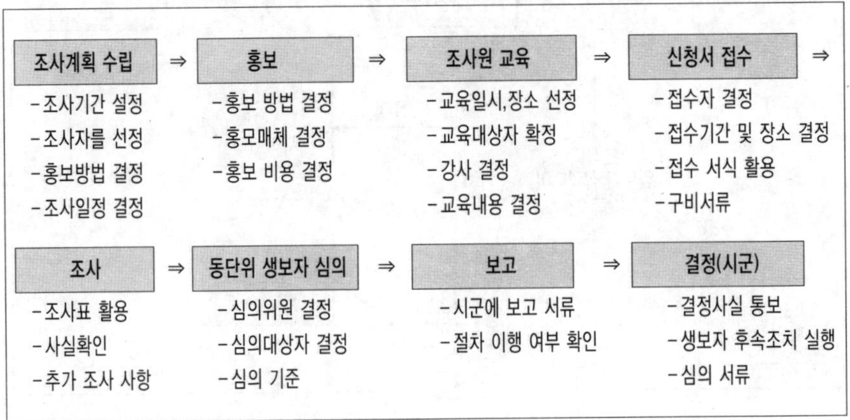

5.3. 세부적인 업무흐름도

세부적인 업무흐름도는 프로세스의 흐름에 대한 매우 구체적인 정보를 제공한다. 가장 세부적인 수준에서 모든 결정사항, 피드백 그리고 프로세스 단계 등이 표시된다.

세부적인 업무흐름도는 정확하게 구체적인 절차를 따르는 것이 필수적인 중요한 과정에 대하여 유용하고 적절할 수 있다.

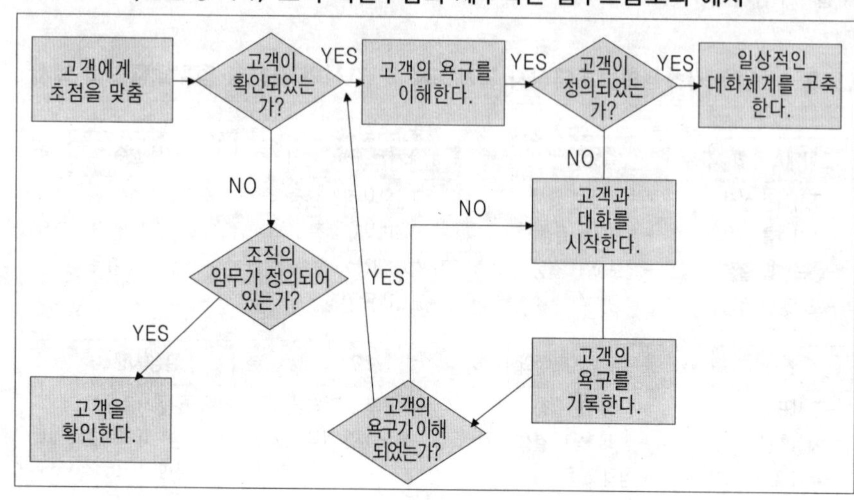

5.4. 업무 진행순서도

업무진행 순서도는 업무가 진행되는 흐름과 시간적·물리적인 조치사항을 그림으로 순서를 나타낸 것이다. 이것은 업무과정을 분석하고 흐름의 효율성을 판단할 수 있으며, 업무를 개선하고자 할 때 유용하게 사용될 수 있다. 사무관리규정에 의하여 행정기관에서 업무편람으로 작성하여 사용하고 있는 업무흐름도는 업무 진행순서도의 전형적인 예로 볼 수 있다.

업무를 쉽게 파악하고 업무 진행순서도의 활용을 높이기 위하여 업무의 총괄적인 설명서, 각 실행단계별 세부 설명서, 업무 실행에 필요한 참고자료를 별도로 작성하여 같이 활용하는 것이 일반적이다.

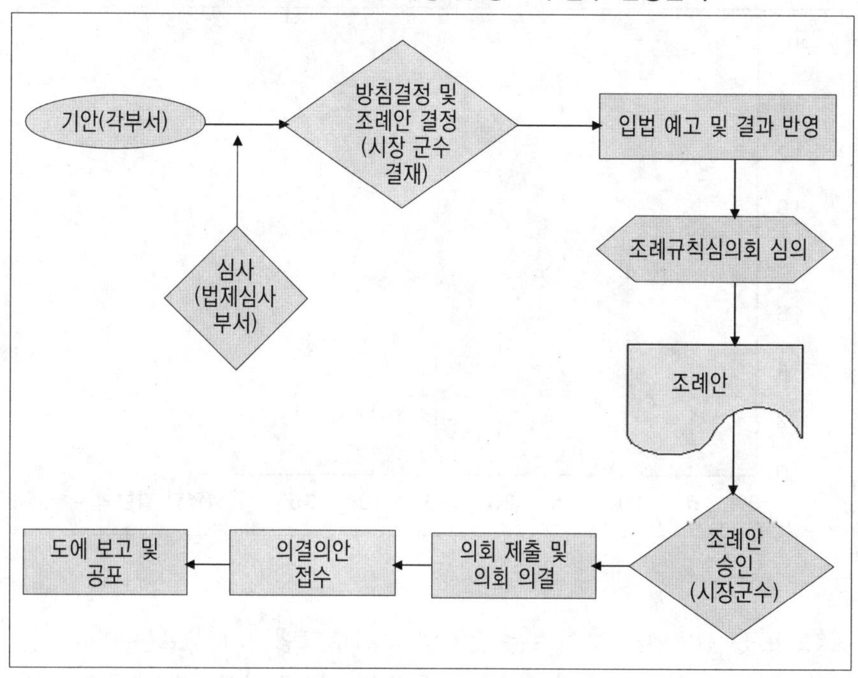

6. 히스토그램(Histogram)

6.1. 특성 및 용도

히스토그램은 수량화될 수 있는, 그리고 비교적 많은 데이터를 몇 개의 급(또는 영역)으로 나누어 도수표를 만든 다음 이를 기둥그래프형으로 나타낸 것이다. 즉 자료 변수(예를 들어 영역당 결함의 수)의 분포나 산포도를 시각적으로 나타낸 것이다. 히스토그램에서 많은 항목들은 분포의 중앙에 위치하는 경향(집중화경향-Central tendency)이 있으며, 중앙에서 멀어질수록 항목의 숫자는 점차 줄어든다.

〈도표 5-16〉 히스토그램의 예시

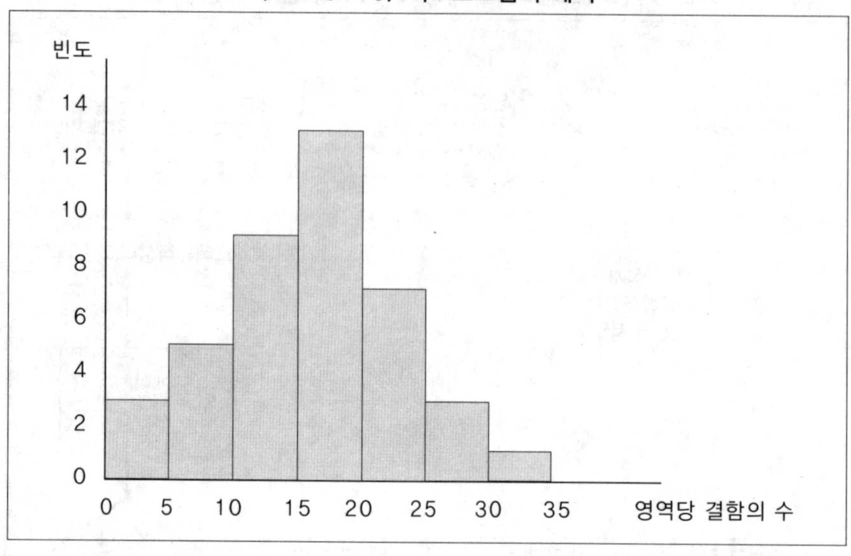

〈도표 5-16〉에서 보여주는 것처럼 히스토그램에서 자료는 대표되는 집단이나 계급의 빈도수에 비례하는 일련의 직사각형이나 막대로 나타내어진다. 이때에 직사각형의 면적은 그 영역의 도수와 비례하도록 만드는 것이 보통이다. 따라서 영역의 폭이 일정한 경우에는 직사각형의 높이가 도수와 비례한다. 서로 상대적인 직사각형의 높이는 각 계급에서의 자료의 비율을 나타낸다.

히스토그램은 변화가 일어날 때 프로세스상에서의 그 변화, 즉 변동을 확인하는 데 도움을 준다. 히스토그램은 프로세스나 생산에 대한 측정치가 얼마나 다양할 수 있는지를 보여준다. 따라서 기준을 수립하는 데 도움이 된다. 일단 기준이 설정되면 측정치들은 이 기준에 비교될 수 있다.

6.2. 작성 요령

히스토그램을 만들기 위해서는 다음과 같은 과정을 따라야 한다.

① 도표로 만들고자 하는 자료를 수집하고 자료 점들(data points)의 전체 수를 계산한다.
② 가장 큰 값을 가진 자료 점에서 가장 적은 값을 가진 점을 뺌으로써 자료의 범위를 결정한다.
③ 그래프의 자료 막대는 6개에서 12개 사이로 유지한다. 각 계급 구간(막대)의 넓이를 결정하기 위하여 원하는 막대의 수로 범위를 나눈다.
④ 계급구간(자료의 집단화)을 수평축에 위치시킨다.
⑤ 빈도수나 수 눈금을 수직축에 표시한다.
⑥ 자료 점들을 영역의 오름차순으로 나열한다.
⑦ 계급구간의 빈도수를 나타내기 위하여 각각의 막대의 높이를 수직축의 수치를 사용하여 그린다.

히스토그램을 작성하고 나면 다음 사항을 유의하여 살펴볼 필요가 있다. 또한 히스토그램를 작성하는 과정에서도 다음 사항을 참고한다.

① 분포의 중심은 어디에 위치한가?
② 분포의 산포는 어떠한가?
③ 분포의 모양은 어떠한가?(대칭, 치우침, 봉우리가 두 개 등)
④ 동떨어진 데이터는 없는가?
⑤ 분포의 중심은 목표의 중심에 위치한가?

6.3. 품질행정 적용 사례

가령 민원처리 업무중 인감증명서 발급 처리시간의 경우를 살펴본다. 민원처리시간은 인감증명신청서를 접수한 시각부터 인감증명서를 발급한 시간까지를 민원처리시간으로 보아 100명의 민원을 처리하였을 때 다음과 같은 도수를 얻게 되었다고 예를 들어본다.

영역(또는 급)의 경계는 20초로 정하였다면 다음과 같은 도수표를 얻을 수 있다.

〈도표 5-17〉 인감증명서 발급 처리시간의 도수표 예시

구분	영역의 경계값	중심값	검사수량	도수	비고
1	90초-110초	100초	5	5/100	
2	110초 -130초	120초	8	8/100	
3	130초-150초	140초	13	13/100	
4	150초-170초	160초	29	29/100	
5	170초-190초	180초	18	18/100	
6	190초-210초	200초	12	12/100	
7	210초-230초	220초	5	5/100	
8	230초-250초	240초	1	1/100	
9	250초 이상		8	8/100	

〈도표 5-18〉 인감증명서 발급처리시간의 히스토그램 예시

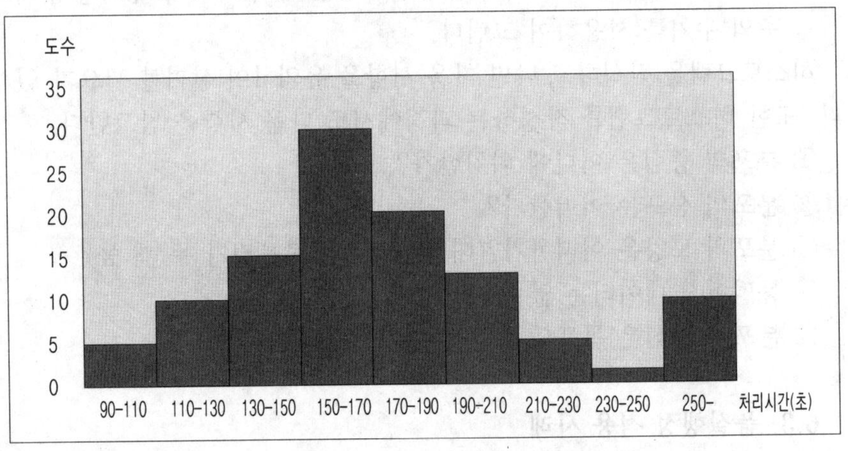

〈도표 5-17〉과 〈도표 5-18〉은 인감증명서 발급 처리시간을 히스토그램으로 나타낸 것으로 다음과 같은 사항을 쉽게 알아볼 수 있다.

① 인감증명서 평균 처리시간은 160초 정도이다.

② 민원처리시간이 4분이 넘어가는 경우도 8%가 있다. 이 경우 지연되어 처리되는 경우로 볼 수 있다. 지연되어 처리되는 이유가 처리하고 있는 공무원에게 문제가 있는지 아니면 민원인의 부주의에 의한 것인지 그 원인에 대한 분석이 필요하다.

③ 도수의 약 70%는 3분 이내에 처리되고 있지만 30% 정도는 3분을 초과하고 있으므로 이에 대한 프로세스의 문제가 있는지 살펴볼 필요가 있다.

④ 도수의 약 13%는 2분 이내에 인감증명을 처리하고 있다. 이러한 원인에 대해 살펴봄으로써 4분 이상 걸리는 도수의 경우에는 개선의 모델이 될 수 있다.

7. 파레토 챠트(Pareto chart)

7.1. 특성 및 용도

파레토 챠트는 자료나 변수(문제, 원인, 조건)의 상대적인 중요성을 발견히기나 표현히고지 할 때 사용된다. 파레토 챠트는 사소한 많은 것들과 대비하여 중요한 몇 가지를 강조하는 데 도움을 준다.

또한 파레토 챠트는 어떻게, 무엇이, 언제, 어디서 그리고 왜 의심이 되고 있는 문제를 일으켰는지 검사하는 데 사용될 수 있다. 이것은 또한 팀들이 어느 문제, 원인 또는 조건들이 가장 중요하거나 빈번한지 찾아내고 따라서 이들을 먼저 해결하는 데 도움을 준다.

대부분의 챠트나 그래프와 마찬가지로 파레토 챠트 역시 자료를 특정한 시간과 날짜로 나타낸다. 팀이 일단 파레토 챠트에서 드러난 가장 중요한 문제, 원인 조건을 해결하고 나면 새로운 자료를 가지고 다시 작성할 수 있으며 개선의 여지가 있는 다른 영역을 찾을 수 있다.

파레토 챠트는 1800년대말 이탈리아 경제학자였던 빌프레도 파레토(Vilfredo Pareto)는 일반적으로 한 지역의 부의 80%는 전체 인구의 20% 이하에 집중되어 있다는 것을 발견하였다. 그런 후 조셉 쥬란(Joseph Juran)은 파레토 원칙이라고 불렀던 것을 공식화하였다. 즉 중요한 몇 가지 요소들(20%)이 문제의 대부분(80%)을 일으킨다는 것이다. 예를 들어, 장비의 문제가 되는 20%가 고장시간의 80%의 원인이 된다는 것이다. 이 파레토 원칙이 수많은 상황에서 유효한 것으로 증명되었기 때문에, 가장

주의를 요하는 중요한 몇 가지 항목을 찾아내기 위하여 수집한 자료를 검
토해 보는 것은 도움이 될 것이다.

<도표 5-19> 파레토 챠트의 예시

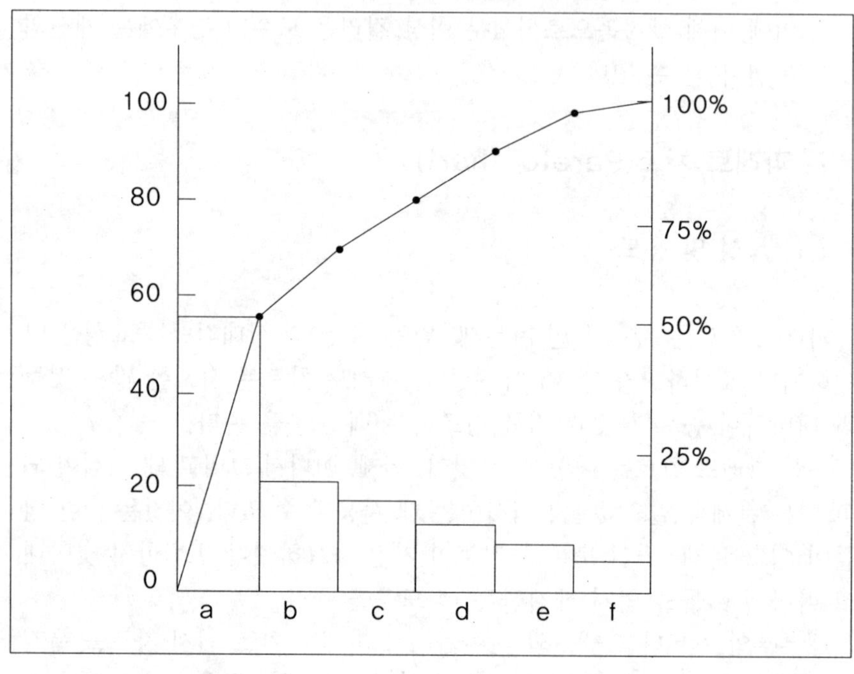

<도표 5-19>는 파레토 챠트로서 자료가 일반적으로 빈도의 범위, 비
용, 시간 또는 유사한 기준으로 판단한 중요도의 내림차순으로 배열되었다.
이 챠트는 실제로 두 개의 챠트가 하나로 합쳐진 것이다. 즉 하나는 막대
도표이고 다른 하나는 파이 도표이다. 막대 도표는 알아보기 쉽지만 막대의
누적된 높이를 나타내는 상승선은 실제로 파이 도표가 펼쳐진 것이다.

7.2. 작성요령

파레토 챠트를 만들기 위해 다음과 같은 과정을 따른다.

① 원인에 대한 자료를 수집한다.(검사표를 사용할 수 있다.)
② 문제의 유형별로 데이터를 정리한 후 데이터가 많은 순서대로 정리한다.
③ 유형별로 데이터의 숫자와 백분율로 계산하여 정리한다.
④ 유형별로 누적 숫자와 누적 백분율을 계산하여 정리한다.
⑤ 우측의 수직 눈금을 항상 0%에서 100%로 설정한다.
⑥ 좌측 수직눈금을 우측의 것과 같은 높이로 만든다. 이 눈금은 맨 아래는 0으로 시작하고 맨 위는 관측치의 가장 높은 수치를 쓰며 우측 수직선의 100%와 같은 높이가 되어야 한다.
⑦ 좌측 수직 눈금을 사용하여 막대를 그린다.
⑧ 첫 번째 막대의 상층부 오른쪽에 점을 그린다.
⑨ 누적 숫자와 백분율에 따라 그래프를 그린다.(원인 1과 원인 2의 비율을 계산히고 합계한다. 이 합계에 일치히게 오른쪽 눈금에 따리 두 번째 막대 위에 둘째 점을 표시한다. 셋째 점은 원인 3과 원인 1, 2의 합계의 비율을 더하고 이에 따라 표시한다. 전체 막대를 합계한 것은 100%가 되어야 하며, 마지막 점을 100%에 위치하여야 한다.)
⑩ 점들을 선으로 연결한다.

7.3. 품질행정 적용 사례

〈도표 5-20〉과 〈도표 5-21〉은 어느 자치단체에서 일정기간을 정하여 접수되는 버스운행 교통불편 신고 내용을 파레토 챠트로 그리기 위하여 계산표를 작성한 것이다.

파레토 챠트를 그리기 위하여 총 신고건수 247건을 유형별로 분석한 다음, 신고내용의 비중이 큰 유형별로 정리하여 〈도표 5-20〉과 〈도표 5-21〉 같은 데이터 계산표를 작성하였다. 그리고 나서 〈도표 5-22〉와 같이 파레트 챠트를 그린다.

〈도표 5-20〉 교통불편 신고 유형별 파레토챠트 계산표 예시(개선전)

유형별	신고건수	누적건수	백분률(%)	누적백분률(%)
배차시간 미이행	132	132	53	53
난폭운전	49	181	20	73
정류장 미정차 통과	28	209	11	84
운전기사 불친절	19	228	9	93
문열린 채 주행	10	238	4	97
요금시비	6	244	2	98
기타	3	247	1	100
계	247	–	–	–

〈도표 5-21〉 교통불편 신고 유형별 파레토챠트 계산표 예시(개선후)

유형별	신고건수	누적건수	백분률(%)	누적백분률(%)
난폭운전	49	49	19.8	19.8
정류장 미정차 통과	28	77	11.3	31.1
배차시간 미이행	22	99	8.9	40
운전기사 불친절	19	118	7.7	47.7
문열고 운전	10	128	4.0	51.7
요금시비	6	134	2.5	54.2
기타	3	137	1.2	55.4
계	137	–	55.4	–

※백분률(%)은 개선 전의 247건에 대한 비율임.

파레토 챠트로부터 문제점을 파악하고 문제점에 대한 개선방안을 마련하기 위해서는 다음과 같은 사용법을 적용한다.

① 문제점을 파악한다.

데이터를 정리함으로써, 각 항목별 비율은 얼마인가, 어느 부분에서 가장 많은 부적합(불만신고)이 나타나는가, 그리고 어느 부분이 전체에 가장 많은 영향을 미치는가에 대해서 쉽게 파악할 수 있도록 해준다. 이는 바꾸어 말하면 어느 부분을 개선하면 전체에 가장 많은 효과를 거둘 수 있는가에 대해서도 파악할 수 있다.

〈도표 5-22〉에서는 버스와 관련된 교통 불편사항 중 배차시간 미이행이 가장 먼저 해결되어야 할 과제임을 알 수 있다. 나아가 배차시간 미이행과 난폭운전이 총 불편신고건수의 73%로서 절대적임을 알 수 있다.

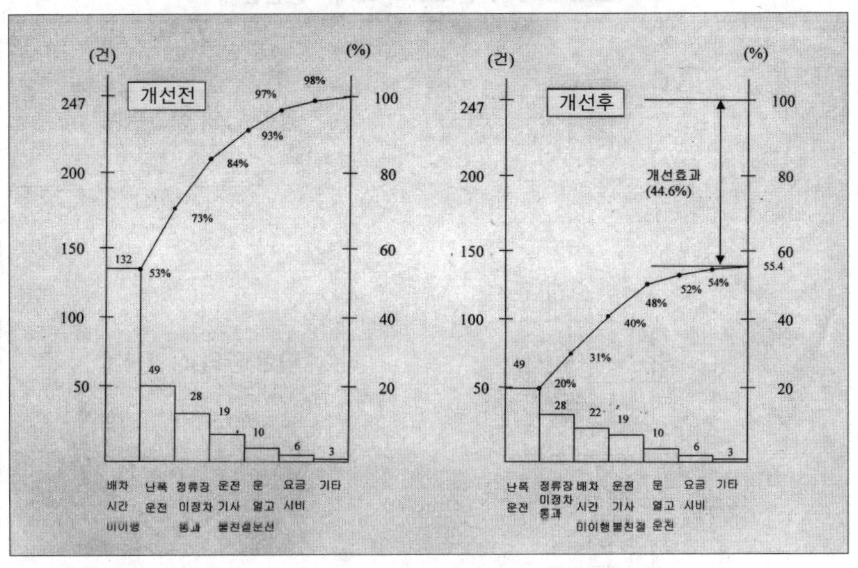

② 개선 조치후, 개선의 효과를 확인한다.

교통불편 신고사항 중 배차시간 미이행에 대하여 적절한 조치를 취하였고, 다음의 조사기간에 개선의 효과가 나타났다고 가정한다. 가령 배차시간 미이행에 대한 신고 건수가 22건으로 줄어 총 신고 건수가 137건이 접수되었다면(도표 5-21 계산표 참조), 44.6%의 개선 효과가 파레토 챠트의 오른쪽에 나타난다.

개선의 효과가 나타나면 어느 정도인가를 확인할 수 있다. 또한 다음에는 어느 부분에 중점적으로 개선이 이루어져야하는지 보여준다.

8. 산포도

8.1. 특성 및 용도

산포도는 연관된 상관관계 분석과 동시에 두 가지 원인에 대한 검사를 가능하게 하며, 그 두 원인 사이에 존재할 수 있는 관계를 결정할 수 있게

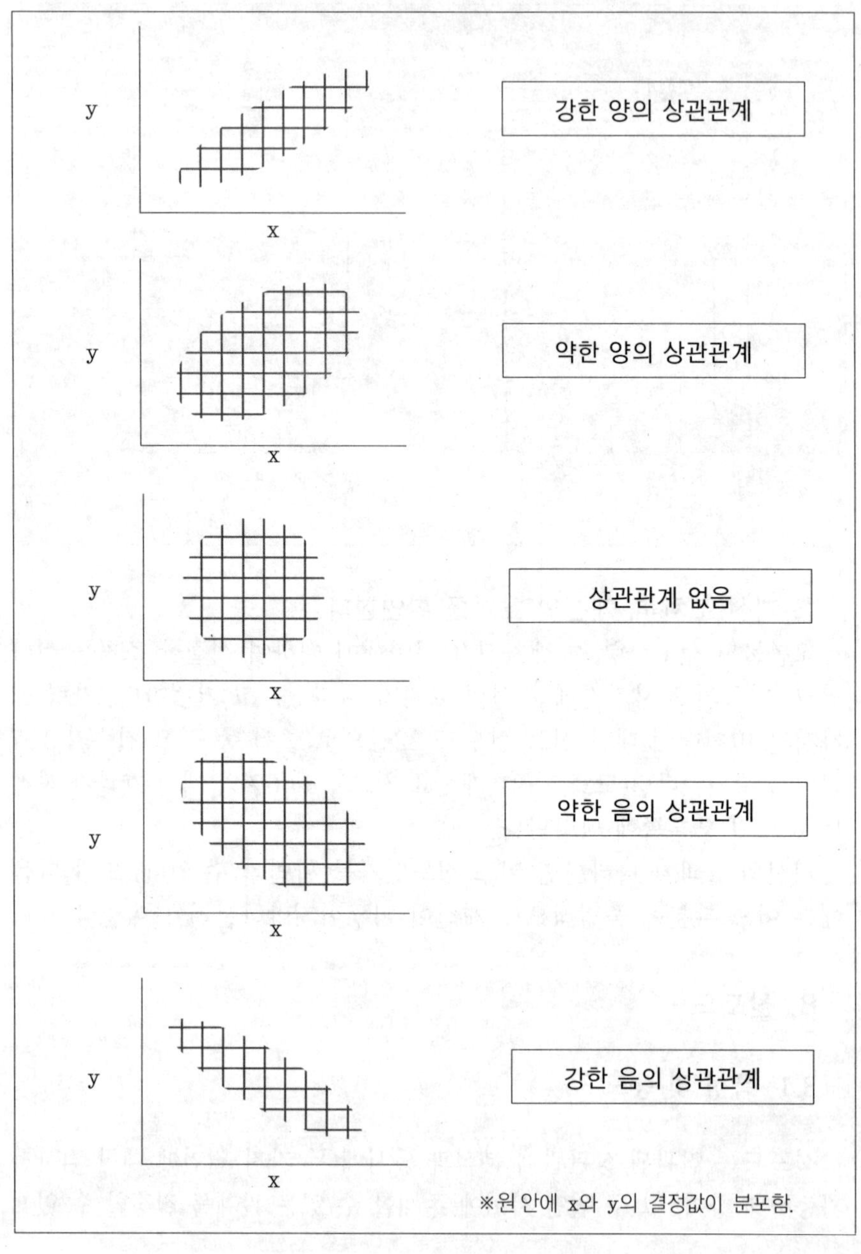
강한 양의 상관관계
약한 양의 상관관계
상관관계 없음
약한 음의 상관관계
강한 음의 상관관계
※ 원 안에 x와 y의 결정값이 분포함.

해준다. 산포도를 이용함으로써 두 요인들 사이의 관계가 직관에 반할 때 일지라도 문제의 가능한 원인들을 결정할 수 있다. 또한 어떤 특성을 관리하기 위하여 다른 변수를 얼마만큼 조절하는 것이 좋은지를 알 수 있다. 예를 들면 하나의 행정서비스를 제공하는데 다른 행정서비스나 다른 프로세스 또는 다른 요인이 어떠한 상관관계에 있는지를 알 수 있게 해준다.

산포도에서 자료 점들의 유형과 분포는 검토되고 있는 요인들 사이의 관계의 강도를 보여준다. 그러나 강한 상관관계가 나타날지라도 반드시 요인들 사이에 원인과 결과의 관계가 있는 것은 아니다. 이 관계의 속성을 발견하기 위해서는 추가적인 분석이 필요하다.

산포도는 두 개의 측정치, 즉 수직 축(y)에 표시된 것과 수평 축(x)에 표시된 것에 대하여 좌표상의 점을 보여 준다. 좌표상 점들의 시각적인 유형은 관계나 상관관계의 존재여부에 대하여 신속한 정보를 제공하여 준다.

두 개이 측정치 사이에 상관관계(양 또는 음)기 발견되이 하나의 측징치의 범위를 변화시키면 다른 측정치도 역시 변화할 것이라는 것을 가정할 수 있다. 이 경우 한 값이 증가할 경우 다른 값도 같이 증가하면 양의 관계이며, 반대로 한 값이 증가할 경우 다른 값이 감소하면 음의 상관관계가 있다.

예를 들면 고객과의 전화 통화시간이 길수록 고객 만족도가 높아진다는 분석이 나타나면, 고객과의 전화통화시간을 늘리는 조치를 취함으로써 고객만족도를 높일 수 있다.

8.2. 작성요령

산포도를 만들기 위해서는 다음과 같은 과정을 따라야 한다.
① 각각의 사건에 대하여 두 개의 선택된 측정치에 대한 자료를 수집한다.
② 수평 및 수직 눈금을 그린다.
③ 독립변수는 x축에 표시한다. 독립변수란 앞에서 언급했던 전화통화지속시간과 같이 가장 직접적인 영향을 미칠 수 있는 변수를 가리킨

다. 종속변수는 두 개의 변수 중의 다른 하나의 변수로서 독립변수
에 달려 있다. 종속변수는 y축에 표시된다. 양축에 간격 눈금을 표
시하고 단위를 표시한다.

④ 각각의 자료점을 좌표상에 표시한다.

⑤ 관계를 해석하기 위해 위에서 표시한 것을 육안으로 관찰해 볼 수
도 있지만, 통계학자들을 상관관계를 수치적으로 좀 더 정확하게 나
타내기 위해 자료에 대해 몇 가지 계량적 테스트를 거친다.

8.3. 품질행정 적용 사례

〈도표 5-24〉 주차단속회수와 과태료 이의신청건수 및 불법주차차량과의 관계
산포도 예시

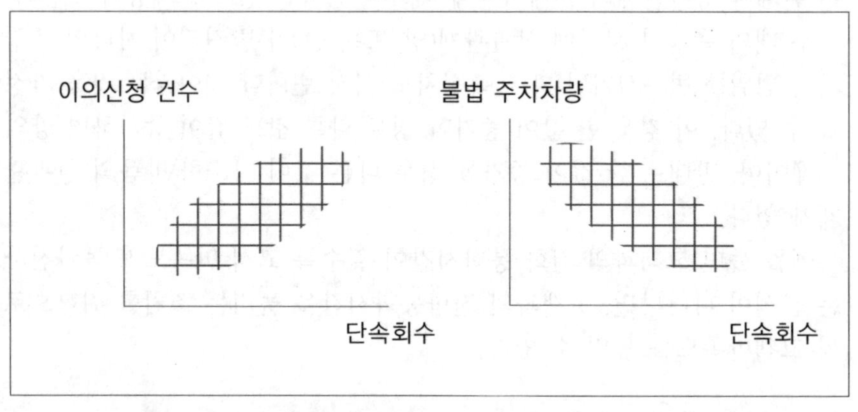

　〈도표 5-24〉는 주차단속회수에 따른 관련된 요인을 살펴본 것이다.
주차단속회수가 늘어남에 따라 과태료 이의신청건수도 같이 증가한다. 이
는 양의 상관관계에 있다. 반면에 주차단속회수가 증가함에 따라 불법주
차 차량은 줄어든 것을 볼 수 있다. 이는 음의 상관관계에 있다.

　불법주차차량을 줄이기 위해서는 단속을 늘리면 된다는 것은 그래프를
통하여 시각적으로 보여 주고 있다. 또한 불법주차차량을 줄이기 위해서
단속회수를 어느 정도 조절해야 하는지 지표를 보여주고 있다.

9. 시계열 도표(Time line chart)

9.1. 특성 및 용도

시계열 도표는 일정기간에 걸친 변화를 그림으로 나타낸 것이다. 왼쪽 눈금은 양으로서 비율이나 단순한 빈도를 나타낸다. 수평축은 일, 주, 월과 같은 시간간격이나 또는 첫 번째일, 두 번째일처럼 단순한 순서를 나타낼 수 있다.

점들을 연결한 선은 시간에 걸친 변동을 나타낸다. 결함이 발생한 비율은 추세를 파악하기 위해 시계열로 보고된다.

9.2. 작성요령

시계열 노표를 만들기 위해서는 다음과 같은 과정을 따라야 한다.
① 필요하다면 검사표에 원자료를 수집한다.(〈도표 5-25〉는 검사표에 시간대별로 민원접수 처리건수를 조사하였다.)
② 시간간격(일반적으로 시간, 날짜, 주)을 설정한다. 시간간격은 균일하게 나뉘어져야 한다. 각각의 간격에 단위를 붙인다.
③ 각각의 시간 간격마다 관찰된 수치들을 연결하는 선을 그린다.

〈도표 5-25〉 시간대별 민원접수의 시계열 도표 예시

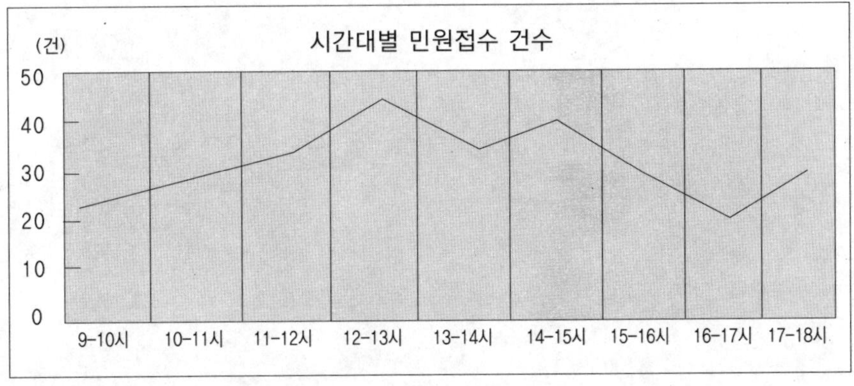

④ 이 점들을 선으로 연결한다.
⑤ 점들이 읽기 어려우면 좌표상의 수평, 수직선을 추가하여 그린다.
⑥ 자료가 수집된 기간을 알 수 있도록 챠트에 이름을 붙인다.

9.3. 품질행정 적용

예를 들어 〈도표 5-25〉는 민원서류가 접수되는 시간별 추세를 나타낸다. 그래프에서는 11시부터 15시 사이에 가장 많은 민원서류가 접수되며 가장 많이 접수되는 시간은 12시부터 13시 사이로 나타난다.

이와 같은 시계열 도표에서는 하루 중 가장 많은 민원서류가 접수되는 시간에는 인원을 탄력적으로 추가 배치, 안내 방송 횟수 확대 등 별도의 대책이 마련할 필요가 있다는 것을 보여 주고 있다.

부 록

도표 목차

ISO 9001 품질행정시스템

●

지은이/하재경
펴낸이/김재엽
펴낸곳/**한누리미디어**

●

100-192, 서울시 중구 을지로 2가 148-73
신화빌딩 401호
전화/(02) 2278-4513, 2268-4514
팩스/(02) 2268-4524

●

등록/제16-467호(1993. 11. 4)

●

초판발행일/2002년 3월 15일

●

ⓒ 2002 하재경 Printed in KOREA

●

값 18,000원

●

본문디자인/한혜진

●

E-mail/hannury2001@yahoo.co.kr

●

※잘못 된 책은 바꿔 드립니다.

●

ISBN 89-7969-206-4   13350